GW01340023

Valor para Cambiar

Un día a la vez en Al-Anon II

Al-Anon Family Group Headquarters, Inc.
Oficina de Servicio Mundial para Al-Anon y Alateen

Para más información y obtener un catálogo de publicaciones escriba a la
Oficina de Servicio Mundial de Al-Anon y Alateen:

Al-Anon Family Group Headquarters, Inc.
1600 Corporate Landing Parkway
Virginia Beach, VA 23454-5617
Teléfono: (757) 563-1600   Fax: (757) 563-1655
www.al-anon.alateen.org   wso@al-anon.org

Este libro está disponible también en: alemán, español,
francés, griego, italiano y noruego.
©Al-Anon Family Group Headquarters, Inc. 1992

Al-Anon/Alateen se sostienen por las contribuciones voluntarias de sus
miembros y por la venta de nuestra Literatura Aprobada por la Conferencia.

Todos los derechos son reservados. No está permitida la reproducción total o parcial de este libro, ni su tratamiento informativo, ni la transmisión de ninguna forma o por cualquier medio, ya sea electrónico, mecánico o por fotocopia, por registro u otros métodos, sin el permiso previo y por escrito del editor.

Número de catálogo de la Biblioteca del Congreso: 92-071379
Edición original: ISBN 978-0-910034-79-1
ISBN 0-910034-89-3

Publisher's Cataloging In Publication
Courage to change. Spanish
Valor para cambiar: un día a la vez en Al-Anon II/Al-Anon Family Groups, Inc.
p. cm
Translation of: Courage to change.
Includes index.
ISBN 0-910034-89-3
1. Alcoholics—Rehabilitation—United States. 2. Alcoholism—Treatment.
I. Al-Anon Family Group Headquarters, Inc.
HV5275.C6 1992   362.2928
                                                                                       QBi92-575

Título original del libro *Courage to Change:* One Day at a Time In Al-Anon II

Reimpreso por:
**Central Mexicana de Servicios Generales de los Grupos
Familiares Al-Anon, A.C.**
Av. San Jeronimo 728, Col. El Toro, C.P. 10610,
alcaldia La Magdalena Contreras, Ciudad de México.
Tel.: 55 5208 9667
• contacto@alanon.mx • www.
Edición 18

18ed-3M-V-22

Preámbulo de Al-Anon Sugerido para los Doce Pasos

Los Grupos de Familia Al-Anon son una hermandad de parientes y amigos de alcohólicos que comparten sus experiencias, fortaleza y esperanza con el fin de encontrarle solución a su problema común. Creemos que el alcoholismo es una enfermedad de la familia, y que un cambio de actitud puede ayudar a la recuperación.

Al-Anon no está aliado con ninguna secta ni religión, entidad política, organización ni institución; no toma parte en controversias; no apoya ni combate ninguna causa. No existe cuota alguna para hacerse miembro. Al-Anon se mantiene a sí mismo por medio de las contribuciones voluntarias de sus miembros.

En Al-Anon perseguimos un único propósito: ayudar a los familiares y amigos de los alcohólicos. Hacemos esto practicando los Doce Pasos, dando la bienvenida y ofreciendo consuelo a los familiares de los alcohólicos y comprendiendo y animando al alcohólico.

Oración de la serenidad

Dios, concédeme la serenidad
para aceptar las cosas que no puedo cambiar,
valor para cambiar aquéllas que puedo,
y sabiduría para reconocer la diferencia.

PREFACIO

Vivir la vida un día a la vez ha sido fundamental en el programa de recuperación de Al-Anon para aquellos cuyas vidas se han visto afectadas adversamente por el problema del alcoholismo de un pariente o amigo. Este libro, como el volumen paralelo *Un día a la vez en Al-Anon*, tiene como objetivo concentrarnos en el presente y darnos el valor de cambiar las cosas que podemos.

La Conferencia de Servicio Mundial de Al-Anon de 1988 aprobó la preparación de un segundo libro de lectura diaria para reflejar mejor la diversidad de nuestra hermandad, cuyos miembros son los verdaderos autores de esta colección. Esta sabiduría colectiva nos ayuda a considerar cada día como una oportunidad de ser felices concentrándonos en la realidad de hoy sin el peso del ayer o los temores del mañana.

Como se basan en contribuciones individuales, estos extractos incluyen referencias a género y a relaciones específicas, pero las ideas pueden aplicarse a personas en todos los órdenes de la vida.

Como en *Un día a la vez*, estos pensamientos se realzan a través de citas apropiadas. La utilización de estas citas no entraña respaldo alguno a las personas o libros citados; las mismas han sido seleccionadas teniendo en cuenta su contenido y no las personas que las han expresado.

1º DE ENERO

Vivimos en una sociedad de satisfacciones instantáneas: café instantáneo, desayuno instantáneo, dinero instantáneo en nuestro cajero automático local, ¡se ve por todas partes! No es de extrañar que tantos de nosotros lleguemos a las puertas de Al-Anon buscando la solución instantánea a todos los problemas derivados de amar a un alcohólico y vivir con él.

La recuperación es un proceso. Lleva tiempo recuperar, restaurar y recobrar todo lo perdido cuando intentamos hacer frente al bebedor activo sin ayuda. Lleva tiempo restablecer la confianza, lleva tiempo cambiar, lleva tiempo curar viejas heridas; no hay soluciones instantáneas o inmediatas. Pero los instrumentos y los principios de nuestro Programa, los Pasos, las Tradiciones, los lemas, las reuniones, el padrinazgo, el servicio, nos pueden conducir a las soluciones que más nos convienen.

Todos pasamos por épocas oscuras en nuestras vidas, pero el viaje a tiempos mejores es lo que a menudo nos hace más felices y más fuertes. Cuando dejamos de esperar el alivio instantáneo, puede que lleguemos a creer que hoy nos encontramos exactamente donde nuestro Poder Superior quiere que estemos.

Recordatorio para hoy

Al-Anon es un programa de "Un día a la vez". No importa lo que esté ocurriendo a mi alrededor, hoy sé que voy hacia adelante. Confiaré en el proceso de recuperación. Daré tiempo al tiempo.

"Si me veo bajo tensión poniéndome plazo y preocupándome por el día de mañana, me detendré algunos minutos y pensaré sólo acerca de este día y lo que puedo hacer en él."

Un día a la vez en Al-Anon

Recurrir a un alcohólico en busca de afecto y apoyo puede ser como ir a una ferretería a comprar pan. Tal vez esperemos que un "buen" padre alimente y apoye nuestros sentimientos o que un cónyuge "amoroso" nos consuele y nos abrace cuando tengamos miedo, o que un hijo "solícito" quiera realizar nuestras tareas cuando estemos enfermos o abrumados. Si bien estos seres queridos quizás no respondan a nuestras expectativas, son nuestras expectativas y no nuestros seres queridos las que nos defraudan.

El amor se expresa de muchas maneras y aquellos afectados por el alcoholismo quizás no sean capaces de expresarlo del modo que nos gustaría. Pero podemos tratar de reconocer el amor como y cuando se nos lo ofrece. Si ello no ocurre, no debemos sentirnos privados de él; la mayoría de nosotros encontramos en Al-Anon una inagotable fuente de amor. Con el aliento y el apoyo de otros aprendemos a considerar nuestras necesidades como importantes y válidas y a tratarnos a nosotros mismos como lo merecemos.

Recordatorio para hoy

Hoy, el alcohólico puede ser capaz o no de darnos lo que deseamos; nadie nunca nos ofrecerá todo lo que necesitemos. Si dejamos de insistir en que nuestras necesidades sean satisfechas según nuestra voluntad, podemos descubrir que todo el amor y el apoyo que necesitamos está a nuestro alcance.

"En Al-Anon descubro en mí mismo el poder de proyectar nueva luz sobre una situación aparentemente desesperada. Aprendo que debo usar este poder no para cambiar al alcohólico, sobre quien no tengo autoridad, sino para cambiar mis ideas y actitudes deformadas."

Un día a la vez en Al-Anon

3 DE ENERO

Estoy escribiendo la historia de mi vida con cada uno de los *hoy*. ¿Me estoy desplazando en la dirección correcta? Si no, tal vez necesite hacer algunos cambios. No puedo hacer nada para cambiar el pasado, excepto dejar de repetirlo en el presente. Ir a las reuniones de Al-Anon y aplicar los principios del programa son algunas de las formas en que ya estoy rompiendo hábitos insalubres y poco satisfactorios del pasado.

Creo que mi vida está edificada sobre capas de pequeños logros diarios. Cuando pienso de este modo, fijar metas y aceptar pequeños riesgos se convierte en nada más que un diario esfuerzo por mejorar mi vida. Llevar a cabo una pequeña acción cada día puede ser mucho más efectivo que semanas y meses de inactividad seguidos por un intento desenfrenado de lograr cambios radicales de la noche a la mañana. Ciertamente, esto me produce mayor serenidad. Cuando enfrento un nuevo desafío, trato de encontrar mi punto de partida donde quiera que esté, y comienzo desde allí.

Recordatorio para hoy

Nadie puede hacerme cambiar. Nadie puede impedir mis cambios. Nadie sabe realmente cómo debo cambiar, ni siquiera yo… hasta que no empiece. Recordaré que comenzar a cambiar mi vida sólo requiere un pequeño cambio de dirección.

"El viaje de mil millas comienza con el primer paso."

Lao Tsé

4 DE ENERO

Cuando llegué por primera vez a Al-Anon, me sentía desesperado y solo. Anhelaba la serenidad que otros en las reuniones tan obviamente poseían. Cuando los miembros daban testimonio acerca de los instrumentos que les habían sido útiles, yo prestaba mucha atención.

He aquí lo que escuché: Vaya a las reuniones y comparta cuando pueda; practique todos los Pasos, pero no todos a la vez; empiece con el Primer Paso; consiga un Padrino; lea cada día algo de la literatura Al-Anon; utilice el teléfono para comunicarse entre reuniones. Gradualmente, apliqué cada una de esas sugerencias y comencé a ver cambios radicales en mi vida. Empecé a creer que mi vida podía ser algo más que sobrevivir a una serie de días dolorosos. Ahora tenía recursos que me ayudaban a afrontar aún las situaciones más difíciles. Llegué a ver que con la ayuda de mi Poder Superior podía encarar cualquier cosa que me sucediera y aún crecer mientras lo hacía. Con el tiempo, los instrumentos y los principios del programa me ayudaron a obtener la serenidad que tanto había deseado.

Recordatorio para hoy

Al-Anon me da instrumentos que puedo usar para lograr muchos objetivos, incluyendo serenidad, sano juicio y desprendimiento con amor. Y los miembros de Al-Anon que comparten sus experiencias, fortaleza y esperanza me muestran cómo utilizar esos instrumentos en mi vida.

"La vigilancia diaria será el pequeño precio que pagaré por mi paz mental."

El dilema del matrimonio con un alcohólico

5 DE ENERO

Cuando llegué a Al-Anon estaba terriblemente confundido con el significado de "compasión". Yo creía que significaba justificar al alcohólico o cubrir sus cheques sin fondos. Al-Anon me ayudó a encontrar otra palabra para esta conducta: "propiciar". Aprendí que cuando asumía las consecuencias de la conducta alcohólica permitía que el alcohólico continuara bebiendo cómodamente sin tener que pagar un precio por ello. Una manera más compasiva de reaccionar hacia aquellos que amo podría ser permitirles enfrentar las consecuencias de sus acciones, aún cuando les causen dolor.

¿Cómo sé si una determinada acción es permisiva? Aunque no siempre es claro, me es útil estudiar cuidadosamente mis motivos. ¿Estoy tratando de interferir con las consecuencias naturales de las decisiones de un ser querido? ¿Estoy tratando de hacer por alguien lo que él podría hacer por sí mismo? ¿Estoy haciendo lo que creo es lo mejor para mí? ¿Siento resentimiento por lo que hago? Si es así, ¿es realmente una decisión tomada con amor? A veces lo más compasivo que puedo hacer es permitir que otros asuman la responsabilidad de su conducta.

Recordatorio para hoy

Hoy recordaré que tengo opciones, así como también el alcohólico las tiene. Elegiré las opciones de la mejor manera posible y permitiré que aquellos que forman parte de mi vida hagan lo mismo, sin interferencias.

"Debo aprender a otorgar a los que amo la libertad de cometer sus propios errores y reconocerlos como de ellos".

Al-Anon se enfrenta al alcoholismo

6 DE ENERO

Entre una reunión y otra necesito mantenerme en estrecho contacto telefónico con otros miembros de Al-Anon. Como muchos afectados por el alcoholismo, cuando llegué al programa estaba sumamente preocupado. Cuando pacientemente me escuchan del otro lado de la línea, eso me sigue ayudando a quitarme peso de encima.

Compartir la recuperación de Al-Anon por teléfono me permite solicitar apoyo de otros. La persona con quien hablo no es mi consejero, ni mi confesor ni quien resuelve mis problemas, así como tampoco está obligada a sentarse y escuchar todas mis historias lacrimógenas. En cambio, esta persona puede ayudarme a razonar las cosas. A veces puede recordarme una idea o un instrumento de Al-Anon que me permita ver la situación en su justa perspectiva. No me brinda consejos sobre lo que debo o no debo hacer. Eso lo tengo que decidir yo. Cuando termina la conversación, generalmente he logrado un cierto alivio al problema que parecía tan enorme mientras estaba atrapado dentro de mi cabeza.

Recordatorio para hoy

Es mi responsabilidad resolver mis problemas con la ayuda de Dios según mi propio entendimiento de El. Ya que Dios a menudo habla a través de otras personas, cuando hago una llamada a Al-Anon me apresto a recibir ayuda.

"No podemos escalar con una soga atada sólo a nuestro cinturón."

William Ernest Hocking

7 DE ENERO

"Sólo por hoy me tomaré media hora de calma para mí mismo y descansaré." ¡Qué simple parecía hasta que traté de hacerlo! Me resultaba difícil pasar aún un rato solo. Treinta minutos tranquilos, lejos de mis preocupaciones habituales eran demasiados. Así que empecé con cinco minutos, después diez, luego veinte y finalmente treinta minutos para mí.

Sorprendentemente estas media horas de tranquilidad me están devolviendo el sano juicio. A través de estos momentos conmigo mismo, gran parte de los cuales los dedico a orar y meditar, encuentro la paz y el poder de mi Dios. Como resultado he aprendido a tolerar y aún disfrutar de mi propia compañía. Ahora, no importa lo que pase, necesito esta media hora en el día para reflexionar sobre la perspectiva de mi vida. Al sentarme con tranquilidad en medio del alboroto, descubro que no estoy solo. Si me tomo mi tiempo, mi Poder Superior me envía el mensaje.

Recordatorio para hoy

Me ocupo lo suficiente de mí mismo como para relajarme media hora en calma. Pero si media hora es más de lo que puedo tomar, el tiempo que me tome será suficiente. Cualquier tiempo que me dedique a mí mismo será un paso adelante. Si puedo hacer que las ruedas dejen de girar aunque sea por un rato, mi Poder Superior se hará cargo y me conducirá en la dirección correcta.

"Descansa; un campo que ha descansado produce una hermosa cosecha."

Ovidio

Una vez dije enfáticamente a mi familia que sus disputas estaban poniendo nerviosa a una persona querida, sobria de poco tiempo, y que eso podía llevarla a la bebida otra vez. Me dejó atónito que me contestaran, también enfáticamente: "Bueno, déjala." Me di cuenta de que aún trataba yo de facilitar la vida de la alcohólica porque no había aceptado que yo era exactamente tan incapaz ante el alcoholismo en sobriedad como lo había sido durante los años activos.

Fue ahí cuando realmente descubrí que lo hermoso es soltar las riendas y entregárselas a Dios. Cuando entendí plenamente que era incapaz en esa situación, pude aceptar que la alcohólica tiene su propio Poder Superior y que juntos podrán solucionar su futuro. Me sentí una nueva persona porque estaba libre de la constante necesidad de vigilarla, libre para vivir mi propia vida.

Me resulta difícil expresar todo el interés que siento en la alcohólica. Le deseo salud, felicidad y sobriedad pero no puedo brindarle esas cosas. Ella y su Poder Superior están a cargo de eso. Sólo puedo amarla y cuando me detengo a pensar en ello, veo que es suficiente.

Recordatorio para hoy

Hoy decido depositar mi confianza en ese Poder Superior, sabiendo que todo está bien.

"Si lo hacemos con buena voluntad, Dios nos otorgará las fuerzas."

Grupos de familia Al-Anon

9 DE ENERO

¡Cuán a menudo busco la aprobación de otros! El proyecto en el trabajo puede tener éxito, pero el sentirme bien depende de que se me reconozca ese éxito. La comida que preparo en casa no es tan sabrosa cuando nadie elogia a la cocinera. Me resiento por los favores que hago a mis hijos y que ellos olvidan agradecerme.

Todos necesitamos a veces una palmadita en la espalda. Pero cuando el aplauso de otros se transforma en la razón de mi conducta y una necesidad para sentirme satisfecha, entonces les he otorgado poder sobre mí.

La gente puede olvidarse de observar las cosas sobresalientes que he hecho, o no sentirse cómoda alabándome. No tengo que ofenderme. La autocompasión y el resentimiento no son mis únicas opciones. Si puedo aprender a evaluar mis propias acciones y mi conducta y a valorar mi propio juicio, entonces la aprobación de otros será agradable pero no esencial para mi serenidad.

Recordatorio para hoy

Sólo por hoy me apreciaré, no buscaré la aprobación de otros, me la daré yo misma. Me permitiré reconocer que estoy haciendo las cosas lo mejor posible. Lo mejor que haga hoy será suficientemente bueno.

"Tu visión se aclarará sólo cuando puedas ver dentro de tu propio corazón."

Carl Jung

Sospecho que si reclamara todos los minutos, horas y días que sacrifiqué con preocupaciones y temores, agregaría años a mi vida. Cuando sucumbo a las preocupaciones, abro una caja de Pandora de cuadros terroríficos, voces paranoicas e implacable autocrítica. Cuanta más atención presto a esta parálisis mental, más pierdo mi contacto con la realidad. Entonces no puedo llevar a cabo nada útil.

Para romper el ciclo de preocupación y temor, estoy aprendiendo a concentrar toda mi atención en este preciso momento. Puedo alejarme de los pensamientos destructivos y en cambio concentrarme en las escenas y los sonidos que me rodean: luz y sombra, la tierra bajo mis pies, el ritmo de la vida diaria, elementos todos presentes. Estos pedacitos de realidad ayudan a rescatarme del "¿si yo hubiera...?" y del "he debido hacer...", anclándome en el presente. La oración y la meditación, los lemas, las llamadas telefónicas a mis amigos de Al-Anon, son otras fuentes de serenidad que me vuelven al presente. Al acallar el ruido, soy más receptivo a la voluntad de mi Poder Superior, y de ese modo más capaz de abrirme camino en tiempos difíciles.

Recordatorio para hoy

Este día es todo lo que tengo a mi disposición y es todo lo que necesito. Si me siento tentado a preocuparme por asuntos del mañana, con suavidad traeré de vuelta mi mente al día de hoy.

"El pasado voló. El mes y el año próximo no existen. Sólo es nuestro el minúsculo punto presente."

Mahmud Shabistari

11 DE ENERO

Me siento la persona más afortunada del mundo porque encontré una segunda familia y soy parte real de ella. En mi nueva familia me aceptan tal como soy. No tengo que fingir ni disfrazar mis sentimientos. Puedo hablar libremente y sé que mis palabras no saldrán del ámbito de la sala.

En mi nueva familia los demás se solidarizan conmigo cuando comparto mis dificultades. Pero, en lugar de intentar solucionarme los problemas, dignamente me permiten que lo haga por mí mismo. Ofrecen su experiencia, fortaleza y esperanza y en sus contribuciones a menudo escucho justo lo que necesito para ayudarme en las situaciones problemáticas.

En mi nueva familia, el amor no es un sistema de puntaje. No tengo que ganarme el amor de los otros. Se da gratis, como un regalo. No necesito ganarme un lugar en el mundo, puedo relajarme y ser yo mismo.

Recordatorio para hoy

Cuando el alcoholismo de un ser querido me trajo a Al-Anon, encontré una segunda familia, una familia que me ayudó a descubrir el yo que estuvo escondido tanto tiempo, una familia que siempre estará presente. Hoy disfrutaré del lugar al cual realmente pertenezco.

> "Para mí el alcoholismo ha probado ser una herencia agridulce, debido al dolor que sufrí, y dulce porque, de no haber sido por ese dolor, no habría buscado ni encontrado una mejor forma de vida."
>
> *Al-Anon se enfrenta al alcoholismo*

Una mañana temprano, me detuve a observar una colonia de abejas. Un poco intimidado por el frenético movimiento y el intenso zumbido, me recordé a mí mismo que si no metía las narices dentro de la colmena no me picarían. Si mantenía una cierta distancia de una situación peligrosa, estaría bien. Para mí, ésa es exactamente la lección que me enseña el desprendimiento emocional. La decisión es mía. Cuando percibo que una situación es peligrosa para mi bienestar físico, mental o espiritual, puedo ampliar la distancia entre mi persona y la situación. A veces, esto significa que desde un ángulo emocional no me comprometo demasiado con un problema, a veces que dejo físicamente la habitación o que termino una conversación. Y a veces, trato de establecer una distancia espiritual entre el alcoholismo de otra persona o su conducta y yo. Esto no quiere decir que deje de amar a la persona, sólo que reconozco los riesgos a mi propio bienestar y decido cuidar de mí mismo.

Recordatorio para hoy

Ahora sé cómo terminar una discusión rehusando simplemente participar, cómo recurrir a la ayuda de mi Poder Superior cuando soy incapaz de cambiar, cómo decir "No" cuando quiero significar "No" y cómo apartarme de la demencia en vez de zambullirme en ella. El desprendimiento emocional es un regalo de amor que continúo brindándome a mí mismo y a los demás.

"Si un hombre lleva su propia lámpara, no debe temer a la oscuridad."

Proverbio hasídico

13 DE ENERO

Al-Anon me da una gran libertad espiritual porque me alienta a encontrar un entendimiento personal de Dios y a permitir a otros la misma libertad. Recién cuando pude hallar en Dios un significado personal, fui capaz de entregar sinceramente mi vida a un Poder Superior.

Mi concepto de Dios evoluciona. Cambia y crece a medida que yo continúo cambiando y progresando. ¡Qué maravilloso es sentir un Poder Superior que está tan vivo como yo! Nunca en mi vida soñé con encontrar tal fuente de serenidad, valor y sabiduría.

Hay un propósito singular en mi viaje a través de la vida. Soy el único que puede vivirlo y necesito la ayuda del Dios de *mi entendimiento*, a fin de vivirlo plenamente. Basado en la fe, me puedo aferrar a mi recorrido y encarar el futuro con confianza.

Recordatorio para hoy

Una vez tuve miedo de vivir la vida por mí mismo porque no sabía cómo hacerlo y pensaba que no había nadie que me lo demostrara. Ahora tengo un recurso muy dentro de mí que me guía por los muchos caminos de la vida. No estoy solo en mi viaje.

"En medio del invierno finalmente aprendí que había en mí un verano invencible."

Albert Camus

14 DE ENERO

En Al-Anon aprendí que estoy destinado a fracasar en mis intentos de hacer que otra persona deje de beber, porque soy incapaz ante el alcoholismo. Otros en la hermandad también habían fracasado, no obstante, estaban casi felices de reconocerlo. Con el tiempo entendí; al abandonar esta batalla que con seguridad perderíamos, nos volvíamos libres.

Gradualmente aprendí que nada de lo que hiciera o dejara de hacer convencería a mi ser querido de alcanzar la sobriedad. Lo entendí intelectualmente pero me llevó tiempo creerlo con el corazón. Reuniones frecuentes de Al-Anon, llamadas telefónicas y la lectura de su literatura son indispensables en este proceso de aprendizaje.

Más tarde, cuando mi ser querido eligió la sobriedad, encontré nuevas formas de aplicar este principio de incapacidad. A pesar de sentirme tentado de controlar el número de reuniones a las que concurría y proteger el alcohólico de cualquier cosa que lo perturbara, acepté que nada de lo que hiciera provocaría o destruiría la sobriedad de otra persona. Después de un tiempo vi que mis temores tenían poco que ver con el alcohólico. En cambio me indicaban que yo necesitaba aplicar el programa.

Recordatorio para hoy

Cuando esté en condiciones de admitir que soy incapaz ante el alcohol, mi vida se tornará más manejable. Hoy tomaré el camino de la libertad personal y la serenidad que comienza cuando me rindo.

> "Nuestro crecimiento espiritual es ilimitado y nuestra recompensa es infinita si tratamos de incluir este programa en todas las fases de nuestra vida cotidiana."
>
> *Los Doce Pasos y Tradiciones*

15 DE ENERO

Recientemente me enteré de una crisis en la vida de un alcohólico que amo. Hoy, mientras trataba de trabajar me encontré abatida en mi asiento, deprimida y distraída. Pronto, todos los pensamientos sobre mi trabajo se habían esfumado, y yo estaba ocupada proyectando un desenlace horrible a la crisis de mi ser querido y temiendo cómo me afectarían las consecuencias. El lema "Un día a la vez" me recuerda que, a pesar de mis temores, no sé lo que traerá el mañana.

¿Por qué me proyecto hacia el futuro? Tal vez no haya dejado espacio para que mis sentimientos existan. Parte de mí corre el riesgo de preocuparse por adelantado para que la mala noticia sea más fácil de enfrentar cuando llegue. Pero la preocupación no me protegerá del futuro. Sólo me impedirá vivir el presente.

Recordatorio para hoy

No necesito averiguar cómo me sentiré acerca de algo que podría ocurrir en el futuro. De hecho, no sé cómo me sentiré y además, puede que ese "algo" no ocurra. Así que cuando sienta que abandono el presente, me recordaré a mí mismo que el futuro no es problema de hoy.

"La preocupación nunca roba su tristeza al mañana, sólo le resta fortaleza al hoy."

A.J. Cronin

Hubo una época en que, cuando un pensamiento entraba en mi mente, automáticamente lo decía. Aún sin estar seguro de que lo que decía era cierto, las palabras brotaban de mi boca. En Al-Anon aprendí a "Pensar" antes de hablar.

Cuando siento la tentación de reaccionar ante acusaciones airadas con mis propias acusaciones, me detengo y "Pienso". Cuando siento el impulso a traicionar la confianza, a chismosear o a decir algo extremadamente personal a un extraño, me detengo y "Pienso". Y cuando no se me ha pedido opinión sobre otra persona, me tomo el tiempo y "Pienso" antes de intervenir. De ese modo decido conscientemente cómo responder.

Tal vez decida no decir nada, elija un modo más cauteloso de proceder o me pregunte si realmente estoy expresando lo que he estado pensando. Puedo decidir que no es el lugar apropiado para discutir lo que pienso. O tal vez prefiera abiertamente hablar de un modo muy directo. Prescindiendo de la opción que elija hoy, estoy dispuesto a aceptar las consecuencias de mis acciones porque me he tomado el tiempo para elegir.

Recordatorio para hoy

Hoy permitiré que mis palabras satisfagan mis mejores intereses. Las elegiré con cuidado.

"No permitiré que mi boca diga nada que mi cabeza no pueda tolerar."

Louis Armstrong

17 DE ENERO

Cualquiera que hubiese visto mi manera de actuar con los alcohólicos de mi vida probablemente habría pensado que yo estaba loca. Yo era la que buscaba de bar en bar, hacía escenas en lugares públicos y me ponía histérica por pequeñeces. También era la que agonizaba por la conducta del alcohólico, mentía, pedía disculpas, ponía excusas y resentía lo que hacía. ¿Era eso estar en mi sano juicio?

Al-Anon fue el primer lugar donde por primera vez pensé en cuestionar mi propia cordura. Encontré que no podía superar los efectos de esta enfermedad a través de la fuerza de voluntad o la razón. Como se suele decir, pensar de la manera que lo hacía fue lo que me condujo a la situación presente. Pero el Segundo Paso de Al-Anon sugería que un Poder Superior me podría devolver el sano juicio.

Percibí que mi capacidad de razonar era mayor en una reunión de Al-Anon que en cualquier otro lugar, y pedí ayuda a ese Poder que parecía fluir de esas reuniones. De vez en cuando tengo mis momentos de irracionalidad pero ya no culpo a nadie por mi conducta irregular. Ahora sé exactamente a dónde recurrir cuando quiera recuperar mi sano juicio.

Recordatorio para hoy

Hoy me concentraré en mi propia conducta. Si pudiera mejorarse, le pediré ayuda a un Poder Superior a mí.

"Si no cambiamos nuestro rumbo, probablemenete lleguemos a donde nos dirigimos."

Antiguo proverbio chino

Cuando escuché por primera vez que el mejor modo de ayudar a un alcohólico era concentrarme en mí mismo, pensé que Al-Anon era un lugar despiadado, donde me vería obligado a dejar de ocuparme de mis seres queridos. Había decidido entonces no volver nunca pero alguien compartió un pensamiento conmigo que me hizo cambiar de opinión. Dijo que a pesar de que el deseo de ayudar a otra persona puede ser compasivo y bien intencionado, nuestras antiguas formas de "ayudar" no necesariamente lo son. Al-Anon ofrece un nuevo modo de ayudar.

Examiné mi interpretación de cómo ayudar al alcohólico. Vi que cuando cubría sus cheques sin fondo o lo justificaba, no le permitía enfrentar las consecuencias de sus acciones. Lo estaba privando de oportunidades de querer cambiar.

También debía considerar por qué me sentía tan desesperado si no ofrecía mi ayuda. Cuando examiné mis motivos descubrí que era *mi* ansiedad lo que no quería enfrentar.

Recordatorio para hoy

¿Ofrezco ayuda con verdadero amor o tengo otros motivos? ¿Estoy tratando de cambiar a otra persona o hacer que ellos hagan lo que quiero? Conversarlo con mi Padrino puede brindarme una nueva perspectiva. Mi mejor esperanza de ayudar a los que amo realmente comienza cuando me concentro en mí mismo.

"En Al-Anon aprendemos a:
- no crear una crisis;
- no impedir una crisis si está dentro del curso natural de los acontecimientos."

Desprendimiento emocional

19 DE ENERO

Hoy intento llegar a aceptarme un poco más, sentirme más cómodo en mi propia piel. A pesar de que es importante reconocer y admitir mis limitaciones e imperfecciones, sólo mi Poder Superior puede eliminarlas.

Condenar mis imperfecciones nunca me ayudó a apreciar mejor la vida o a amarme más. Tal vez sólo por hoy pueda pasar por alto toda condena. Reconoceré que estoy en un camino espiritual de mejoramiento de mí mismo. Cada pequeño paso que dé en ese sentido me acercará a la plenitud, la salud y la serenidad.

Si me torno impaciente conmigo mismo, puedo examinar mis expectativas. Tal vez espere que la recuperación ocurra de la noche a la mañana. Hoy me tomaré tiempo para reconocer mis esfuerzos y confiar en el proceso del programa de Al-Anon.

Recordatorio para hoy

Al-Anon es un programa benévolo y curativo. Recordaré ser benévolo conmigo mismo hoy, confiando en que la curación llegará.

> "Hoy puedo aceptarme tal como soy porque sé que pase lo que pase tengo un Poder Superior y un grupo de gente que me amará de todas formas."
>
> ...*En todas nuestras acciones*

"El anonimato es la base espiritual de nuestras Tradiciones." El anonimato hace posible dejar fuera del ámbito de Al-Anon no sólo nuestros apellidos sino también los rótulos y expectativas que cargábamos. A través de nuestro compromiso con el anonimato podemos desechar el *qué* somos y comenzar a aprender *quiénes* somos.

Cuando comencé a reconocer cuán valioso era ya este principio espiritual en mi vida, entendí por qué era tan importante proteger el anonimato de otros, incluyendo el del alcohólico. Si deseamos obtener los beneficios del programa, tenemos la obligación de conceder a los demás el mismo respeto y la cortesía que nos hacen sentir seguros, libres de rótulos y libres para ser nosotros mismos.

Recordatorio para hoy

Al tomar mi lugar entre los miles de individuos anónimos que conforman los Grupos de Familia Al-Anon, sé que nunca estaré solo de nuevo. No arriesgaré ese valioso recurso violando su principio espiritual fundamental.

> "Todos debieran poder salir de una reunión de Al-Anon seguros, sabiendo que lo que han contado no lo repetirá nadie."
>
> *¿Por qué el anónimato en Al-Anon?*

21 DE ENERO

Antes de Al-Anon nunca podía notar la diferencia entre lo que era y lo que no era asunto mío. Sentía que debía cuidar de todos a mi alrededor hasta que no pudiera aguantar más. Continué manteniendo esta costumbre hasta que me enfermé físicamente. Mi cuerpo trataba de decirme que le prestara atención a mis propias necesidades pero simplemente no estaba preparado para escuchar.

Al-Anon me ayuda a "Escuchar y aprender" con mi cuerpo, mi alma y mi Poder Superior. ¿Cómo lo hago? Trato de examinar mi interior regularmente. ¿Tengo hambre, me siento enojado, solo o cansado? Si es así, puedo hacer una pausa en mi actividad y tomarme el tiempo suficiente como para satisfacer mis necesidades.

Cuando presto atención a los mensajes que recibo, tengo una mejor oportunidad de desprenderme emocionalmente de otra gente y otras situaciones, según corresponda. Para mí, ésta es la base de la serenidad.

Recordatorio para hoy

Ya no debo esperar hasta que mi salud, mi situación financiera o mi estado emocional se derrumben para prestar atención a mis necesidades. Hoy puedo intentar prestar mayor atención a lo que mi voz interior trata de enseñarme. Puedo "Escuchar y aprender."

"No escuches a los amigos, cuando el *amigo* dentro de ti dice: '¡Haz esto!'"

Mahatma Gandhi

Traté muy arduamente de aprender el desprendimiento emocional. Vivir con el alcoholismo activo era desconcertante y la idea del desprendimiento emocional parecía vaga. El alcoholismo en mi vida era una persona inquieta al dormir, que se caía de la cama casi todas las noches. Sintiéndolo mi deber, siempre lo ayudaba a volver a la cama. Una noche, después de haber asistido por un tiempo a las reuniones de Al-Anon, pasé por encima de su cuerpo y me acosté dejándolo en el piso. Fui a la siguiente reunión y de manera triunfante les dije: "Finalmente aprendí el desprendimiento emocional". "Bueno", dijeron, "eso no era exactamente lo que quisimos decir. Nos referíamos a desprendimiento *con amor*."

Dejé esa reunión con un nuevo entendimiento que puse en práctica la próxima vez que mi ser querido se cayó de la cama. Cuando lo encontré en el piso, no lo ayudé a volver a la cama, pero le puse una manta encima antes de acostarme. Esto para mí, fue desprendimiento con amor.

Recordatorio para hoy

Con la ayuda de mi Poder Superior mantendré un amoroso manto de desprendimiento con el que cubriré a mis seres queridos, luchen o no con una enfermedad, recordando que cuando trato con otros seres humanos, trato con hijos de Dios.

> "El desprendimiento emocional no es aislamiento ni tampoco debería concentrarse en evitar la conducta enferma del pasado. El desprendimiento emocional no es una pared, es un puente a través del cual los miembros de Al-Anon pueden comenzar un nuevo acercamiento a la vida y a las relaciones en general."
>
> *Al-Anon, instrumento para el tratamiento de las consecuencias del alcoholismo en la familia*

23 DE ENERO

En el Tercer Paso, "Resolvimos confiar nuestra voluntad y nuestra vida al cuidado de Dios, *según nuestro propio entendimiento de Él."* Esta es una gran decisión para aquellos de nosotros a quienes tanto nos cuesta tomar aun pequeñas decisiones. Hasta que encontré a Al-Anon, tenía la tendencia de dejar que otros decidieran cómo debía vivir, a dónde debía ir y qué debía hacer. La paradoja es que, a pesar de que yo asumía poca responsabilidad por mi propia vida, me consideraba un experto acerca de la de cualquier otro y me sentía responsable de todo lo que pasara.

El orden en que están escritos los tres primeros Pasos me ayuda a superar estos problemas de actitud. Primero, acepto mi incapacidad de controlar la enfermedad del alcoholismo y admito que mi vida es ingobernable. Después, llego a creer que un Poder superior a mí puede ser útil. Después de aceptar estos dos Pasos se hace posible, deseable y aun lógico tomar la enorme decisión de confiar mi vida al cuidado de un Poder Superior.

Recordatorio para hoy

Al comienzo de cada día puedo tomar la decisión de confiar mi voluntad y mi vida al cuidado de Dios. De este modo empiezo el día sosteniendo firmemente que decido aceptar la realidad de mi vida. Me estoy desplazando en una dirección saludable, creciendo con una capacidad cada vez mayor de vivir una buena vida y amar a los que encuentre en el camino.

"La decisión es un riesgo arraigado en el valor de ser libre."
Paul Tillich

Me atreveré a ser yo mismo. Puede que me sienta tentado a pintar una sonrisa en mi cara a pesar de estar enojado, sólo para complacer a otra persona. Cuando rechazo una invitación, quizás quiera disculparme para que nadie salga herido. Quizás me sienta tentado a cancelar planes interesantes sin protestar porque un ser querido prefiere quedarse en casa y yo no quiero causar problemas. Estas pueden ser opciones perfectamente aceptables y puedo elegir alguna de ellas o todas ellas. Pero hoy seré honesto conmigo mismo al decidirlo. No fingiré sentir lo que no siento o querer lo que no quiero.

Al-Anon no me dice cómo comportarme. No legisla sobre buenas o malas decisiones. Pero Al-Anon me da el valor para examinar minuciosamente y sin temor mis sentimientos, motivos y acciones. Sólo puedo aprender a amarme a mí mismo si estoy dispuesto a aprender quien soy.

Recordatorio para hoy

Tengo derecho a querer lo que quiero y a sentir lo que siento. Puede que no decida obrar en base a esos sentimientos o deseos pero no los esconderé. Son parte de mí mismo.

"Ante todo: Sé auténtico con tu verdadero ser."

William Shakespeare

25 DE ENERO

Antes de descubrir a Al-Anon, a menudo utilizaba los problemas de otros como una excusa para evitar mis obligaciones. Las crisis ajenas me atraían y hablaba de ellas cuando podía. Mi propia vida parecía cada vez más trivial y mis problemas se veían tontos.

Me resultaba muy difícil entonces concentrarme en mí mismo cuando llegué a Al-Anon. Cuando llegaba a las reuniones quería hablar del alcohólico pero a nadie parecía interesarle. Todos seguían preguntando sobre mí, cómo me sentía, qué hacía, qué quería.

Descubrí que estaba demasiado interesado en los otros porque tenía una opinión muy baja de mí mismo. Mi Padrino me ayudó a ver que cuando yo actuaba como si la vida de otro fuera más importante que la mía, me estaba perjudicando. Eso tenía que cambiar si quería aprender a valorar mi propia experiencia. Concentrarme en mí mismo significó comenzar a fomentar mi autoestima. Requirió práctica pero, con el apoyo que obtuve en las reuniones, me sentí más a gusto. Aprendí a hablar de mí y a considerar mis sentimientos, logros y preocupaciones como válidos e importantes.

Recordatorio para hoy

Hoy, si me siento tentado a difundir chismes o crear un drama sobre la vida de otro, me preguntaré a mí mismo: "¿Qué está pasando conmigo?"

"Hablamos también sobre el papel que desempeñamos en nuestros problemas y sobre cómo cambiamos nuestras actitudes y acciones al aplicar el programa de Al-Anon a nuestras vidas."

Aquí se habla Al-Anon

Leí el Duodécimo Paso muchas veces antes de entenderlo. Pero *ahí* estaba. "Habiendo logrado un despertar espiritual como resultado de estos Pasos…" ¡Qué promesa! Si practicaba estos Pasos, tendría un despertar espiritual. ¡Había esperanzas, aun para mí!

Ahora bien, ese no es el motivo por el cual llegué a Al-Anon. Como muchos, vine a averiguar cómo hacer para que alguien dejara de beber. Fue mucho después que me di cuenta de que mi vida carecía de un sentido de dirección que sólo un Poder Superior podía proveer.

Esas maravillosas palabras del Duodécimo Paso me dieron el valor que necesitaba para empezar desde el principio. Con lentitud, a veces dolorosamente, recorrí mi camino a través de los Pasos. Con el tiempo algo sorprendente sucedió. Me invadió una sensación de mi Dios y Su amor por mí. Me sentí pleno. Supe que nunca volvería a ser el mismo.

Recordatorio para hoy

Los Pasos me ofrecen un mapa de rutas para vivir que lleva a un despertar espiritual y más allá. No puedo llegar de un salto hasta el final del camino, el que a veces puder ser difícil, sino que debo poner un pie delante del otro y seguir las instrucciones que me han dado, sabiendo que otros antes que yo, a lo largo del camino, recibieron más de lo que nunca hubieran soñado.

> "La primera vez que escuché leer los Doce Pasos en una reunión me quedé inmóvil. Sentí que no respiraba. Escuchaba con todo mi ser. Supe muy dentro de mí que había llegado a casa."

As We Undestood…

27 DE ENERO

Sabía que tenía problemas. Estaba dispuesta a echar para siempre de mi vida a alguien a quien amaba profundamente porque había dejado los platos sin lavar en el fregadero. Obviamente yo exageraba, pero no podía calmarme. Levanté el teléfono y llamé a una amiga de Al-Anon.

Después de escucharme, me dijo que yo parecía enojada por algo más que platos sucios. Ciertamente lo estaba. Para mí, esos platos eran la prueba de una falta de respeto habitual. Ella dijo que también se enojaba y actuaba como una mártir cuando encaraba la misma situación una y otra vez. Pero cada vez que trataba de arreglar todos los problemas de una relación en un solo día fracasaba. Simplemente no es posible hacerlo. En cambio, intentó ocuparse de una situación a la vez.

Siguen sin gustarme los platos sucios, pero no tengo que interpretarlo con un significado más profundo. Estoy aprendiendo a tomar las cosas como lo que realmente son. A veces los platos sucios son sólo platos sucios.

Recordatorio para hoy

¿Por qué me permito sufrir, exagerar las pequeñas cosas? Puedo achicar una situación hasta un tamaño más manejable tomándola "Un día a la vez."

> "El único propósito de Al-Anon consiste en ayudarnos a eliminar los puntos ásperos de nuestra vida; y eso puede conseguirse únicamente practicando el lema que dice: 'Un día a la vez'."
>
> *Un día a la vez en Al-Anon*

28 DE ENERO

A menudo los recién llegados se sorprenden del número de años que los miembros más antiguos llevan asistiendo a las reuniones de Al-Anon. Deben quedar aún más sorprendidos de que algunos de nosotros hayamos logrado la sobriedad en nuestros hogares o de que ya no haya alcohólicos en nuestras vidas. ¿Por qué seguimos viniendo? Para muchos de nosotros la respuesta es "serenidad".

A veces me rebelo, me impaciento o me aburro. Atravieso períodos de pocos cambios en mí y empiezo a dudar. Pero aún después de muchos años de recuperación en Al-Anon, si pierdo muchas reuniones las cosas comienzan de nuevo a volverse ingobernables. He sido afectado por la bebida de otro. No quiero subestimar el impacto duradero que el alcoholismo causó en mí. Así es que sigo viniendo.

Llegué a Al-Anon buscando una rápida cura para mi dolor, pero me quedé por la solidez, la seguridad y la amistad que encuentra cada día. Debido a mi compromiso con mi propio crecimiento soy capaz de manejar situaciones muy difíciles con mucha paz y la satisfacción en mi vida continúa excediendo mis sueños más alocados.

Recordatorio para hoy

Veo mi recuperación como un modo de vida saludable que puedo compartir alegremente con otros. Hoy aspiro activamente a una vida mejor porque me dedico a mí mismo.

> "Sólo por hoy tendré un programa a seguir. Quizá no lo siga con exactitud, pero lo tendré."
>
> *Sólo por hoy*

29 DE ENERO

Muchos de nosotros aprendemos el valor de expresarnos en Al-Anon. Descubrimos cómo nos sentimos y el beneficio de exteriorizar esos sentimientos cuando resulta apropiado. Pero hay una diferencia entre expresarlos y usar palabras para controlar a otros.

A veces el único modo de determinar si estoy tratando de controlar a alguien o si simplemente estoy expresando mis sentimientos es darme cuenta de cuántas veces digo lo mismo. Si menciono algo que tengo en la mente y luego suelto las riendas independientemente de la respuesta que obtenga, estoy hablando sinceramente. Si hago sugerencias parecidas o preguntas punzantes una y otra vez, probablemente estoy tratando de controlar. Si estoy satisfecho sólo cuando la otra persona responde en una forma que considero conveniente, está de acuerdo con lo que digo o acepta mi consejo, entonces me doy cuenta de que he errado el camino.

Recordatorio para hoy

Estoy aprendiendo a ser sincero conmigo mismo. No usaré mi recuperación como una excusa para justificar mis esfuerzos para cambiar el modo de pensar de otros. Tratar de controlar a otra gente sólo me crea problemas. En cambio, admitiré tales faltas sin demora y pondré mi energía de nuevo donde corresponde, concentrándome en mí mismo.

"Tendríamos mucha paz si no nos ocupáramos de las palabras y las acciones de otros."

Tomás de Kempis

Viviendo con el alcoholismo aprendí que los planes podían cambiar en cualquier momento y que por lo tanto las reglas variaban. Se me despertó una profunda desconfianza de todos y de todo porque no podía confiar en nada.

Como resultado, me he encontrado a menudo precipitándome sobre cualquier oportunidad sin haberla meditado. Detrás de mi acción había un sentido de desesperación. "Mejor que agarre esto ahora, ésta puede ser mi única oportunidad." Al-Anon me muestra una propuesta diferente. Puedo vivir "Un día a la vez." Puedo basar mis decisiones más en lo que siento que es bueno para mí hoy que en lo que temo pueda perder en el futuro. Puedo "Pensar" antes de reaccionar ante mis temores y recordar el "Hazlo con calma."

Si me siento incapaz de hacer algo hoy, confío en que habrá otra oportunidad si es algo que tengo que hacer. No tiene que ser ahora o nunca, todo o nada.

Recordatorio para hoy

Hoy no debo sentirme limitado por mis viejos temores. En cambio, puedo hacer lo que me parece correcto. No es necesario aceptar cada sugerencia o cada oferta que reciba. Puedo considerar mis opciones y orar para obtener una guía y decidir lo que es mejor para mí.

> "Hay una guía para cada uno de nosotros y al escuchar con humildad oiremos la palabra apropiada… Ubíquese en el centro de la corriente del poder y la sabiduría que fluye hacia su vida. Luego, sin esfuerzo alguno, usted se verá empujado hacia la verdad y una satisfacción perfecta."
>
> Ralph Waldo Emerson

31 DE ENERO

Después de aplicar celosamente los Doce Pasos de Al-Anon durante un año, me sentía desalentado por mis continuas recaídas en la autocompasión y el resentimiento, provocados por la incapacidad de la alcohólica de darme el apoyo emocional que yo quería. Una noche, mientras meditaba sobre el Sexto y Séptimo Paso, tres palabras parecieron brillar en mi mente: Estuvimos enteramente dispuestos a que *Dios* eliminase todos estos defectos de carácter y *humildemente* pedimos a *Dios* que nos librase de nuestras culpas.

De pronto me di cuenta de que gran parte de mi celosa aplicación del programa ha sido el ejercicio de mi propio poder limitado. Con una nueva y sincera humildad le pedí a Dios que me librase de mis culpas. Cuando vi a la alcohólica la mañana siguiente fue como si se hubiese quitado un velo de mis ojos. La vi sufrir, luchando para estar sobria, y tuve compasión también por mi propia lucha. Mi autocompasión y resentimiento habían desaparecido.

Recordatorio para hoy

Quiero estar preparado para librarme de mis culpas y haré lo que pueda para prepararme. Puedo tomar conciencia de mí mismo sin enjuiciarme, aceptar lo que descubro y estar enteramente dispuesto a cambiar. Pero carezco del poder de curarme. Sólo mi Poder Superior puede hacerlo.

> "Acepto el hecho de que necesito ayuda para recobrar mi sano juicio y que no puedo lograrlo sin ayuda."
>
> *El dilema del matrimonio con un alcohólico*

Pensé que si dejaba de asumir las responsabilidades del alcohólico, él dejaría de beber. Cuando el problema de la bebida pareció empeorar en vez de mejorar, pensé que una vez más yo había procedido mal. Estaba aún tratando de controlar la enfermedad del alcoholismo y sus síntomas. Al-Anon me ayudó a comprender que soy incapaz de impedir que el alcohólico siga bebiendo. Si decido no contribuir más al problema, lo hago porque parece ser la manera correcta de proceder, algo que me hará sentir mejor conmigo misma.

Cuando cambie mi comportamiento, quizás los que me rodean también cambien el suyo pero no hay garantías de que esos cambios sean de mi agrado. Hoy estoy aprendiendo a tomar decisiones porque son buenas para mí y no por el efecto que puedan tener sobre otros.

Recordatorio para hoy

Es difícil dejar de comportarme como en el pasado, pero con la ayuda de Al-Anon puedo ser la que rompa el hábito. Puedo decidir hacer lo que crea conveniente para mí.

"Tienes que pensar en vivir cada día del modo que creas te haga estar contenta con tu vida."

Jane Seymour

2 DE FEBRERO

Yo solía vivir mi vida como si estuviera subida a una escalera. Todos estaban por encima de mí despertando temor o envidia, o por debajo de mí despertando lástima. Dios se hallaba mucho más arriba, fuera del alcance de mi vista. Esa manera de vivir era dura y solitaria porque dos personas a la vez no pueden permanecer cómodamente en el mismo peldaño por mucho tiempo.

Cuando llegué a Al-Anon, encontré mucha gente que había decidido bajarse de la escalera para entrar al círculo de la hermandad. En este círculo todos estábamos en igualdad de condiciones, y Dios estaba justo en el centro, fácilmente accesible. Cuando llegaban personas nuevas, no nos preocupábamos por reorganizar nuestras posiciones, simplemente agrandábamos el círculo.

Hoy día ya no idolatro ni desprecio a nadie. Puedo mirarlos directamente a los ojos. Hoy, ser humilde significa bajarse de la escalera para no juzgarme a mí mismo ni a los demás, y tomar el lugar que me corresponde en un círculo universal de amor y ayuda.

Recordatorio para hoy

Mis pensamientos son mis maestros. ¿Me están enseñando a amarme y a apreciarme a mí mismo como también a los demás, o me están enseñando a poner en práctica el aislamiento? Hoy elegiré mis maestros con mucho más cuidado.

"'Vive y deja vivir' nos libra de la inclinación irresistible a criticar, juzgar, censurar y desquitarnos… nos puede perjudicar mucho más a nosotros que a aquellos contra quienes utilizamos dichas armas. Al-Anon nos enseña la tolerancia arraigada en el amor."

¿Qué es Al-Anon?

Recién llegado a Al-Anon, escuché que los principios del programa podían conducir a la serenidad. Yo habría preferido escuchar que el programa curaría al alcohólico, repararía los daños del pasado, o al menos pagaría la factura del gas. Mi idea de la serenidad era estar sentada en la cima de una montaña esbozando una sonrisa tonta, sin preocuparme demasiado por nada. ¡Yo estaba más interesada en la pasión!

Con el tiempo me di cuenta de que la serenidad no tenía por qué despojarme de mi pasión. En cambio me ofrecía un sentido de seguridad interior que me liberaba para vivir mi vida tan plena y apasionadamente como me agradara, aprovechando una fuente inagotable de energía y sabiduría: un Poder Superior. Yo podía decidir y correr riesgos porque con esta ayuda estaba en mejores condiciones para afrontar cualquier cosa que sucediera.

Nada se puede comparar con la conmoción de explorar a fondo mi potencial como ser humano. Una vez que le hube tomado el gusto a la inmensa riqueza que la vida me ofrecía con la ayuda de Al-Anon y mi Poder Superior, descubrí que la serenidad era un gran tesoro.

Recordatorio para hoy

Hoy buscaré serenidad, sabiendo que cuando estoy sereno, soy capaz de convertirme en un ser más pleno y apasionado.

"Sin este programa no habría podido apreciar cuán maravillosa puede ser mi vida a pesar de las situaciones difíciles."

...En todas nuestras acciones

4 DE FEBRERO

A veces cuando estoy infeliz por mi situación, siento que Dios me está castigando. Entonces he perdido nuevamente la imagen de un Dios amantísimo, y necesito recuperarla.

Me ayuda llamar a mi Padrino, ya que él me recuerda que Dios no es un terrorista. Leo literatura Al-Anon y asisto a reuniones adicionales. Más que nada camino a orillas del río y le hablo a Dios sobre el temor que siento. Miro el agua y agradezco a Dios por las cosas buenas de mi vida: mi recuperación en Al-Anon, el regalo de los Doce Pasos, la creatividad y la alegría que siento al expresarla, mi cariñosa familia Al-Anon. Después de haber hablado con Dios, descanso y espero hasta sentir el contacto saludable de Dios que me tranquiliza y enjuga mis lágrimas.

Lo extraño es que, después de haber superado esos malos momentos, no recuerdo el dolor que viví. Lo que recuerdo es el sol brillando sobre el agua, la paz del momento, el amor de mi Poder Superior envolviéndome de manera tan tangible como el sol. El dolor se ha ido pero perdura una mayor confianza en mi Poder Superior.

Recordatorio para hoy

Cuando me enfrento con situaciones difíciles o dolorosas, recuerdo que hay un Dios bondadoso siempre presente para mí, siempre disponible como una fuente de alivio, guía y paz.

"Nadie está solo si se ha llegado a creer en un Poder superior a nosotros."

Todo acerca del padrinazgo

"Cuando el alumno está listo, aparece el maestro", dicen los Budistas Zen. O como dijo un orador en Al-Anon: "Cada uno de nosotros llega aquí en el momento preciso." Para mí esta es una razón importante para tener una política de relaciones públicas basada en la atracción más que en la promoción, como lo sugiere la Undécima Tradición.

Mi propia llegada a Al-Anon se produjo justo en el momento preciso. Yo era un adolescente la primera vez que oí hablar del programa; fui a mi primera reunión veinte años después. No lamento ese lapso porque no creo que hubiera estado listo para Al-Anon antes. Pasé esos veinte años sintiendo resentimiento hacia familiares bien intencionados que me daban a entender que me había afectado el alcoholismo. Únicamente después de haber vivido muchos años con los efectos de la enfermedad, estuve listo para recibir ayuda. Independientemente de cuánto me hubiesen fastidiado, no habría podido llegar antes.

Recordatorio para hoy

No hay varita mágica que pueda preparar a otros para Al-Anon, y sería presuntuoso suponer que yo tengo una mejor idea respecto de su verdadero camino de la que ellos tienen. Permíteme ayudar a aquellos que deseen ayuda. Con el ejemplo de una vida mejor como resultado de la aplicación del programa, transmitiré el mensaje con más eficacia que si lo impusiera.

> "Que no diluya la efectividad de la ayuda que puedo dar, haciendo que ésta tome la forma de un consejo. Sé que nunca tendré la penetración suficiente en la vida de otra persona como para decirle qué es lo mejor que puede hacer."

El dilema del matrimonio con un alcohólico

6 DE FEBRERO

Cuando llegué a Al-Anon estaba desesperada porque quería hacer algo acerca de mi relación con un alcohólico. Esperaba que me dijeran: "Echa al holgazán"; así que me sentí desanimada cuando un miembro sugirió que después de haber ingresado a Al-Anon, no efectuara grandes cambios durante seis meses. Al cabo de los seis meses, mi modo de pensar había cambiado radicalmente, y me sentí agradecida por haber esperado.

En ese momento, algo dentro de mí dijo que continuara esperando, aprendiendo y recuperándome antes de tomar una decisión acerca de esa relación. Pero detesto esperar. Luché, oré pidiendo una orientación, sopesé en el pro y el contra. La contestación era siempre la misma: "Espera. No hagas nada todavía. Ya llegará el momento." Esa no era la respuesta que buscaba, por eso la pasé por alto. Provoqué una "solución" y me marché.

Inmediatamente me consumió la culpa y la duda. ¿Había cometido el peor error de mi vida? Aún amaba mucho a esta persona y aunque estaba muy perturbada no estaba convencida de que el marcharme fuera la solución. Tuve que admitir que había actuado prematuramente. Con el correr del tiempo pude llegar a una decisión que supe podía aceptar.

Recordatorio para hoy

Cuando mi forma de pensar se distorsiona al tratar de forzar soluciones, probablemente no conseguiré los resultados que busco. Como dice el refrán: "No actúes cuando estés con dudas."

> "Guíame en todo lo que hago para recordar que la espera es la respuesta a algunas de mis plegarias."
>
> *As We Understood…*

Hoy tengo una oportunidad de contribuir a mi sensación de bienestar. Puedo efectuar alguna acción pequeña que fortalezca una relación, alcanzar una meta o ayudarme a sentirme mejor conmigo mismo. No espero cambiar mi vida radicalmente. Mi meta es simplemente desplazarme en una dirección positiva, sabiendo que a menudo los grandes progresos comienzan con pasos muy pequeños.

Quizás le pida a alguien que sea mi Padrino, me acerque a un recién llegado, o vaya a otro grupo de Al-Anon. Quizás haga algo de ejercicio, concierte una cita para una revisión médica, escuche música u ordene un armario. Podría escribir una carta a un amigo a quien he descuidado, o pasar algún tiempo conmigo mismo disfrutando unos momentos de paz y tranquilidad. Quizás sólo para ejercitarme haga algo que sienta temor de hacer. Tal vez haga las compras para un amigo enfermo, arregle una mesa que tambalea, lea un libro para estimular mi mente. Quizás medite sobre uno de los Doce Pasos, o comparta mi experiencia, fortaleza y esperanza con alguien que desee escucharme.

Recordatorio para hoy

¡Hay tantas maneras de mejorar mi calidad de vida! En lugar de impacientarme acerca de lo que no puedo tener o hacer, hoy me ocuparé de crear algo positivo en mi vida.

> "Aprovechar el momento glorioso de la oportunidad y apoderarnos de lo bueno que esté a nuestro alcance, es el gran arte de la vida."

Samuel Johnson

8 DE FEBRERO

Me gusta la gente y alguna vez quise que todos fueran mis amigos. Con las mejores intenciones traté de fomentar amistades con ciertas personas, a pesar de que mis tentativas fueron repetida y discretamente rechazadas.

Encontré consuelo en las palabras que escuchaba en la clausura de cada reunión de Al-Anon: "...aunque no todos resultemos del agrado de ustedes, van a apreciarnos igualmente en una forma muy especial, de la misma forma que nosotros ya los apreciamos a ustedes." Fue una lección importante aprender que, aunque no todos sean mis amigos, yo puedo ofrecer y recibir respeto, apoyo y comprensión. La paciencia y la humildad fueron un bálsamo para mi orgullo herido.

Recordatorio para hoy

No es realista esperar que yo sea del agrado de todos. Con tal expectativa me preparo para el fracaso y encuentro una excusa para echar la culpa a otros. No puedo cambiar a otra persona, pero puedo cambiar mis propias actitudes. Puedo dejar de lado mis reglas sobre cómo deberían sentir otros acerca de mí. Cuando me siento desilusionado por la reacción de otra persona, puedo hacer un esfuerzo adicional para ser amable, cálido y cariñoso conmigo mismo. Soy digno de ser amado tal cual soy.

"El amarse a sí mismo es el comienzo de un romance para toda la vida."

Oscar Wilde

No había nada sencillo en mi vida antes de que entrara en Al-Anon. Mi trabajo me provocaba mucha tensión, siempre me faltaba tiempo y mi atención estaba intensamente concentrada en el alcohólico, pero no me daba cuenta de que yo estaba bajo tensión. Durante los primeros días en Al-Anon, cambié la mirada hacia el programa. En cuanto acepté mi negación, tomé conciencia de que estaba exhausta todo el tiempo. El tema de una reunión de Al-Anon, "Mantenlo simple", fue justo lo que necesitaba escuchar.

Decidí que la máxima prioridad de mi vida ingobernable era recuperarme de los efectos del alcoholismo. Tenía responsabilidades y no podía eliminar toda la tensión de mi vida, pero traté de simplificarla en donde fuera posible. En mi caso, esto significó desligarme de algunas actividades sociales, cambiar temporalmente a un empleo de menor remuneración, pero con menos tensión, dejar de lado algunos quehaceres del hogar. No fue un cambio permanente, sólo una manera de darme el tiempo que necesitaba para mi salud emocional y espiritual.

¡Qué alivio sentí! Cuando volví a mi rutina normal, entendía mejor cómo mantener las cosas simples, y pude hacerlo todo con más serenidad.

Recordatorio para hoy

Si me siento abrumado, puede que esté tratando de hacer demasiado. Hoy trataré de "Mantenerlo simple."

"La habilidad de simplificar significa eliminar lo innecesario para que lo necesario resalte."

Hans Hofmann

10 DE FEBRERO

Uno de los efectos del alcoholismo es que muchos de nosotros hemos negado o desvalorizado nuestros talentos, sentimientos, logros y deseos. En Al-Anon aprendemos a conocer, valorar y expresar nuestro verdadero ser. La creatividad es una poderosa manera de celebrar quienes somos. Es una energía espiritual que nutre nuestra vitalidad. Es una manera de reemplazar el pensamiento negativo por la acción positiva.

Cada uno de nosotros desborda de imaginación, pero a menudo se necesita práctica para encontrarla y utilizarla. Sin embargo, cualquier cosa que hagamos de manera distinta puede ser creativa: construir una biblioteca, probar un condimento nuevo con las verduras, darle un nuevo enfoque al manejo de las finanzas, pintar utilizando los dedos, solucionar los problemas, seguir el ritmo tamborileando una mesa. La energía creativa está dentro y alrededor de nosotros, ya sea que escribamos una obra de arte o estemos doblando la ropa limpia.

Cada nuevo acto reafirma nuestro compromiso con la vida. Nuestro programa nos alienta a reconocer nuestros aciertos y a vivir plenamente cada día. Cuando creamos, nos situamos con firmeza en el presente, y aprendemos que lo que hacemos tiene importancia.

Recordatorio para hoy

Hoy haré uso del don precioso de la imaginación. De esta manera dejaré de lado la negatividad, las dudas acerca de mí mismo, el temor; y en cambio celebraré la vida.

"Haz lo que puedas con lo que tienes, y en donde estés."

Theodore Roosevelt

11 DE FEBRERO

La Quinta Tradición me ayuda a fijar tres metas; aplicar los Pasos para mí mismo, tener compasión de los alcohólicos, y tener compasión de aquellos que vienen a Al-Anon. Lo que me llama la atención es el mucho amor que se encuentra en estas tres metas. Primero, me amo lo suficiente como para tratar de sanarme y crecer con la práctica de los Doce Pasos. Después utilizo esta fortaleza para amar a aquellas personas que una vez pensé eran mis enemigos, reconociendo que ellos también han estado lidiando con esta terrible enfermedad. Finalmente, aprovecho estas experiencias y ofrezco amor a aquellos que transitan por un camino similar: los familiares y amigos de alcohólicos.

Sé que me salvó de la desesperación el amor brindado por extraños quienes pronto se convirtieron en amigos. Ahora tengo suficiente amor y plenitud dentro de mí para compartirlos con otros que sufren los efectos del alcoholismo.

Recordatorio para hoy

Necesitaba amor aún antes de saber lo que era. Ahora que comprendo algo acerca de ello, lo necesito aún más. Al amarme a mí mismo cuido de mis necesidades y a la vez dejo sentadas las bases para amar a otros. Al amar a otros, aprendo a tratarme bien.

> "Cada Grupo de Familia Al-Anon persigue un solo propósito: prestar ayuda a los familiares de los alcohólicos. Logramos esto, practicando los Doce Pasos de AA nosotros mismos, comprendiendo y estimulando a nuestros propios familiares aquejados por el alcoholismo, y dando la bienvenida y brindando alivio a los familiares de los alcohólicos."
>
> *Quinta Tradición*

12 DE FEBRERO

Para mí, el desprendimiento emocional es relativamente fácil con conocidos porque no estoy muy comprometido emocionalmente. He notado que cuando practico el desprendimiento emocional, puedo escuchar las críticas y el malhumor de otras personas sin que esto me afecte. Pero si algún miembro de mi familia actúa de la misma manera, a menudo reacciono ante esa mentalidad negativa. Mi propio comportamiento me demuestra que tengo una opción acerca de mi reacción ante las actitudes y estados de ánimo de los demás.

Lo que he aprendido al comparar estas dos situaciones es que el desprendimiento emocional entraña prestar atención a mi propio estado de ánimo, antes de reaccionar ante el de otro. De esa manera puedo simplemente ver y escuchar la negatividad o ira, sin estar negativo o enojado. No tengo necesidad de pasar un mal día simplemente porque alguien que amo esté luchando. El reconocer esto me permite dejar que todos, incluido yo, sientan lo que sea, sin interferencias.

Recordatorio para hoy

Si me detengo un momento antes de prestar atención al estado de ánimo de otra persona, quizás me dé cuenta de que hay sentimientos míos que merecen atención. Hoy buscaré esos momentos para examinarme.

"Dejamos nuestra obsesión por el comportamiento de otros y comenzamos a llevar una vida más feliz y gobernable, una vida con dignidad y derechos; una vida guiada por un Poder superior a nosotros mismos."

Desprendimiento emocional

Cada copo de nieve es diferente. Cada huella dactilar es diferente. Cada persona en Al-Anon es diferente a pesar del problema común que nos une.

El compararme con los demás era un defecto de carácter que me había atormentado toda la vida y que continuó durante mis primeros años en Al-Anon. Me concentré en observar cómo los demás parecían captar el programa más rápidamente que yo, decían las palabras "correctas" cuando compartían sus experiencias y parecían tener más éxito. No estaba contento conmigo mismo porque no estaba viviendo al nivel que yo suponía tenían los demás.

Hoy, tal como el copo de nieve y la huella dactilar, me doy cuenta de que yo también tengo cualidades especiales. Sé que mi crecimiento en Al-Anon no puede compararse con el de otra persona. He aprendido que no me puedo juzgar guiándome por el comportamiento de los demás. Todos vivimos de la mejor manera posible. Como todo miembro de la hermandad, con solamente participar y ser yo mismo, ofrezco una importante contribución a los Grupos de Familia Al-Anon.

Recordatorio para hoy

Un Padrino o amigo de confianza de Al-Anon puede ayudarme a percibir que soy valioso tal cual soy.

"La culminación de la felicidad es que el hombre esté dispuesto a ser como es."

Desiderius Erasmus

14 DE FEBRERO

La confusión puede ser un regalo de Dios. Al recordar ciertas situaciones en que tenía una necesidad desesperada de soluciones inmediatas, me doy cuenta de que a menudo no estaba listo para actuar. Cuando estuve totalmente listo, la información que necesitaba estaba a mi alcance para que yo la tomara.

Cuando sé demasiado acerca de las opciones que tengo antes de que sea el momento oportuno para ejercerlas, tiendo a usar esa información sólo para volverme loco. Es por ello que hoy, cuando me siento confundido, trato de considerarlo una ventaja. Puede que aún no sea el momento de actuar.

Creo que encarar la confusión puede asemejarse a cocinar. Si el pan no está cocido, no lo saco del horno ni insisto en que es hora de comer. Dejo que termine de cocinarse. Si aún no ha aparecido una solución clara a un problema, puedo confiar en que aparecerá en el momento preciso.

Recordatorio para hoy

Agradeceré a mi Poder Superior todo lo que viva hoy, aunque me sienta atribulado o confundido. Sé que cada experiencia puede representar un regalo. Lo único que tengo que hacer es estar dispuesto a ver mi situación a la luz de la gratitud.

"Existen maravillas en todo, aún en la oscuridad y el silencio, y aprendo a estar satisfecho en cualquier estado en que me encuentre."

Helen Keller

Hablamos mucho de aplicar el programa. Lo que hacemos en realidad es poner en práctica lo que aprendemos. Es como estudiar un segundo idioma. Un estudiante lee libros y asiste a clases, pero esto solamente le da un conocimiento técnico. Para poder *usar* el idioma debe rodearse de gente que lo hable y entienda. Él practica escuchando y hablando mientras continúa con la lectura. Si es perseverante, a la larga habrá adquirido conocimientos para toda la vida.

Así ocurre con muchos de nosotros. Empezamos con escasos conocimientos y muchos errores de concepto. Concurrimos a reuniones, aprendemos acerca del alcoholismo y estudiamos la literatura Al-Anon. Pero el poder realmente utilizar estos conocimientos lleva tiempo, paciencia y esfuerzo. Nos rodeamos de personas que hablan el lenguaje de Al-Anon, especialmente aquellos que contraen el compromiso de aplicar los principios de Al-Anon a sus propias vidas. Continuamos escuchando, leyendo y aprendiendo. De esta manera el modo de vida de Al-Anon va penetrando hasta que se vuelve parte de uno. Después, como los cambios son constantes, tenemos oportunidad de aprender y practicar más y más.

Recordatorio para hoy

Si quiero aplicar con habilidad el programa de Al-Anon a mi vida, necesito ir más allá de la asistencia a una reunión de vez en cuando. Debo contraer un compromiso y practicar, practicar y practicar.

"Somos lo que repetidamente hacemos. La excelencia no es, pues, un acto, sino un hábito."

Aristóteles

16 DE FEBRERO

Durante un tornado no solamente hay que cuidarse de los fuertes vientos, sino también de cualquier cosa que levante el viento y lo arroje en tu dirección. Al igual que un tornado, el alcoholismo a menudo trae consigo problemas adicionales, incluyendo malos tratos verbales, físicos y sexuales, enfermedades, deudas, prisión, infidelidad, y hasta la muerte. Algunos de estos problemas pueden ser tan vergonzosos que no nos atrevemos a hablar sobre ellos. Pero en Al-Anon aprendemos que nuestra enfermedad es como nuestros secretos: si no los revelamos, nos mantendrán atrapados.

La mayoría de nosotros cree que es mejor compartir nuestros secretos con alguien de confianza, alguien que comprenda la enfermedad del alcoholismo. No importa cuán desesperados, diferentes o avergonzados nos podamos sentir; hay otros miembros de Al-Anon que han pasado por crisis similares, y están dispuestos a escuchar y ayudar.

Recordatorio para hoy

Las ocasiones en las que más deseo estar a solas con mis secretos son probablemente aquellas en que más necesito ponerme en contacto y compartir con alguien. Al enfrentar una situación difícil, recordaré que mi Poder Superior habla a través de otras personas. No tengo que enfrentarla solo.

> "De estar a merced de cualquier problema que surge, pasamos a una seguridad interior que, pase lo que pase en nuestras vidas, nos permitirá enfrentar ese problema, tratarlo y aprender de ello con la ayuda de nuestro Poder Superior."
>
> *...En todas nuestras acciones*

Mi visión puede ser tan limitada... A menudo pienso que los únicos resultados posibles son aquellos que me imagino. Afortunadamente, mi Poder Superior no está restringido por tal lógica. En realidad, algunos de los acontecimientos más maravillosos surgen de lo que parecen ser desastres.

Pero la fe necesita práctica. Los temores pueden agigantarse y puedo perderme en mi pensamiento limitado. Cuando no veo salida y tengo dudas de que aún un Poder Superior me pueda auxiliar, es entonces cuando más necesito orar. Cuando lo hago, mis acciones demuestran mi disposición a recibir ayuda. Y una y otra vez, se me otorga la ayuda que necesito.

Hoy sé que aunque mi situación parezca sombría y no vea una salida, pueden ocurrir milagros si encomiendo mi voluntad y mi vida a Dios.

Recordatorio para hoy

Tengo un papel importante que desempeñar en la relación con mi Poder Superior—debo estar dispuesto a recibir ayuda y debo pedirla. Si creo el hábito de recurrir a mi Poder Superior para pedirle ayuda en las pequeñas cosas de todos los días, sabré qué hacer al enfrentarme con desafíos más difíciles.

"A la hora de la adversidad no pierdas la esperanza. Porque la lluvia cristalina cae de nubes negras."

Poema persa

18 DE FEBRERO

La práctica diaria del programa de Al-Anon me está ayudando a ser más tolerante con los demás. Por ejemplo, cuando hago mi propio examen de conciencia y examino mis motivos, reconozco los mismos defectos que con gran entusiasmo alguna vez señalé en otros. Es más fácil aceptar las limitaciones de otros cuando se admiten las propias.

Ahora veo que mi forma de pensar a menudo se ha distorsionado y que mi comportamiento ha sido contradictorio. Si las percepciones de mí mismo han sido tan inexactas, ¿cuán fidedignas pueden ser mis percepciones acerca de los demás? No sé en realidad lo que la otra persona debería pensar, sentir o hacer. Por lo tanto, ya no puedo justificar la intolerancia.

La práctica metódica y dedicada de los principios del programa me hace sentir bien conmigo mismo. Esto me permite ser cada vez más receptivo y considerado hacia todos los que me rodean.

Recordatorio para hoy

Las reuniones de Al-Anon, la hermandad, los Pasos, las Tradiciones y la literatura me ayudan a mejorar la capacidad de relacionarme con otros. Hoy renovaré mi compromiso con la recuperación.

> "Un estudio serio y atento del programa Al-Anon nos ayudará a ser más tolerantes, confiados y cariñosos, enseñándonos a aceptar las faltas de otros, mientras tratamos de corregir nuestros propios defectos."
>
> *El dilema del matrimonio con un alcohólico*

19 DE FEBRERO

Cuando escribí mi examen de conciencia del Cuarto Paso, llevaba conmigo una libreta dondequiera que fuese. No quería omitir nada. Descubrí mi primer defecto: la obsesión. Quince minutos antes de compartir mi Quinto Paso, todavía estaba escribiendo.

Mientras efectuaba este Paso, y leía mis palabras en voz alta, por primera vez algunas de mis pautas se me aclararon. Mi comportamiento era paralelo al del alcohólico. La única diferencia radicaba en que yo estuviera sobrio, demente pero sobrio. Me di cuenta de lo mucho que culpaba a los demás por los hechos de mi vida, de cómo yo me daba por aludido, y de cómo mis reacciones con el alcohólico se basaban en mis temores.

Esperé sentirme distinto al día siguiente, pero lo único que ocurrió fue que me sentí muy cansado y algo indefenso. Pero el cambio había comenzado. Con el correr del tiempo, cuando me encontraba en situaciones similares a las descritas en mi Cuarto Paso, me daba cuenta de que mis reacciones eran menos exageradas. Algunas cosas que tanto me habían molestado, ya no me importaban. Fue entonces cuando supe que había comenzado a cambiar.

Recordatorio para hoy

Estoy aprendiendo la "naturaleza de mi naturaleza" a través de los Doce Pasos. Confío en que pondré al descubierto lo que necesito saber ahora, y dejar el resto para otro momento. Vale la pena conocerme a mí mismo.

"Cuando tomamos el Quinto Paso... demostramos voluntad para cambiar."

...En todas nuestras acciones

20 DE FEBRERO

Una de las primeras cosas que escuché en Al-Anon fue que no teníamos que aceptar un comportamiento inaceptable. Esta idea me ayudó a ver que no necesitaba tolerar la violencia o los malos tratos, y que tenía opciones que nunca había reconocido antes. Fijé algunos límites, no para controlar a otros, sino para tener pautas para saber lo que era y no era aceptable y qué hacer al respecto.

Algunos años más tarde, me felicitaba porque ya no tenía estos problemas, pero repentinamente me di cuenta de que aún había una persona de la cual aceptaba regularmente una conducta inaceptable: ¡yo! Continuamente me regañaba y me culpaba cuando las cosas salían mal. Nunca me elogiaba por mis esfuerzos. Me decía a mí mismo que era una persona falta de atractivo, irreflexiva, haragana y tonta. Nunca le diría estas cosas a un amigo. Me di cuenta de que hasta tanto no empezara a tratarme a mí mismo como un amigo valioso, estaría entorpeciendo mi propia recuperación.

Recordatorio para hoy

He sido afectado por una enfermedad de actitudes. Cuando me trato con amor y beneplácito, sé que me estoy recuperando.

"Permite por lo tanto que la mente se mantenga pura, porque lo que un hombre piensa, en eso se convierte."

Los Upanishads

Gracias a las Tradiciones de Al-Anon puedo tener un Padrino cuyas ideas políticas me resultan abominables. Aunque estemos en total desacuerdo sobre otros temas, esta persona me ha ayudado a aprender valiosas lecciones sobre serenidad, valor y sabiduría. Si yo hubiera insistido en tener un Padrino con ideas políticas exactamente iguales a las mías, habría perdido esta relación tan extraordinariamente rica y beneficiosa.

Creo que el espíritu de la Décima Tradición lo hizo posible. Esta Tradición declara que "Los Grupos de Familia Al-Anon no deben emitir opiniones acerca de asuntos ajenos a sus actividades. Por consiguiente, su nombre nunca debe mezclarse en polémicas públicas." A nivel de grupo esto significa que puedo asistir a una reunión, sabiendo que no me convencerán de participar en ninguna causa en particular. Como grupo, tenemos un solo propósito: apoyarnos mutuamente mientras nos recuperamos de los efectos del alcoholismo. Pero a nivel personal, esta Tradición me permite establecer una relación valiosa con una persona que, en condiciones menos favorables, me habría resultado difícil tratar con cortesía.

Recordatorio para hoy

Hoy puedo ser más tolerante con otros puntos de vista al aprender a quedarme con lo que me agrada y dejar el resto. No debo permitir que asuntos ajenos me desvíen de mi meta espiritual primordial. Mantendré las puertas abiertas, porque nunca sé dónde encontraré ayuda.

"Dentro de nuestra hermandad, lo que nos ha unido tiene que seguir siendo nuestro único interés."

Los Doce Pasos y las Doce Tradiciones de Al-Anon

22 DE FEBRERO

Tenía problemas en tomar decisiones porque mis objetivos eran imposibles de alcanzar. Quería tomar decisiones que me dieran exactamente lo que yo quería, de lo contrario no me interesaban en absoluto. Aprendí en Al-Anon que nadie puede conocer con antelación todas las consecuencias de una decisión. Sólo podemos aprovechar la información disponible y decidir de la mejor manera posible.

No tengo que tomar decisiones por mi cuenta. Puedo dirigirme a Dios y pedirle ayuda. Con el transcurso del tiempo advertí que esta ayuda asume formas muy diferentes: el tema de una reunión que ofrece otra perspectiva, una puntada en el estómago, una "coincidencia". Y a veces Dios habla a través de otros. Cuando los miembros comparten sus experiencias, fortaleza y esperanza, escucho con atención la manera en que encararon situaciones similares.

En el orden natural de la vida, ninguna decisión es realmente tan importante. Puedo poner lo mejor de mi parte para tomar sabias decisiones, pero los resultados están en manos de un Poder Superior.

Recordatorio para hoy

Con la ayuda de un Poder Superior el tomar decisiones puede ser una de las grandes aventuras de la vida. Cada encrucijada nos presenta un nuevo desafío pero soy capaz de afrontar todo lo que surja en mi camino.

"Cuando hacía pedidos específicos (a Dios), estaba tan ocupado esperando que me los concedieran, que no me daba cuenta de que las respuestas estaban delante de mí."

As We Understood...

Aún siendo niño tuve responsabilidades de adulto, por ello no es de extrañar que me haya convertido en un cuidador. Parecía tan cómodo, tan automático pensar primero en los demás y entregarme completamente a las crisis del momento sin siquiera pensar en mí. Me horroricé cuando tomé conciencia de que esta actitud no representaba uno de mis mejores rasgos, sino que era una forma de autodestrucción. Me propuse erradicar tal comportamiento y actitudes. Estaba decidido a volverme lo más egoísta e indiferente posible.

Afortunadamente fracasé en concretar un cambio tan radical. Hoy, años más tarde, todavía soy un cuidador, y probablemente lo sea siempre. Pero ahora lo considero una característica valiosa, un regalo de mi infancia que puede realzar mi vida *si no lo exagero*. Aunque ya no hago por los demás las cosas que ellos pueden hacer por sí mismos, aún trato de cuidarlos y de cuidarme a mí mismo. Al-Anon me ayuda a encontrar un cierto equilibrio.

Recordatorio para hoy

Hoy trataré de no condenar partes de mí mismo y de aceptar otras. Soy un conjunto de muchas partes y me amo más cuando las acepto todas.

"Tanto mis imperfecciones y fracasos como mis éxitos y dones son bendiciones de Dios, y lo deposito todo a Sus pies."

Mahatma Gandhi

24 DE FEBRERO

¿No es exasperante ir a la tienda en busca de un artículo y encontrar que el estante está vacío? Afortunadamente los almacenistas pueden corregir esta situación haciendo un inventario para saber cuáles son los estantes que necesitan ser reabastecidos.

Lo mismo ocurre conmigo. Un examen del Cuarto Paso arroja luz sobre mis propios espacios vacíos, mis defectos.

Esto no tiene por qué ser una experiencia dolorosa o que cause temor. No tengo que dictar sentencia sobre un estante vacío, pero a menos que dedique tiempo a tomar conciencia de ello, no haré nada para llenarlo, y el problema continuará. Al hacer un examen, mis rincones vacíos pueden llenarse con la ayuda de los Pasos restantes. Experimento el poder curativo de estos Pasos cada vez que se repiten circunstancias dolorosas, pero sin el dolor que una vez sentí.

Recordatorio para hoy

Cuando no puedo encontrar la solución a un problema; cuando tengo dudas, temores o frustraciones que me atormentan; cuando me siento perdido o confundido; un minucioso examen de conciencia de mí mismo hecho sin temor puede representar una gran diferencia. Cada vez que aplico los Pasos, le digo a mi Poder Superior que estoy dispuesto a sanar, a encontrar una solución, a sentirme mejor. La energía que se habría volcado en preocupaciones, lágrimas y obsesiones, puede convertirse en una acción positiva.

"Todos nosotros deseamos que nos sucedan cosas buenas, pero no podemos sólo rezar y después sentarnos a esperar que ocurran milagros. Debemos acompañar nuestros rezos con acciones."

Mensaje de esperanza

El alcoholismo en una familia tiende a promover el descuido del propio ser. Por consiguiente, nunca aprendí a cuidar de mí mismo cuando no me sentía bien. Aun con fiebre alta realizaba mis tareas de forma habitual. No hacerlo parecía indicar complacencia y debilidad de parte mía.

En Al-Anon he tenido oportunidad de descubrir una manera diferente de cuidarme. Veo a otros prestarse más atención cuando están enfermos. Descansan cuando se sienten cansados, a veces se toman el día libre, siguen dietas equilibradas, consultan médicos si resulta aconsejable.

Al seguir el ejemplo de otros miembros de Al-Anon, estoy aprendiendo a aceptar que no siempre puedo sentirme en la cima del mundo, y a responder más afectuosamente. Es otro sector en el cual me estoy permitiendo desprenderme de expectativas ilusorias. Quizás mi Poder Superior utilice la enfermedad para decirme que sea bueno conmigo mismo.

Recordatorio para hoy

No soy un robot. A veces me enfermo, me canso o me preocupo. Haré un esfuerzo por aprender lo que puedo hacer para ayudarme a sentirme mejor.

"...Es de suma importancia ser diligentes en el cuidado de nosotros mismos, especialmente durante períodos de tensión."

...En todas nuestras acciones

26 DE FEBRERO

Todos cometemos errores. Pero tenemos la esperanza de que al aplicar el programa de Al-Anon y continuar conociéndonos mejor, aprenderemos de esos errores. Podemos reparar los males que hemos causado, y también cambiar nuestro comportamiento y actitudes para así no repetir los mismos errores. De esta manera hasta las penosas experiencias pasadas nos pueden ayudar a aprender cómo crear un mejor futuro.

El obstáculo más grande en este proceso de aprendizaje es la vergüenza. La vergüenza es una excusa que tenemos hoy para sentir desprecio por nosotros mismos por algo que hicimos o dejamos de hacer en el pasado. No cabe en una mente llena de vergüenza el hecho de que hicimos todo lo posible en ese momento; tampoco cabe que como seres humanos estamos condenados a cometer errores.

Cuando siento vergüenza, necesito examinar mi realidad, porque mi manera de pensar probablemente esté distorsionada. Aunque posiblemente requiera un gran valor, si lo comparto con un amigo de Al-Anon, pondré freno a los pensamientos autodestructivos y haré un lugar para una idea de amor y cuidado. Con un poco de ayuda podré descubrir que aun los momentos más vergonzosos pueden bendecir mi vida al enseñarme a tomar una dirección más positiva.

Recordatorio para hoy

Hoy me amaré lo suficiente como para reconocer que la vergüenza es un error de juicio.

> "La lección fundamental que todos nosotros debemos aprender es el *amor incondicional*, que incluye no solamente a los demás sino también a nosotros mismos."
>
> Elisabeth Kübler-Ross

27 DE FEBRERO

No es necesario que elabore un plan maestro para mi recuperación—mi Poder Superior ya lo ha hecho. Sólo es necesario que humildemente le pida a Dios que me guíe y que me ayude a seguir su guía el día de hoy. Sé que no estoy solo; recibiré toda la ayuda necesaria a lo largo del camino. Después de orar por mi recuperación, puedo soltar las riendas, sabiendo que caminaré serenamente en la dirección correcta.

Pero puedo tomar algunas decisiones que ayudarán a acelerar mi progreso. Puedo cuidar de mí mismo más consecuentemente. Puedo asistir a reuniones de Al-Anon, llamar a mi Padrino, empezar algún nuevo servicio. Puedo tomar las cosas con calma, meditar, hacer ejercicios, leer literatura Al-Anon, jugar, comer una comida nutritiva. Encuentro que cuando pongo lo mejor de mí cada día, gradualmente me torno más fuerte.

Recordatorio para hoy

No puedo controlar mi recuperación. No me puedo obligar a soltar las riendas con más rapidez ni insistir en la serenidad. Pero puedo concretar pequeñas acciones que me recuerden que estoy deseoso de participar en este proceso. Poseo todas las razones para tener esperanza, ya que cada paso que doy es un paso para vivir la vida más plenamente. Hoy haré algo agradable para mí, algo a lo que nunca antes le había dedicado tiempo.

"Si uno avanza confiadamente en la dirección de sus sueños, y trata de vivir la vida que se ha imaginado, se encontrará con un éxito inesperado en cualquier momento."

Henry David Thoreau

28 DE FEBRERO

Confiar mi voluntad y mi vida al cuidado de un Poder Superior (Tercer Paso) es un proceso continuo. Al principio entregué únicamente los grandes problemas. Sentía que no tenía opción, era claramente incapaz y mis mejores esfuerzos me habían defraudado. No tenía a quién recurrir excepto a un Poder superior a mí mismo quien podría llevar a cabo lo que yo no lograba.

A medida que mi recuperación progresaba, llegué a confiar en este Poder Superior. Hoy voy en pos de una relación más profunda al tratar de mejorar mi contacto consciente con mi Poder Superior. Cuando enfrento una decisión, ya sea relacionada con un alcohólico, con un empleo o con planes para la noche, pido orientación. Cuando tomo el teléfono para hablar con un amigo de Al-Anon, pido que pueda servir como canal de mi Poder Superior. No siempre puedo conocer la Voluntad de mi Poder Superior, pero puedo buscar una mayor conciencia espiritual cada día abriéndome para recibir orientación.

Recordatorio para hoy

La fe llega a través de la práctica. Hoy incluiré a mi Poder Superior en más acciones y decisiones.

"El Tercer Paso sugiere que me enseñe de ahora en adelante a ser receptivo, a estar accesible a la ayuda de un Poder Superior."

Los Doce Pasos y las Doce Tradiciones de Al-Anon

Se dice que el piloto automático de un avión no funciona fijándolo en una ruta y aferrándose a la misma. En lugar de ello, fluctúa a un lado u otro de una ruta elegida haciendo las correcciones necesarias cuando percibe que se ha desviado.

En realidad, el piloto automático está sobre su ruta solamente el cinco o diez por ciento del tiempo. El restante noventa o noventa y cinco por ciento del tiempo, está fuera de su ruta corrigiendo su desviación.

Yo también debo efectuar ajustes continuos. Estoy mucho más dispuesto a hacerlo hoy porque ya no pretendo mantenerme perfectamente en mi ruta. Cometeré muchos errores, pero con la ayuda del programa de Al-Anon estoy aprendiendo a aceptar los errores como una parte inevitable de la aventura de vivir.

Recordatorio para hoy

Puedo aprender a navegar el curso que mi Poder Superior fija, confiando en un proceso de ensayo y error que incluya la disposición de hacer ajustes continuamente.

"Una persona que no comete errores no suele hacer nada."

Alcoholismo, contagio familiar

1º DE MARZO

La sabiduría no es siempre tan buena como la pintan. Naturalmente puede ser de gran ayuda analizar experiencias pasadas para buscar información sobre nosotros mismos y nuestras relaciones. Hay mucho que aprender de los exámenes de conciencia, los recuerdos y las discusiones con otros. Pero esperar discernimiento puede llegar a convertirse en una excusa para evitar la acción.

Por ejemplo, algunos de nosotros caemos en la trampa de tratar de analizar el alcoholismo; no queremos aceptar la realidad de nuestras circunstancias porque todavía o hemos encontrado la lógica del mismo. La verdad es que el alcoholismo es una enfermedad ilógica; quizás nunca llegaremos a comprenderla totalmente. Sin embargo tenemos la obligación para con nosotros mismos de aceptar la realidad en la cual vivimos y de actuar de acuerdo a ella.

Otros pasan por alto el carácter espiritual del programa de Al-Anon esperando un entendimiento claro y cómodo de un Poder Superior. Muchos de nosotros nunca alcanzamos tal claridad, sin embargo, podemos establecer relaciones positivas con un Poder superior a nosotros poniéndonos en acción y rezando de alguna manera.

Recordatorio para hoy

La información puede ser maravillosamente instructiva, pero no es la respuesta a cada problema. Seré honesto acerca de mis motivos hoy.

> "Si tú entiendes, las cosas son tal como son; si tú no entiendes, las cosas son tal como son."
>
> Proverbio zen

2 DE MARZO

Uno de los instrumentos más útiles que he encontrado en Al-Anon es la Literatura Aprobada por la Conferencia (LAC). Me llevó mucho tiempo confiar en otras personas, pero desde mi primera reunión, esta maravillosa literatura me ha ayudado a aprender a reemplazar una muy antigua manera de pensar negativa con un nuevo criterio hacia la vida y el amor más saludable y positivo.

Al principio la usaba sólo cuando sufría. Ahora empiezo cada día de manera positiva, leyendo LAC durante el desayuno.

Ha sido especialmente útil para mí el "Pensar" en lo que leo y condensarlo en un par de oraciones. Escribo estas oraciones en una tarjeta de 3 x 5 que llevo conmigo todo el día. Siempre que me acuerdo, tomo mi tarjeta y la leo. Es increíble la cantidad de veces en que ha colocado una situación difícil en la perspectiva adecuada o me ha mostrado un criterio diferente en cuanto a un proyecto o conversación que estoy por empezar.

Recordatorio para hoy

Tengo abundante información disponible que puede ayudarme a liberarme cada vez más de los efectos del alcoholismo en mi pensamiento. Hoy voy a hacer de la LAC una parte de mi rutina, ya sea escuchando una grabación o leyendo un folleto o un capítulo de un libro.

> "Los libros y folletos de Al-Anon, leídos cada día, nos han hecho receptivos a la certidumbre de una forma de vida mejor y más recompensadora."
>
> *¿Qué es Al-Anon?*

3 DE MARZO

Un sincero y minucioso examen de conciencia (Cuarto Paso) que realicé recientemente me reveló un mensaje claro: gran parte de mi comportamiento era extremadamente inmaduro. Pero, ¿qué es comportamiento maduro? Obviamente la respuesta es diferente para cada uno de nosotros, pero analizar la cuestión puede ayudarme a identificar mis metas y aplicar el programa de Al-Anon a medida que procuro cambiar este comportamiento. Para mí la madurez incluye:

Conocerme a mí mismo.

Pedir ayuda cuando la necesito y actuar por mi cuenta cuando no la necesito.

Reconocer cuando me equivoco, y reparar daños.

Aceptar el amor de otros, aun si me resulta difícil amarme a mí mismo.

Reconocer que siempre tengo alternativas y que asumo la responsabilidad por mis decisiones.

Reconocer que la vida es una bendición.

Tener una opinión sin insistir en que otros la compartan.

Perdonarme a mí mismo y a los demás.

Reconocer mis defectos y mis cualidades.

Tener valor para vivir un día a la vez.

Admitir que mis necesidades son mi responsabilidad.

Querer a las personas sin tener que cuidar de ellas.

Aceptar que nunca terminaré la tarea. Siempre habrá algo más que hacer.

El lema "Piensa" siempre me ha dejado perplejo. ¿Habrá sido mi "pensamiento negativo" el que me causó problemas? El significado de este lema siguió siendo un misterio hasta que oí al niño del vecino recitar algunas normas de seguridad que había aprendido en la escuela: Pare, Mire y Escuche.

Antes de meterme en un problema, antes de abrir la boca para responder, o perderme en un análisis obsesivo de la conducta de otra persona, o preocuparme acerca del futuro, puedo Parar. Luego puedo Mirar lo que está sucediendo y cuál es mi papel en esa situación. Luego puedo Escuchar una guía espiritual que me recuerde mis opciones y me ayude a encontrar palabras y acciones saludables.

Así cuando me dicen algo hiriente, no tengo que caer automáticamente en discusiones escandalosas o maliciosas. En cambio, puedo dedicar un momento a "Pensar". Puedo Parar, Mirar, Escuchar. Entonces quizás pueda iniciar una discusión con calma o simplemente marcharme. Si escojo la discusión, por lo menos ahora tomo la decisión conscientemente en lugar de dejar que la vida decida por mí.

Recordatorio para hoy

Este día es una hermosa habitación que nunca se ha visto antes. Déjame apreciar los segundos, los minutos y las horas que pase aquí. Ayúdame a "Pensar" antes de hablar y a orar antes de actuar.

> "El programa me enseña a adquirir más libertad para elegir con sabiduría lo que me conviene. Actualmente, deseo que esa libertad obre en mi vida."

Alateen—un día a la vez

5 DE MARZO

Cuando empecé a aplicar los Pasos, la idea de eliminar mis defectos de carácter me ponía muy nervioso. Pensé que terminaría como un trozo de queso suizo, lleno de huecos. Pero quería mejorar y se me aseguraba continuamente que los Pasos eran la clave de mi recuperación, así que seguí adelante a pesar de mis temores. Tenía que correr el riesgo y actuar con fe antes de que pudiera recibir los regalos que mi Poder Superior tenía reservados para mí.

En ninguna parte del Cuarto al Séptimo Pasos, le pedimos a Dios que nos dé algo, por el contrario le pedimos que nos quite todas las cosas que no necesitamos. Encontré que en cada defecto que se eliminaba, había escondido un elemento positivo. No perdí nada de mí. En cambio, al deshacerme de las cosas que no necesitaba, hacía lugar para que mis valores, cualidades, y sentimientos llegaran a ser parte integrante de mi vida. Esto me alienta porque me recuerda que ya tengo todo lo que necesito. Pero no pude estar seguro hasta que apliqué los Pasos y encontré alivio a mis culpas.

Recordatorio para hoy

Dios sabe exactamente lo que necesito y ya me lo ha dado. Mi trabajo es "Mantenerlo simple" y pedirle ayuda a Dios para que alivie todas aquellas culpas que me inmovilizan.

"Antes de que la luz del sol pueda brillar a través de la ventana, deben levantarse las persianas."

Proverbio norteamericano

Al-Anon me ha ayudado a darme cuenta de que nadie sabe lo que hay en mi corazón, en mi mente o en mi alma. No puedo pretender que se satisfagan mis necesidades a menos que explique cuáles son esas necesidades. Tampoco puedo esperar que ninguna persona atienda a mis necesidades, aun cuando éstas sean evidentes. Si la primera persona a la que le pido ayuda es incapaz de proporcionármela, puedo preguntarle a otra persona. Así evitamos presionarnos mutuamente.

Antes de empezar mi recuperación en Al-Anon, esperaba que todas las personas a mi alrededor supieran lo que yo sentía, sin que se los dijera. Cuando estaba enojada y quería discutir, alimentaba mi ira en silencio. Cuando me herían y quería consuelo, me enfurruñaba. Cuando quería atención, hablaba hasta no poder. ¡No podía entender por qué raramente obtenía las respuestas que esperaba!

Ya no espero que nadie lea mi mente. También acepto que no puedo leer la mente de un ser querido. Hoy trato a las personas en mi vida con más respeto porque estoy aprendiendo a pedir lo que necesito y a alentar a otros a que hagan lo mismo.

Recordatorio para hoy

Tengo a mi disposición ayuda, consuelo y apoyo. Estoy dispuesto a pedir lo que necesito hoy.

> "…No puedo esperar que nadie me ayude a menos que esté dispuesto a decir que necesito *ayuda*."
>
> *…En todas nuestras acciones*

7 DE MARZO

En Al-Anon descubrí que necesitaba cambiar. Después de haber vivido toda una vida con una enfermedad de actitudes—el alcoholismo—nunca pensé en forma muy elogiosa de mí mismo, así que nunca tuve mucha fe en que mis esfuerzos pudieran verse coronados por el éxito.

Aprendí mucho mirando los gusanos de seda de mi hijo. Los gusanos de seda son criaturas gordas y glotonas, pero de su propia esencia crean algo bello. No tienen posibilidad de decidir. Nacieron para expresar su belleza.

Yo también puedo transformar algo negativo en algo positivo; al cambiar mis actitudes derrotistas, me convierto en un ser humano más bello. Nací con esta belleza dentro de mí y si tan sólo me lo permitiera, podría expresarla libremente. Al-Anon me ayuda a aprender a darle prioridad al amor en mi vida. Y la gratitud, una piedra fundamental en mi recuperación en Al-Anon, revela claramente toda la belleza escondida.

Recordatorio para hoy

Hoy puedo hilar un poco de seda para que agracie todo lo que toque. No tengo que recordar el horrible pasado, excepto para aprender de él, para mejorar el presente y liberar cualquier belleza atrapada detrás de viejos secretos y actitudes derrotistas. Un día a la vez puedo deleitarme con la espléndida persona en la que me estoy convirtiendo.

"Algunas veces es necesario volver a enseñarle la belleza a una cosa... hasta que florezca nuevamente desde adentro."

Galway Kinnell

Uno de los mayores beneficios que me recibo de las reuniones de Al-Anon es que puedo encontrar nuevos caminos para aplicar mi programa. El Coordinador de mesa de una de mis reuniones favoritas pasó una canasta llena de lemas de Al-Anon y sugirió que tomáramos uno y tratáramos de aplicarlo a este día. Fue interesante ver cuántos de nosotros parecíamos haber tomado el lema perfecto.

Al día siguiente me encontraba en una situación bastante tensa. Me esforzaba en solucionar un problema difícil, me sentía frustrado y disgustado y no veía una solución. Le pedí ayuda a mi Poder Superior y de repente recordé la canasta. Me imaginé acercándome una vez más a la canasta llena de lemas. De nuevo tomé exactamente lo que necesitaba; el papelito que me imaginé me recordaba: "Hazlo con calma". Dejé de intentar forzar una solución y esperé hasta que pude encarar el problema con más tranquilidad. Me sentí mucho mejor, mi pensamiento se fue aclarando y en un momento dado apareció una solución.

Recordatorio para hoy

No es siempre fácil saber cuál instrumento de Al-Anon utilizar, especialmente en medio de una crisis. Agradezco al Poder Superior que conoce mis necesidades, y a las reuniones que me ayudan a encontrar nuevos caminos para utilizar estos instrumentos en mi vida.

> "A medida que aprendemos a depender de nuestro Poder Superior aplicando el programa de Al-Anon en nuestra vida, el temor y la incertidumbre son reemplazados por la fe y la confianza."

Un día a la vez en Al-Anon

9 DE MARZO

Con frecuencia me esfuerzo por saber cuál es mi voluntad y cuál la de Dios. Siento que la serenidad se desliza fuera de mí, mientras se libra una guerra en mi mente y fuertes voces me impulsan a tomar un camino u otro.

La duda es un compañero inevitable de la búsqueda espiritual. No tengo un libro de instrucciones, por lo tanto debo continuar probando y analizando mis percepciones. Sé que cuando siento un impulso desesperado de actuar, es generalmente mi voluntad la que me está empujando; y que cuando siento una certeza serena, es la voluntad de Dios. Pero la mayoría de las veces, no tengo tal indicación clara. ¿Qué ocurre entonces? Algunas veces espero claridad o trato de escuchar una palabra que me guíe; puedo compartir mi confusión y pedir la sabiduría de otros; o puedo tomar una decisión, llevar a cabo una acción, y ver qué pasa.

La revelación será mayor en el momento apropiado, independientemente de mi decisión. Como he puesto mi voluntad y mi vida en manos de Dios, cualquier decisión que tome puede utilizarse para cumplir Su voluntad.

Recordatorio para hoy

Hoy recordaré que la incertidumbre no es un defecto sino una oportunidad. Todo lo que hago y todo lo que se cruza en mi camino—gente, situaciones, ideas—tienen la capacidad de contribuir a mi crecimiento y desarrollo. Sólo por hoy, no tengo que saber qué será esa contribución.

"Hay más fe en la duda honesta, créeme, que en la mitad de los credos."

Alfred, Lord Tennyson

10 DE MARZO

Parte de mi recuperación ha consistido en cambiar algunas viejas maneras de pensar. Tenía la costumbre de evitar sentimientos y situaciones dolorosas, para ir a lo seguro y no correr riesgos. Pero la vida nos presenta un riesgo tras otro, y un cierto dolor es inevitable. Al-Anon me ayuda a aceptar la realidad.

En vez de salir corriendo, estoy aprendiendo a examinar el origen de mi dolor. Como resultado, encuentro que el dolor pasa con mucha más rapidez y logro liberarme del miedo. Al-Anon me da instrumentos como el examen del Cuarto Paso, con el cual puedo examinarme con honestidad a mí mismo y a mi situación. Un Padrino que me apoye, mi Poder Superior, la Oración de la Serenidad y muchas reuniones de Al-Anon me ayudan a encontrar el valor para enfrentarme con el miedo, el dolor y el riesgo.

Cuando evitaba correr riesgos, el miedo me acompañaba siempre suspendido sobre mi cabeza. Ahora lo atravieso y salgo del otro lado, casi siempre indemne. Ya no tengo que montar guardia de manera constante por posibles peligros. En cambio, puedo dedicarme a vivir.

Recordatorio para hoy

Hoy pueden ocurrir cosas maravillosas porque celebro la emoción de participar en mi propia vida.

"Evitar el peligro no es más seguro a la larga, que encararlo abiertamente. La vida es una aventura audaz o nada."

Helen Keller

11 DE MARZO

"He escogido mi epitafio", dice un amigo de Al-Anon. "Quiero que diga: 'Por fin se ocupa de sus propios asuntos'."

Nos reímos, obteniendo algún alivio al contemplar la faceta jocosa de un tema serio, los defectos de carácter que parecen tan difíciles de erradicar. La risa hace que nuestras debilidades parezcan más fáciles de tolerar, y que podamos perdonarnos por nuestras imperfecciones. ¡Qué cambio desde aquellos días en que nos escondíamos con vergüenza debido a nuestros defectos, o los usábamos para flagelarnos!

Mi amigo y yo resolvimos que en el futuro trataremos menos, aceptaremos más y nos desharemos de nuestra impaciencia, la autocrítica y el odio a nosotros mismos. Respiramos profundamente y decimos: "Ayúdame, Poder Superior. Ayúdame a recordar que el propósito de cometer errores es prepararme para cometer más; ayúdame a recordar que cuando ya no cometa errores, estaré en el otro mundo."

Recordatorio para hoy

De alguna manera siempre seré un principiante. Siempre existirán nuevos retos que afrontar porque la vida cambia constantemente y yo también. A causa de estos cambios constantes, cada acción minúscula que realice, involucra riesgos de cometer errores. Se necesita valor para participar en la vida. Hoy puedo felicitarme por tratar. Estoy haciendo un trabajo excelente.

"Mi Poder Superior es la confianza en mi interior que me hace perder el temor, aun el temor de cometer errores."

As We Understood...

¿Qué tiene que ver el humor, el tono de voz o el estado de ebriedad de otra persona con mi modo de actuar? Nada, a menos que yo decida otra cosa.

Por ejemplo, he comprendido que discutir con alguien que está ebrio es como golpearme la cabeza contra la pared. Sin embargo, hasta no hace mucho, siempre me zambullía en discusiones, porque eso era lo que la otra persona parecía querer. En Al-Anon he descubierto que no tengo que reaccionar sólo porque me hayan provocado, y que no tengo que tomar a pecho palabras desagradables. Debo recordar que provienen de alguien que tal vez sufra, y trato de mostrar un poco de compasión. Ciertamente no tengo que permitir que esas palabras me inciten a hacer algo que no quiero hacer.

Recordatorio para hoy

Desprendimiento emocional con amor significa que debo dejar de depender de lo que otros hagan, digan o sientan para determinar mi propio bienestar o tomar mis propias decisiones. Cuando me enfrento con actitudes y comportamientos destructivos de otras personas, puedo amar lo mejor de ellas y nunca tenerle miedo a lo peor.

"...Desprenderse emocionalmente no significa menos atención sino más atención a mi propia serenidad."

...En todas nuestras acciones

13 DE MARZO

Tiendo a pensar en el Séptimo Paso—"Humildemente pedimos a Dios que nos librase de nuestras culpas"—como un Paso que doy de rodillas y con lágrimas en los ojos. Tuve esa experiencia, pero quiero considerar la posibilidad de que el Séptimo Paso pueda aplicarse con alegría—y aún con humor.

Algunas veces la señal de que he adquirido la humildad suficiente para pedirle a mi Poder Superior que elimine un defecto, es que puedo reír acerca de éste. De repente una de mis acciones o decisiones pasadas parecen ridículas y dejo de tomarme a mí mismo con tanta seriedad. Cuando esto ocurre, me doy cuenta de que mi Poder Superior ha reducido las consecuencias de otro defecto. Un cambio real se anuncia con frecuencia en forma de carcajada.

Así que la próxima vez que quiera tirarme de los pelos porque no me he podido librar de algún defecto porfiado, trataré con ligereza de espíritu de ver cuán tonto puede ser mi empeño. Cuando estoy dispuesto a dar un paso atrás y ver humor aun donde no se cumplen mis expectativas, me salgo del camino y le hago lugar a mi Poder Superior para que actúe.

Recordatorio para hoy

La desesperación y el dolor pueden llevarme por cierto a la humildad, pero en Al-Anon estoy cultivando una nueva y afanosa disposición a seguir la dirección de mi Poder Superior. Como estoy bien dispuesto, tengo la libertad de aprender de todas las lecciones de la vida, no sólo de las que hieren.

"Humildemente... significa verme a mí misma en verdadera relación con otros seres humanos y con Dios."

Cómo ayuda Al-Anon a los familiares y amigos de los alcohólicos

Un día precioso, un hombre se sentó bajo un árbol sin darse cuenta de que estaba lleno de palomas. Al instante las palomas hicieron lo que mejor saben hacer. El hombre le gritó a las palomas al estallar de cólera, atacándolas a ellas así como a la sustancia ofensiva. Pero luego comprendió que las palomas simplemente estaban haciendo lo que hacían porque eran palomas y no porque él estuviera ahí. El hombre aprendió así a fijarse si había palomas en los árboles, antes de sentarse bajo ellos.

Los alcohólicos activos son personas que beben. No beben por usted o por mí, sino porque son alcohólicos. A pesar de lo que haga, no podré cambiar esa realidad, ni culpándome, ni gritando, ni rogando, ni transformándome, ni escondiendo el dinero, botellas o llaves, ni mintiendo, amenazando o razonando. Yo no fui la causa del alcoholismo. No puedo controlarlo. Y no puedo curarlo. Puedo continuar luchando y perdiendo o puedo aceptar que soy incapaz ante el alcohol y el alcoholismo y dejar que Al-Anon me ayude a canalizar la energía que he gastado en luchar contra esta enfermedad para recuperarme de sus defectos.

Recordatorio para hoy

No es fácil ver cómo la persona a la que amo sigue bebiendo, pero no puedo hacer nada para detenerlo. Si veo cuán ingobernable es ahora mi vida, puedo admitir que soy incapaz ante esta enfermedad. Recién entonces podré realmente empezar a mejorar mi vida.

"Es lógico que nuestro propio cambio sea una fuerza del bien que ayude a toda la familia."

¿Cómo puedo ayudar a mis hijos?

15 DE MARZO

Antes de Al-Anon, el perdón significaba poder para mí. Podía juzgar al infractor—la persona que no hacía lo que yo quería—y luego ejercitar mi poder demostrando que podía superar la infracción y magnánimamente conceder perdón. Pero nunca olvidaba lo que había ocurrido.

Hoy sé que el perdón no tiene nada que ver con el poder, no me otorga control. El perdón recuerda simplemente que estoy en un pie de igualdad con todas las criaturas de Dios. A veces todos realizamos cosas nobles y buenas; a veces podemos ofender. No tengo derecho a juzgar, castigar o absolver a nadie. Cuando me creo muy justo, soy el que sufre—me separo de los seres humanos, me concentro en otros y me mantengo ocupado con pensamientos negativos y llenos de odio. Al adoptar esta actitud, me digo a mí mismo que soy una víctima, y así sigo siendo una víctima. La actitud más indulgente que puedo adoptar es recordar que mi trabajo no es juzgar a otros, sino pensar y actuar de manera que me haga sentir bien.

Recordatorio para hoy

No conozco los motivos o circunstancias que dan lugar a comportamientos ajenos. Sé que cuando me aferro al resentimiento y la culpa, lleno mi espíritu de amargura. Hoy encontraré una manera más positiva de sentirme pleno.

"No puedes aplastar a un hombre sin estar a su mismo nivel."

Booker T. Washington

16 DE MARZO

El progreso puede ser difícil de reconocer, especialmente si nuestras expectativas son poco realistas. Si esperamos que nuestras actitudes negativas o nuestra conducta malsana cambie rápida y completamente, posiblemente nos decepcionemos. El progreso es difícil de ver cuando nos comparamos con metas ideales. Tal vez sea mejor comparar nuestras actuales circunstancias sólo con lo que era nuestra situación en el pasado.

Por ejemplo el examen del Cuarto Paso me permitió darme cuenta de que guardaba rencor y ello me hería. Trato de deshacerme de resentimientos y me desespero cuando persisten estas actitudes. Afortunadamente Al-Anon me enseña a concentrarme en mi progreso, no en la perfección. Aunque algunas veces todavía me aferro a resentimientos sé que estoy progresando porque ya no lo hago con tanta frecuencia o durante tanto tiempo.

Hoy ya no aspiro a la perfección; lo único que importa es hacia dónde me dirijo.

Recordatorio para hoy

Como resultado del trabajo arduo en Al-Anon y de una buena disposición para el cambio, me estoy desplazando en una dirección positiva. Celebraré mi progreso hoy. Sé que el proceso de recuperación continuará ayudándome a crecer hacia una mejor forma de vida.

"Sigue acumulando cosas pequeñas y pronto tendrás un gran tesoro."

Proverbio latino

17 DE MARZO

Ningún problema es eterno. Independientemente de la forma en que parezcan estar establecidas en nuestras vidas, nuestras experiencias en este mundo de cambios rápidos por cierto pasarán.

Las situaciones difíciles a menudo dan lugar a cualidades que de otra manera nunca habrían visto la luz, como el valor, la fe y nuestra necesidad de otras personas. Todas nuestras experiencias pueden ayudarnos a crecer.

Pero tal vez necesitemos paciencia, porque algunas heridas no pueden cicatrizar rápidamente sino que necesitan tiempo. Mientras tanto podemos apreciar las nuevas actitudes que estamos desarrollando, sea la capacidad de lamentarnos o la disposición de aceptar. Compartamos nuestros fracasos y triunfos porque es así como se adquiere fortaleza.

Recordatorio para hoy

Recordar que todo pasa puede facilitarnos la vida en un día difícil. Seré muy amable conmigo mismo durante ese tiempo. Un poco más de amor y atención puede hacer que todo se torne más fácil.

"...Estoy a la altura de lo que la vida me brinda cuando uso los Doce Pasos y las Doce Tradiciones, los lemas, la literatura, apadrinamiento, las convenciones y, lo más importante, las reuniones..."

...En todas nuestras acciones

Nuestra Octava Tradición sugiere que las actividades prescritas por el Duodécimo Paso nunca debieran tener carácter profesional. Esto significa que como miembros de Al-Anon, nuestra propia experiencia, fortaleza y esperanza constituyen todo lo que necesitamos para ayudarnos mutuamente a recuperarnos de las consecuencias devastadoras del alcoholismo. Si nuestro programa fuera dirigido por profesionales, no tendría libertad para llevar el mensaje de Al-Anon a tantos otros.

Esta Tradición me alienta a ayudar a aquellos que realmente quieren ayuda. He empleado tanto tiempo y energía tratando de ayudar a aquellos que *no* la querían que la oportunidad de contribuir de manera satisfactoria al bienestar de otra persona me resulta valiosísima. Hoy, debido a mi experiencia con el alcoholismo estoy mejor capacitado para relacionarme y entender a otras personas. Estoy agradecido de haber logrado algo positivo en los momentos más difíciles de mi vida.

Estoy aprendiendo a dar y recibir sin culpas. No me siento endeudada hacia aquellos miembros que me ayudaron pero debo transmitir a otros lo que tanto me ha servido a mí. Y así como doy recibo.

Recordatorio para hoy

Encuentro que compartir mis experiencias, fortaleza y esperanza con otros, en un pie de igualdad, es uno de los regalos mayores de Al-Anon.

> "Los únicos entre ustedes que serán realmente felices son aquellos que busquen y encuentren cómo servir."
>
> Albert Schweitzer

19 DE MARZO

Llegué a Al-Anon con una compulsión de concentrarme en otras personas. Tenía una idea clara de cómo cada uno debía comportarse en cada situación y me creía muy justo cuando ellos no seguían mis normas de conducta. Cuando me di cuenta de que estaba descuidando mi propia vida, porque mi atención estaba en otra parte, tuve que hacer algunos cambios de envergadura.

Hoy sigo en guardia en cuanto a mis propios asuntos. Sé que cuando mis pensamientos comienzan con: "El debería" o "ella no debería", me estoy metiendo en dificultades. No tengo las respuestas para otras personas. No escribo las reglas de conducta apropiada, del buen manejo de los negocios, de la cortesía del conductor o del sentido común. No sé lo que es mejor para otros porque no sé qué lecciones les ofrece su Poder Superior. Sólo sé que si determino lo que ellos deben o no deben hacer, pierdo mi humildad. Además he dejado de prestar atención a mí mismo. En el noventa por ciento de los casos estoy concentrándome en otra persona para evitar analizar algo de mi propia vida.

Recordatorio para hoy

Crece mi capacidad de relacionarme con otras personas cuando les permito ser exactamente como son. El mayor regalo que puedo darme a mí mismo es mi propia atención.

"Limpia tu dedo antes de señalar mis manchas."

Benjamín Franklin

Uno de los temas en nuestra guía del Cuarto Paso, *Plan detallado para progresar*, es el mérito propio. Conforme aplico este Paso, realizando sin temor un minucioso examen de conciencia de mí mismo, encuentro que siempre he juzgado mi valor en función de mis logros, o de lo que otra gente decía de mí. Esto significaba que tenía que esforzarme en todo momento o convertirme constantemente en centro de atención. En el mejor de los casos mi sentimiento de satisfacción era pasajero.

Con el Cuarto Paso, me di cuenta de que parte de mi mérito descansaba en mi capacidad para amar a otros. Decir una palabra amable, escribir una nota simpática, o simplemente quitar tiempo a mis pensamientos para apreciar otro ser humano, enriquecen mi vida. Tengo la facultad de sentirme bien conmigo mismo, independientemente de mis logros, y de si otra gente me valora o no.

Recordatorio para hoy

Permíteme buscar oportunidades apropiadas para compartir mi amor con la gente que me rodea. De esta manera celebro una de mis cualidades más positivas sin esperar nada a cambio. Una palabra cariñosa de corazón o un agradecimiento sincero pueden ser las cosas más agradables que puedo hacer por mí hoy.

> "Es difícil hacer que un hombre se sienta infeliz si se siente digno de sí mismo y reclama afinidad con el gran Dios que lo creó."
>
> Abraham Lincoln

21 DE MARZO

Un corredor se estaba acercando al final de una carrera. Dunas de arena a la izquierda no le permitían ver la playa más allá. Atravesar las dunas requería un esfuerzo adicional después de una larga y fatigosa carrera. En lugar de ello podía permanecer en el camino llano que se desviaba a la derecha. Aunque la vista era menos atrayente, la ruta más fácil era tentadora. Su experiencia pasada le había enseñado a evitar esforzarse demasiado. Sin embargo le encantaba la vista del océano.

El corredor titubeó. Una llamada interior le incitaba a ir a través de las dunas, y así se decidió. Al aparecer la playa, una puesta de sol espectacular flotaba sobre la rompiente de las olas. La humildad sobrecogió al corredor cuando se dio cuenta de que en su momento de duda había oído a un Poder superior a él mismo, un Poder que podía ver aun en los lugares más recónditos.

Recordatorio para hoy

La lógica puede indicarnos un camino mientras que mi voz interior me empuja en una dirección diferente. Quizás sea más fácil seguir los dictados de la lógica, la conveniencia, o la experiencia pasada, pero ¿estoy privándome acaso de algo mucho mejor? Hoy, haré una pausa ante una encrucijada y escucharé la voz de mi Poder Superior.

> "El intelecto tiene poco que ver en el camino del descubrimiento. Se produce un salto en la conciencia, llámese intuición o lo que sea, y la solución llega sin conocerse cómo o por qué."
>
> Albert Einstein

A fin de sobrevivir en el mundo contradictorio y explosivo del alcoholismo, muchos de nosotros aprendimos a pasar por alto nuestros sentimientos. Perdimos contacto con nosotros mismos sin siquiera darnos cuenta.

Por ejemplo, aunque yo acusaba a los alcohólicos de mi vida por haberme abandonado en momentos de necesidad, no era un buen amigo de mí mismo. En mi temor y confusión, me aparté del pequeño niño que en mí vivía sencillamente, el que lloraba cuando moría el gato y luego se olvidaba, el que podía valorar una puesta de sol sin querer poseerla, y el que vivía un día a la vez.

La recuperación no significa que tengo que ser una persona diferente. Significa que necesito empezar a ser yo mismo otra vez. Las lecciones que estoy aprendiendo en Al-Anon son lecciones que ya sé. Sólo necesito recordar.

Recordatorio para hoy

Hay una inocencia dentro de mí que ya sabe cómo confiar en mi Poder Superior, apreciar la vida mientras la disfruto suavemente, vivir plena y sencillamente el momento presente. Permitiré que esa parte de mi ser surja y me nutra mientras continúo con este viaje.

"Lleva mucho tiempo ser joven."

Pablo Picasso

23 DE MARZO

El alcoholismo ha sido un factor de muchas esperanzas frustradas, sueños quebrantados, y dolor considerable en mi vida. No quiero aferrarme a estos sentimientos, pero tampoco volverles la espalda. Al-Anon me ayuda a encarar aun los aspectos más desagradables de mi pasado. Al tomar las manos de los miembros de la hermandad puedo sentir el dolor, las pérdidas, y avanzar.

Estos sentimientos los llevo en lo más profundo de mi ser; cuando golpean a la puerta de mi conciencia, deseo abrirles y dejarlos entrar. Necesito tratarme a mí mismo con el mismo cuidado y respeto con que trataría a un miembro de Al-Anon que comparte su dolor, su confusión y su tormento en una reunión. Solamente de esta manera podré vivir una vida plena y en paz.

Recordatorio para hoy

Dicen que el dolor es inevitable pero que el sufrimiento es optativo. Si aprendo a aceptar que el dolor es parte de la vida, estaré mejor preparado para soportar lo momentos difíciles y luego avanzar olvidándome del dolor.

"...Cuando anhelamos una vida sin... dificultades, recuérdanos que los robles crecen con fuerza con vientos en contra y que los diamantes nacen bajo presión."

Peter Marshall

Me resultaba muy difícil creer que el alcoholismo era una enfermedad. Estaba convencido de que si realmente lo querían, los alcohólicos podían dejar de beber. Después de todo yo dejé de fumar. ¿No era lo mismo?

Un día un miembro de Al-Anon comparó el alcoholismo activo con el mal de Alzheimer. Vemos a nuestros seres queridos consumirse sin enterarse de lo que está sucediendo o sin poder detenerlo. Se ven perfectamente normales por fuera pero la enfermedad progresa y se tornan más y más irracionales y difíciles. En sus momentos de lucidez, cuando parecen volver a la normalidad, queremos creer que están bien, pero esos momentos pasan, y nos desesperamos. Poco tiempo después nos sentimos resentidos con la misma gente que en algún momento amamos.

Siempre le estaré agradecido a mi amiga porque su explicación me ayudó a aceptar la realidad de mi situación. Luego me fue más fácil separar la enfermedad de la persona.

Recordatorio para hoy

Cuando acepto que el alcoholismo es una enfermedad, me veo obligado a encarar el hecho de que soy incapaz ante él. Sólo así puedo conquistar la libertad de concentrarme en mi propio crecimiento espiritual.

> "Un familiar no tiene más derecho a decir: 'Si me amaras no te emborracharías' que el derecho a decir: 'Si me amaras no tendrías diabetes...' La bebida excesiva es un síntoma de la enfermedad. Es una condición, no un acto."
>
> *Una guía para la familia del alcohólico*

25 DE MARZO

Llegué a Al-Anon confundido sobre lo que era y lo que no era mi responsabilidad. Hoy, después de mucho trabajo con los Pasos, creo que soy responsable de lo siguiente: de ser leal a mis valores, de satisfacerme a mí mismo primero, de mantener una mente abierta, de desprenderme emocionalmente con amor, de librarme de ira y resentimientos, de expresar mis ideas y sentimientos en lugar de reprimirlos, de asistir a las reuniones de Al-Anon y mantenerme en contacto con los amigos de la hermandad, de ser realista en mis expectativas, de tomar decisiones sanas y de estar agradecido por las cosas buenas.

También tengo determinadas responsabilidades hacia otros, dar la bienvenida a los recién llegados, prestar servicios, reconocer que otros tienen el derecho a vivir sus propias vidas, escuchar no solamente con mis oídos sino también con mi corazón, y compartir tanto mi alegría como mi dolor.

No soy responsable del alcoholismo, la sobriedad, el trabajo, el aseo, la dieta, la higiene dental u otras decisiones de mi ser querido alcohólico. Es mi responsabilidad tratar a esta persona con cortesía, dulzura y amor. De esta manera ambos podremos crecer.

Recordatorio para hoy

Hoy, si me sintiera tentado a inmiscuirme en algo que no es de mi incumbencia, podría desviar la atención hacia alguna manera de atenderme a mí mismo.

"Tengo una responsabilidad primordial para conmigo mismo: hacer de mí la mejor persona posible. Entonces tendré algo que valga la pena compartir."

Viviendo con un alcohólico sobrio

"Es mejor hacer las cosas mal que no hacerlas", según reza una versión extravagante de un viejo proverbio. El perfeccionismo, la dilación y la parálisis son tres de los peores efectos del alcoholismo en mi vida.

Tengo la tendencia a pasar mi vida esperando que el pasado cambie. Quiero pasar los primeros cien años de mi vida subsanando todos mis defectos y los cien años siguientes verdaderamente viviendo. Tal tendencia a evitar correr riesgos, a evitar hacer algo mal, me ha impedido concretar algunas de las cosas que más disfruto y me ha mantenido lejos de la práctica regular que lleva al progreso.

Si no estoy dispuesto a realizar una tarea mal, no podré progresar y aprender a hacerla bien. La única tarea que puedo aspirar a realizar perfectamente es la tarea que he dejado totalmente inconclusa.

Recordatorio para hoy

Al-Anon me anima a correr riesgos y a considerar la vida no como una operación comando, sino como una serie continua de experimentos de los cuales aprendo más sobre la vida.

"Todos los sentimientos bellos del mundo pesan menos que una sola acción de amor."

James Russell Lowell

27 DE MARZO

Solía pensar que vivir significaba sobrevivir de crisis en crisis. Continué viviendo de este modo como adulto porque era la única manera que conocía.

Desde esa época la hermandad de Al-Anon ha llegado a ser como mi familia. Nuestras Doce Tradiciones me ayudan a aprender cómo funciona un grupo familiar sano. Hoy, cuando surge un problema que involucra a otra gente, vuelvo a las Tradiciones buscando una guía.

Las Tradiciones me han permitido ser parte de un grupo que fortalece mi crecimiento. Me han llevado a aprender a desprenderme, a respetar la intimidad de otra gente y a encontrar algún alivio a mi necesidad de dominar y controlar. Debido a las Doce Tradiciones he descubierto que soy un miembro importante de cualquier grupo del que forme parte. Tengo ahora un sentido de mi propio valor, así como de mis limitaciones. Como resultado de ello estoy forjando "la sabiduría para reconocer la diferencia" entre lo que puedo cambiar y lo que debo aceptar.

Recordatorio para hoy

Como las Tradiciones se basan en principios espirituales, frecuentemente se aplican a cuestiones personales y también a asuntos de grupo. Cuando me enredo en problemas con otra gente, las Tradiciones pueden ofrecer guía y perspectiva.

> "Los Doce Pasos y las Doce Tradiciones incorporan principios que conducen a la recuperación y al crecimiento personal, ayudándonos a descubrir y llegar a ser la persona que queremos."

Aquí se habla Al-Anon

¿Qué sucede cuando me aferro físicamente a algo? Giro mi cabeza. Cierro los ojos con fuerza. Me duelen los nudillos al apretar los puños. Las uñas de los dedos se me clavan en las palmas de las manos. Me agoto. ¡Me lastimo!

Por otro lado, cuando confío en que Dios me proporcionará lo que necesito, puedo soltar las riendas. Miro hacia el futuro. Tengo las manos libres para actividades sanas, afectuosas y entretenidas. Encuentro reservas inesperadas de energía. Abro los ojos para ver nuevas oportunidades, muchas de las cuales han estado siempre delante de mí.

Antes de quejarme de mi sufrimiento, debería examinarme a mí mismo. Tal vez me sorprenda por todo el dolor que puedo eliminar simplemente soltando las riendas.

Recordatorio para hoy

¿Cuánto puede darme Dios si no estoy dispuesto a recibir? Cuando me aferro a un problema, a un temor o a un resentimiento, me privo de la ayuda disponible. Hoy dejaré de aferrarme a algo. "Soltaré las riendas y se las entregaré a Dios."

"Todo lo que tenía que hacer era tener la mínima voluntad para abrir mi puño un poco y los milagros ocurrieron. Así es Dios según mi entendimiento hoy."

As We Understood...

29 DE MARZO

Ya es hora de que comience a ser más agradable conmigo mismo. Las voces en mi cabeza que me dicen que no soy lo suficientemente bueno no dicen la verdad, simplemente reflejan la autoestima dañada como resultado de la convivencia con el alcoholismo. Cuando reconozco este hecho, puedo acallar esas voces. Ya no las oiré más.

La recuperación en Al-Anon me ha despertado pensamientos más delicados y afectuosos que me recuerdan que soy digno de ser amado y que puedo aprender a amarme. Cuando abro mi mente lo suficiente como para oír este mensaje, puedo comenzar a oír todos los otros maravillosos sonidos de la vida, y los pensamientos ofensivos se desvanecen.

Recordatorio para hoy

El tratarme a mí mismo con amabilidad y respeto me ayuda a cuestionar mis críticas de mí mismo. Hoy prestaré especial atención a cualquier voz que hable con amor.

> "Necesitamos aprender a vivir, a concentrarnos en algo bueno o útil para nuestras vidas y a dejar que el resto del mundo se ocupe de sus propios asuntos."
>
> *¿Cómo puedo ayudar a mis hijos?*

Cuando escuché que Al-Anon era un programa en el cual aprendemos a concentrarnos en nosotros mismos, me pregunté: ¿Qué pensarían de mí otras personas si actuara sobre la base de ese principio? Seguramente me considerarían desconsiderada, irreflexiva e indiferente. Y esas eran las quejas que tenía contra los alcohólicos de mi vida. No quería comportarme de la misma manera. En cambio traté de hacer cosas por otros, cosas que parecieran cariñosas y generosas aun cuando no tuviera ganas de hacerlas. No podía entender el por qué del resentimiento que sentía a menudo después de realizar tales acciones.

Mis esfuerzos por salir de mí misma tratando de agradar a todos no funcionaban. Me concentraba en su respuesta en lugar de en lo que parecía mejor para mí. No había nada incondicional en esta acción de dar. Mi Madrina me ayudó a ver que si prestaba más atención a mí misma y hacer lo que creía era mejor para mí, sería libre de dar sin condiciones. Sólo entonces podría considerarme realmente generosa.

Recordatorio para hoy

El programa de Al-Anon funciona cuando me concentro en mí misma, asisto a muchas reuniones de Al-Anon y doy prioridad absoluta a mi recuperación. Al ser cada vez más yo misma, puedo tratar a otros con amor y respeto.

"Podemos mejor ayudar a otros cuando nosotros mismos hemos aprendido la manera de conseguir la serenidad."

Los Doce Pasos y Tradiciones.

31 DE MARZO

Al-Anon es donde muchos de los que hemos convivido con un alcohólico empezamos a crecer por vez primera. Aprendemos a encarar el mundo como realmente es y a asumir la responsabilidad por nuestras acciones. Nos ocupamos de nuestros sentimientos y compartimos honestamente nuestras experiencias. Aprendemos acerca de nosotros mismos y fomentamos nuestro crecimiento espiritual y nuestro bienestar físico y mental. Nos convertimos en adultos responsables.

Una parte importante de un asunto tan serio como la recuperación implica reconocer nuestra necesidad de divertirnos—hacer un viaje, volar una cometa, asistir a un concierto, hacer ruido, correr por la calle o soplar burbujas. La alegría puede poner situaciones conflictivas en su justa perspectiva. Nos recuerda que la vida no se limita al problema que nos aqueja.

El tomarnos con demasiada seriedad no soluciona un problema con más rapidez. En realidad hacer una pausa puede ayudar más que continuar la lucha—hasta la gelatina necesita un cierto tiempo para formarse como corresponde. Una buena risa puede ser el mejor instrumento disponible para ayudarnos a soltar las riendas, y así regresaremos renovados a nuestra labor.

Recordatorio para hoy

Un sentido del humor bien desarrollado me ayuda a desprenderme de mis luchas y triunfos personales. Evitaré tomarme demasiado en serio hoy.

"Una pulgada de alegría es mayor que un palmo de sufrimientos, porque reír es propio del hombre."

François Rabelais

En las reuniones se menciona la aceptación como una de "las tres fases": Conciencia, Aceptación y Acción. No obstante, soy propenso a pasar de la conciencia a la acción sin siquiera hacer una pausa para la aceptación. Mi forma de pensar es la siguiente: "¡Algo anda mal! Rápidamente tengo que arreglarlo antes de que sienta alguna molestia."

El problema es que si no acepto la situación, defecto o recuerdo del cual he tomado conciencia, raramente podré concretar una acción efectiva o vivir serenamente con las consecuencias… La acción no funciona o las cosas se tornan peores y me siento incapaz y sin esperanzas. Aun si funciona, tengo habitualmente tantas dudas que ni me doy cuenta. Muchas veces tengo que dar un paso atrás, sentarme en silencio, experimentar sentimientos, y llegar a algún tipo de aceptación. Me ayuda el recordar que mi Poder Superior ya me acepta a mí y a mi situación, y me ama en las buenas y en las malas.

Recordatorio para hoy

El pasar de la conciencia a la aceptación y a la acción exige tiempo, pero los beneficios bien valen la espera. Al aprender a aceptar mis defectos, circunstancias y sentimientos, aprendo que tengo valor tal y como soy. Con esta forma de autoaceptación comienzo a ver mis opciones y lentamente puedo empezar a actuar y a cambiar.

> "…Alguien me sugirió que dejara de concentrarme en cambiar, y que primero pensara en aceptarme. Eso me dio el incentivo que necesitaba."

Alateen—un día a la vez

2 DE ABRIL

He oído que debo tratarme con más delicadeza cuando me siento mal y no cuando me siento bien. Puedo empujarme a hacer mayores esfuerzos cuando las cosas se hacen a mi manera, pero causo problemas si trato de hacer lo mismo cuando ya estoy luchando por encaminar las actividades básicas de mi vida. Solía preocuparme pensando en que si no me esforzaba continuamente me convertiría en un parásito y nada se haría. Pero mi examen del Cuarto Paso me enseñó que lo opuesto es verdad. Tiendo a ser demasiado exigente conmigo mismo, hasta tal punto que mi vida se torna ingobernable. Como resultado, generalmente concreto menos de lo que podría si utilizara criterios más flexibles. Para mí, el mejor antídoto es el lema: "Hazlo con calma."

Cuando me doy cuenta de que estoy teniendo problemas, trato de calmarme. Y en vez de suponer automáticamente que estoy equivocado, trato de considerar la posibilidad de que esté manteniendo el rumbo preciso.

Recordatorio para hoy

"Hazlo con calma" me indica no sólo que debo aprender a aminorar la velocidad sino también a alegrarme. Hoy lucharé por llegar a una mayor aceptación de mi persona y por disfrutar del día independientemente de lo que haya logrado.

> "Lleva mucho tiempo mejorar nuestra propia actitud y estado de ánimo. La prisa y la impaciencia sólo pueden frustrar nuestros propósitos."
>
> *¿Qué es Al-Anon?*

Muchos de nosotros nos resistíamos a ingresar a Al-Anon porque no queríamos que nadie se enterara de nuestros problemas. Temíamos que nuestro jefe o nuestros amigos se dieran cuenta o que llegara a oídos del alcohólico.

Estos temores me acompañaron a mi primera reunión de Al-Anon. Con horror vi que uno de mis vecinos entró en la habitación y se sentó frente a mí. ¿Qué podía hacer? ¿Correr?

En medio de mi pánico, vi un letrero sobre la mesa que decía: "A quienes vean aquí, lo que escuchen aquí, cuando se vayan de aquí, que se quede aquí." Y en la pared vi un cartel con las Tradiciones, una de las cuales decía que el anonimato es la base espiritual de Al-Anon. Me quedé en la reunión pero seguía preocupado.

Mi vecino nunca le dijo nada a nadie. Con el tiempo empecé a confiar en que no había peligro en aceptar la ayuda que desesperadamente necesitaba porque el único que podía mencionar mi condición como miembro de Al-Anon era yo. Estoy seguro de que en todo momento mi anonimato ha estado y estará siempre protegido y mi gratitud es inconmensurable.

Recordatorio para hoy

A menos que proteja el anonimato de todos los miembros, Al-Anon no será un lugar seguro para ninguno de nosotros.

> "Nuestra libertad de expresión, tan importante para nuestra recuperación, se apoya en la seguridad de saber que lo que compartimos en nuestras reuniones se mantendrá en estricto secreto."

Aquí se habla Al-Anon

4 DE ABRIL

Solía amar la quietud de las mañanas, pero después de vivir años con un alcohólico, dejé de apreciarla. En lugar de ello, me levantaba de la misma forma en que me acostaba: furioso. Antes de levantarme ya tenía una larga lista de crisis que exigían mi atención. No importa cuán temprano me levantara, siempre estaba retrasado. A veces me sentía tan abrumado que ni siquiera me levantaba.

Mi vida ha cambiado. Alguien dijo en Al-Anon que cuando abre los ojos por las mañanas, también abre sus oídos. Ahora cuando me despierto, escucho las aves. Prefiero no encarar mis planes del día hasta que haya desayunado. Me gusta dedicar ese tiempo a disfrutar mi parte favorita del día.

Al-Anon me ayuda a aligerar mi mente de tal modo que pueda disfrutar lo maravilloso del momento. Estoy empezando a sentir una admiración infantil por la esplendorosa naturaleza, a apreciar la belleza que me rodea, a permitir que una sonrisa se dibuje espontáneamente en mi cara, a reír, a amar, a vivir otra vez. Hoy puedo decir "Buenos días, Dios" en lugar de "Dios mío, ya es de mañana."

Recordatorio para hoy

Hoy tomaré conciencia de mis sentidos. Pensaré en lo que esté experimentando en cada momento. No dejaré que la belleza de este día se deslice imperceptiblemente.

"La verdadera generosidad con respecto al futuro consiste en darle todo al presente."

Albert Camus

Si bien es maravilloso ver cómo un ser amado encuentra la sobriedad, ello a menudo crea nuevas dificultades. Después de años de espera, muchos de nosotros nos sentimos desanimados cuando la sobriedad no trae consigo el final feliz que estábamos esperando. Antes sabíamos exactamente qué esperar, ahora, de repente, todo se ve diferente. La gente de la casa nunca está en casa; el alma de la fiesta está siempre durmiendo; la comunicación, la intimidad, las relaciones sexuales, las responsabilidades y la toma de decisiones cambian. Al mismo tiempo, pueden persistir los problemas que antes atribuíamos a la bebida, aunque ahora ya hayan cesado. Esto despierta fuertes sentimientos dentro de nosotros.

Aun miembros antiguos de Al-Anon encuentran sumamente importante el regresar a las bases del programa y aprender nuevamente a concentrarnos en nosotros mismos. Es aceptable estar en desacuerdo, escépticos, resentidos, alegres, exaltados o confundidos acerca de los cambios de nuestras circunstancias. Al aceptar aquello que estamos sintiendo, y compartirlo con otros miembros de Al-Anon podemos atender mejor a nuestras necesidades.

Recordatorio para hoy

Tendré la dignidad para descubrir exactamente cómo me siento frente a los cambios que están sucediendo, y compartiré dichos sentimientos con un miembro amigo de Al-Anon.

"Al-Anon me hizo tomar conciencia de que lo que sentía, realmente importaba."

...En todas nuestras acciones

6 DE ABRIL

Así como un resfrío tiene síntomas tales como fiebre y estornudos, el alcoholismo también tiene síntomas como cambios emocionales y desmayos. Tengo que aceptar que yo también presento síntomas similares a los del alcohólico, entre ellos, obsesión, ansiedad, ira, negación y sentimientos de culpa. Estas reacciones hacia el alcoholismo afectan mis relaciones y mi calidad de vida, pero a medida que aprendo a reconocerlas y a aceptar que me ha afectado una enfermedad, comienzo la recuperación. Con el tiempo, descubro sentimientos de autoestima, amor y comunión espiritual que me ayudan a contrarrestar las antiguas reacciones. No importa cuán severamente haya sido afectado, Al-Anon me puede ayudar a recobrar la cordura.

El alcoholismo es más fuerte que las buenas intenciones o los auténticos deseos. No escogí esta enfermedad de la familia, tampoco el alcohólico lo hizo. Por eso trato de comportarme con compasión hacia ambos.

Recordatorio para hoy

Mi aceptación de esta enfermedad de la familia me permite dejar de luchar en una batalla inútil, y dirigirme a las fuentes de la ayuda y la esperanza verdaderas: Al-Anon y mi Poder Superior.

> "Al aceptar la idea de que el alcoholismo es una enfermedad de la cual los bebedores compulsivos y los que se preocupan por ellos pueden hallar alivio, no tendrás razón para sentirte avergonzado ni razón para temerlo."
>
> *Así que amas a un alcohólico*

¿Será posible que Dios tenga sentido del humor? Asistí recientemente a una nueva reunión en la cual me pidieron que hablara. Me había imaginado un grupo grande de miembros serios de Al-Anon, sentados en una ubicación perfecta con un perfecto formato mientras yo pronunciaba un intimidante torrente de sabias palabras.

Lo que encontré en cambio fue un grupo pequeño, reunido en un sitio provisorio con un secretario suplente que había perdido el perfectamente estructurado formato. Todo lo que podía salir mal, salió mal.

En resumen, pronto me sentí como en casa. Mi Poder Superior me había suministrado suficientes elementos familiares y espontáneos para que me sintiera cómodo.

Mi concepto de una "importante" reunión y de las palabras "importantes" que pronunciaría y escucharía desapareció rápidamente. Eramos sólo un grupo en la hermandad haciendo todo lo posible para salir del paso y darnos una mano.

Recordatorio para hoy

Le doy gracias a mi Poder Superior por encontrar los medios para reducir mis pretensiones exageradas. Cuando puedo reír un poco, siento menos temor.

> "Cada vez que me vea tentado a considerar negativamente un acontecimiento, quisiera recordar que quizá no sea tan malo... Cultivaré el don de reconocer y disfrutar de las situaciones humorísticas."
>
> *Un día a la vez en Al-Anon*

8 DE ABRIL

Puede ser muy valioso examinar el pasado. Puede darnos información sobre el presente y, al mismo tiempo, indicios que nos pueden ayudar a introducir cambios para un futuro mejor. Para aquellos de nosotros que negábamos, distorsionábamos o perdíamos contacto con recuerdos dolorosos, enfrentar la realidad de nuestro pasado puede ser un elemento crítico de nuestra recuperación. También deben reconocerse los recuerdos placenteros si deseamos recordar el pasado de manera realista.

Sin embargo, es importante recordar que el pasado se terminó. Somos incapaces ante los acontecimientos ya transcurridos. Aunque tratemos de compensar el daño causado, no podemos cambiar el hecho de que hemos dañado a otros, ni tampoco podemos cambiar el hecho de que otros nos han herido a nosotros. Sólo podemos cambiar el presente.

La mejor manera de usar el pasado es afrontarlo y seguir adelante. Podemos, por cierto, aprender de nuestras experiencias, pero no debemos permitir que eso nos impida vivir ahora mismo.

Recordatorio para hoy

No permitiré que el encarar viejas heridas me haga olvidar que debo continuar creciendo.

"El pasado es sólo el comienzo del principio."

H.G. Wells

Después de años de negar mis sentimientos para protegerme, el desprendimiento (mi separación emocional de la enfermedad del alcoholismo) me resultó relativamente fácil. Pero lo hice con indiferencia. El desprendimiento con amor no era posible.

Comenzó a cambiar radicalmente mi actitud cuando mi Padrino repitió una línea de una obra teatral que le había ayudado a comprender la necesidad de desprenderse con amor: "El peor pecado hacia el prójimo no es odiarlo sino permanecer indiferente ante él." Me di cuenta de que al desprenderme con indiferencia, estaba adoptando la salida más fácil.

En Al-Anon he llegado a adquirir la seguridad suficiente para "sentir mis sentimientos". Yo no tengo que reprimir el amor que siento por mí mismo o por el alcohólico en mi vida. Veo que soy más que la suma de mis sentimientos y me doy cuenta de que el alcohólico es más que su enfermedad.

Recordatorio para hoy

El amor incondicional que recibo en Al-Anon me ayuda a redescubrir lo que es el amor. Al comprender que puedo ser querido en todo momento, independientemente de mis ventajas o limitaciones, comienzo a ver que otros pueden ser queridos, aun aquellos que sufren una enfermedad que no despierta amor.

> "Con un cambio de actitud… los hechos del pasado se pueden poner en perspectiva correcta; el amor y el respeto pueden llegar a ser parte de la vida familiar."

Los adolescentes y los padres alcohólicos

10 DE ABRIL

Por haber vivido con el alcoholismo, muchos de nosotros nos consideramos víctimas inocentes de los malos tratos de otras personas. Puede ser espantoso descubrir que nosotros también hemos perjudicado a otros. Hacer una lista de aquellos a quienes hemos perjudicado (Octavo Paso) se vuelve un proceso de descubrimiento en el cual puede comenzar a desarrollarse un sentido más realista de la responsabilidad.

En mi caso, no obstante, el problema no consistía en reconocer el mal que había causado sino en desprenderme de mi exagerado sentido de la responsabilidad. Pensaba que todo el mundo estaba en mi lista, especialmente aquellos que objetaban mis acciones. Por ejemplo, a mis padres no les cae bien la pareja que escogí, mi hermana quiere que le pague todas las deudas, mis hijos quieren que los deje pasar la noche fuera de casa sin tener que llamarme. Al pensar sobre este Paso, me he dado cuenta de que no soy responsable por sus deseos insatisfechos. Entonces, al revisar la lista de mi Octavo Paso, tengo que tachar nombres.

Recordatorio para hoy

Ciertamente tomo decisiones que perjudican a los demás y que exigen reparar el mal que les ocasionamos. Pero a veces una decisión es correcta para mí, pero incómoda o aun inaceptable para otros. Las expectativas de otras personas no son mi responsabilidad, a menos que haya ayudado a crearlas. Puedo recordarme que el conflicto es parte de la vida.

> "Con este Paso cumplimos con nuestra parte, asumiendo la responsabilidad por nuestras acciones, pero también liberándonos nosotros mismos… de las cargas de la responsabilidad erróneamente asumida."
>
> *…En todas nuestras acciones*

¿Por qué sigo asistiendo a Al-Anon? Porque sin ayuda espiritual, vivir, o haber vivido, con un alcohólico es demasiado para mí. A menudo necesito ayuda para mantener una perspectiva racional. Anhelo una relación más estrecha con mi Poder Superior. Las personas en las reuniones son tan acogedoras y cariñosas que me sentiría despojada si no fueran una parte regular de mi vida. Los Pasos, las Tradiciones y los Conceptos sirven para estructurar y fijar metas en mi vida. Al-Anon es la luz que me ayuda a encontrar el camino en la oscuridad.

Como miembro muy antiguo, estoy muy familiarizada con Al-Anon, pero no tengo más autoridad que otros. No trato de presentarme como un parangón de sabiduría de Al-Anon y desanimo a los recién llegados que quieren ponerme en un pedestal del cual inevitablemente caeré.

Conservo el derecho de tener problemas, a llorar, a cometer errores, a no saber todas las respuestas. Todavía tengo y utilizo un Padrino. Continúo prestando servicios en Al-Anon, pero no tengo que estar a cargo de nada.

Recordatorio para hoy

El tiempo que he pasado en Al-Anon es menos importante que lo que estoy haciendo con este tiempo hoy.

> "No acudo a Al-Anon solamente para aprender a vivir con el problema activo de la bebida. Es mi modo de vivir; llevo así una vida que se torna cada vez más rica y remuneradora, a medida que aprendo a usar el programa en todos sus aspectos."

Un día a la vez en Al-Anon

12 DE ABRIL

Es natural querer una solución rápida e inmediata a una difícil situación. Como un miembro dice en broma: "Dios, dame paciencia... ¡pero apúrate!" Es exactamente así como me siento. ¿Tengo alguna inquietud o problema en mi vida? Déjenme solucionarlo o deshacerme de él ahora. ¿Es una situación en la que he estado viviendo por veinte años? Bien, le dedicaré quince minutos. Quizás haya vivido así toda mi vida; bueno, entonces una hora o aun dos. ¿Está relacionada con el alcoholismo? ¿Es que sus raíces están profundamente arraigadas en mi ser? En tal caso haré algunas llamadas y compartiré en una reunión.

¿Todavía no ha desaparecido? Muy bien, entonces comenzaré una campaña de autocrítica. ¿Qué me sucede? ¿Por qué tengo estos sentimientos sobre algo que no es importante? Estoy segura de que yo soy la causa; de alguna manera tengo la culpa. Que ¡Dios me libre! Ceder, aceptar mi aflicción y orar para ver el camino.

Recordatorio para hoy

El poder de la voluntad no puede eliminar en un día los problemas que se han arraigado en mi vida durante decenios. Todo lleva tiempo.

> "De la misma forma en que no puedes crear una estatua martillando el mármol, tampoco puedes, por medio de la fuerza de las armas, liberar el espíritu o el alma de un hombre."
>
> Confucio

¿Si no sé cómo reaccionar ante una situación hoy, por qué no hacerlo con amabilidad? Aunque acepte o no un pedido, esté o no de acuerdo con el punto de vista de alguien, puedo aun tratar con cortesía y respeto a esa persona. Puedo decir que "No" con tanto cariño y suavidad como digo que "Sí".

Hoy puedo poner en práctica mis decisiones sin estar a la defensiva porque respeto mi derecho a tomar la mejor decisión posible. Aun si otros no están satisfechos con esas decisiones, puedo comportarme de manera que pueda sentirme bien. Otros tienen derecho a estar en desacuerdo, a tener sentimientos diferentes o a sentirse decepcionados. Puedo respetar ese derecho y aun atenerme a mis principios.

Las relaciones son complicadas porque las personas son complicadas. Todos tenemos nuestras propias ideas, valores y esperanzas, y no siempre coinciden con los de aquellos a quienes amamos. Los desacuerdos pueden ser saludables y enriquecedores si los vemos como una manera de desarrollar y profundizar nuestras relaciones. La amabilidad y el respeto hacia otros puede contribuir a ello en gran medida.

Recordatorio para hoy

Hoy trataré de considerar cada conflicto como una oportunidad para mejorar. Me honraré respondiendo con cortesía.

"La amabilidad es la forma más alta de sabiduría."

El Talmud

14 DE ABRIL

Muchos de nosotros tomamos una mayor conciencia de nuestros pensamientos durante nuestra recuperación en Al-Anon. Después de un tiempo podemos notar el cambio cuando nuestra forma de pensar se distorsiona. Pero si deseamos ponerle fin a nuestros pensamientos negativos, la conciencia es sólo el comienzo.

Cuando los "malos pensamientos" se apoderan de mí, debo hacer más que desechar las ideas negativas. Debo reemplazarlas con algo positivo para no volver a caer en la negatividad.

Nuestro grupo pidió una colección de Literatura Aprobada por la Conferencia (LAC) de Al-Anon en audiocassettes los cuales he estado escuchando regularmente mientras conduzco mi auto. Aunque ya había leído los folletos de LAC varias veces, el escucharlos constituye una experiencia diferente y muy poderosa. Si mi actitud no es la correcta, el ajustarla escuchando la sabiduría de Al-Anon en un cassette, en una reunión, o en otra persona puede hacerme volver al buen camino.

Recordatorio para hoy

Hoy prestaré minuciosa atención a lo que me digo. Si es necesario me detendré en la mitad de un pensamiento, empezaré nuevamente y reemplazaré visiones negativas con verdades positivas.

"Lo que nos enseñamos con nuestras actitudes y pensamientos depende de nosotros."

...En todas nuestras acciones

Muchos de nosotros llegamos a Al-Anon esperando encontrar respuesta a preguntas que nos agobian. ¿Debería abandonar al alcohólico? ¿Qué ocurre con los problemas financieros, sexuales, médicos, legales y emocionales? ¿Cómo puedo poner fin a los malos tratos? Hay tantas opciones legítimas como miembros, y la posición de Al-Anon es que cada uno de nosotros debe encontrar las respuestas que más nos convengan.

La única excepción es una solución violenta o que atente contra la vida. En este caso, Al-Anon sugiere hacer "Primero las cosas más importantes" garantizando nuestra seguridad y la de nuestros hijos. Tal vez ello signifique dejar dinero y llaves en un lugar seguro para que podamos escapar en caso de emergencia o llamar a la policía o quedarnos con un amigo aunque sea sólo por hoy. Aprendemos que tenemos derecho a sentirnos seguros.

Recordatorio para hoy

En Al-Anon no tomamos decisiones por otros, pero sí damos sugerencias de distinta índole. Animamos a asistir a reuniones de Al-Anon, buscar un Padrino, pedir ayuda por teléfono. Insinuamos a nuestros miembros que apliquen los Pasos, los lemas y las Tradiciones, y que incorporen estos principios en todos los aspectos de sus vidas. Esta es la clase de sugerencia que nos ayuda a encontrar respuestas que podemos aceptar.

"Cuando me concentre en mi progreso personal, las dificultades sobre las que no tengo control se irán resolviendo solas."

El dilema del matrimonio con un alcohólico

16 DE ABRIL

Llegué a Al-Anon con tanto dolor que rápidamente abrí mis brazos y mi corazón a todo lo que el programa y sus miembros estuvieran dispuestos a ofrecerme. Descubrí que no es tan importante lo que yo haya vivido sino más bien cómo interpreto mi experiencia. En otras palabras, puedo escoger mi actitud.

Por ejemplo, siempre esperé que mi felicidad viniera a través de los demás, especialmente de mis padres alcohólicos. Pasaba la mayor parte de mi vida esperando que ellos me demostraran su amor y aprobación de manera que yo pudiera entender. No lo hicieron, por lo que me sentí despojado y malquerido.

Al-Anon me ha ayudado a interpretar mi situación de manera diferente. Mediante la práctica de los Pasos, me he dado cuenta de que puedo ser querido a pesar de lo que mis padres y otras personas piensen. Puedo lamentar lo que he perdido o puedo aprovechar la oportunidad de aprender a quererme y a apreciarme. Hago ambas cosas, pero hoy sé que tengo una alternativa.

Recordatorio para hoy

Es hora de que deje de esperar a que otros me cuiden. La única persona que puede amarme como yo quiero soy yo mismo.

> "Gradualmente tuve que aceptar el hecho de que mis deseos de 'si tan sólo' no se iban a convertir en realidad, pero también aprendí que podía ser feliz aunque no se cumplieran."

Al-Anon se enfrenta al alcoholismo

Muchos de nosotros atravesamos momentos de ansiedad en el trabajo y con nuestros familiares cuando hubo que tomar decisiones que afectaban a personas en grupos. Nos preguntábamos si todos iban a aceptar esa decisión. Definitivamente había una forma perfecta para hacer las cosas y era nuestra responsabilidad encontrarla.

Al-Anon me ha ayudado a concebir una guía sencilla sobre las decisiones de grupo como me sugiere su Primera Tradición: "Nuestro bienestar común debiera tener la preferencia." Esta Tradición se aplica a la gestión de los grupos Al-Anon, pero también la encuentro útil para otras situaciones. Si los planes del grupo tienen como objetivo beneficiar al mayor número de personas, puedo apoyarlos. No significa que deba pasar por alto mis propias necesidades sino que debo expresarlas. Pero también están las necesidades doce otros que debo respetar. Dichas decisiones puede que no me traigan felicidad inmediata ni a mí ni a otros, pero en última instancia beneficiará a todos. Como dice la Primera Tradición: "el progreso individual del mayor número depende de la unión."

Recordatorio para hoy

¿Trato de imponer mi voluntad a otros en situaciones de grupo, o aprendo a respetar sus derechos tanto como los míos? Puedo sentirme seguro de mis opiniones si mantengo el bienestar del grupo en mi corazón.

> "La unidad constituye no sólo el clima necesario para el crecimiento de Al-Anon en conjunto, sino también la atmósfera en la cual cada miembro adquiere paz espiritual dentro del grupo."

Los Doce Pasos y Tradiciones

18 DE ABRIL

Pasé mucho tiempo anhelando todo lo que no me daba el alcohólico en mi vida. Como parte de mi recuperación en Al-Anon, se me alentó a que escribiera esas necesidades. Cortesía, respeto, atención, afecto, comunicación—la lista de cosas en que mi ser querido me había decepcionado era interminable.

Mi Padrino celebró mi honestidad y me indicó que podía tener todas esas cosas en mi vida. ¿La clave? Tenía que dar lo que quería recibir y convertirme en lo que quería atraer. ¿Era yo un brillante ejemplo de cortesía y todo lo demás? Si no lo era, ya tenía una maravillosa lista escrita de objetivos.

He oído a menudo que recibimos lo que damos y ahora sé que es verdad. A medida que me volví más amable y cariñosa, otras personas respondieron positivamente. También me sentí mucho mejor conmigo misma. Honestamente puedo decir hoy que todas las cualidades en mi lista existen en mi vida al menos en algunos momentos. No esperaba ni éstos ni otros resultados. Estaba demasiado ocupada concentrándome en mí misma. Pienso que por eso me dio resultado.

Recordatorio para hoy

Hoy puedo participar activamente en la satisfacción de mis necesidades. Puedo escoger el convertirme en alguien a quien me gustaría tener en mi vida.

"Muchos encontramos que al tratar a otros con amor y respeto, nosotros mismos nos volvemos imanes de amor y respeto."

...En todas nuestras acciones

Lo que aprendí sobre el alcoholismo me ha ayudado a encontrar la serenidad después de años de lucha. Ahora sé que los alcohólicos sufren una enfermedad; están enfermos, no son malos. El asistir con regularidad a reuniones de Al-Anon, leer la Literatura Aprobada por la Conferencia (LAC) e ir a reuniones abiertas de AA, me han dado indicios sobre lo que es razonable esperar o no cuando se trata con un alcohólico.

He aprendido que tengo la capacidad de ajustar mis expectativas para ya no tener que sufrir constantes desilusiones. Por ejemplo, he dejado de esperar que un alcohólico activo cumpla todas sus promesas. Esto hace mi vida más gobernable.

La sabiduría que he adquirido en Al-Anon ha eliminado muchos de mis temores y ha dado lugar a un nuevo sentimiento de compasión. Veo que no soy la única persona con buenas ideas, críticas válidas y nobles motivos.

Recordatorio para hoy

Aprender sobre la enfermedad del alcoholismo puede ayudarme a ser más realista sobre la enfermedad de un ser querido, y así tomar mejores decisiones para mí.

> "He aprendido técnicas para tratar con el alcohólico, con el objeto de poder desarrollar una relación con la persona aparte de la enfermedad."
>
> *Al-Anon se enfrenta al alcoholismo*

20 DE ABRIL

En Al-Anon estoy aprendiendo que no hay peligro en ser uno mismo. Hoy comparto con amigos de Al-Anon secretos embarazosos que antes hubiera enterrado. A veces tengo que luchar contra el antiguo impulso de guardar silencio a toda costa, porque me he dado cuenta de que compartir es la clave de la recuperación.

Por ejemplo, estaba avergonzada de mi apariencia física, especialmente de mi sonrisa. Años de humillaciones por parte de parientes alcohólicos me habían hecho sentir muy insegura. Me parecía que lo mejor era revelar lo menos posible de mí y evitaba totalmente sonreír. Desafortunadamente seguía creyendo en las críticas, por lo que me sentía muy mal conmigo misma.

Al compartir honestamente con personas en quienes confío, afronto las ideas negativas. Mis amigos en Al-Anon me aseguran que las críticas fueron exageradas. Nadie me niega valor debido a mi sonrisa. En Al-Anon puedo salir de mi escondite. Hasta he conquistado la libertad de sonreír.

Recordatorio para hoy

Aún cuando me sienta avergonzada, alguien en la hermandad puede ayudarme a ver mi situación desde una perspectiva diferente. Con su ayuda, si estoy dispuesta a permitirlo, la verdad me liberará.

"Se llega al momento en que tus demonios, que son terribles, se hacen más y más pequeños y tú más y más grande."

August Wilson

Algo que he llegado a apreciar en Al-Anon es la unidad en la diversidad. La Cuarta Tradición dice que el grupo es autónomo. Libre de conducir sus reuniones según convenga a sus miembros siempre y cuando acate las Tradiciones y no dañe la unidad general de Al-Anon. Algunos grupos aceptan el formato sugerido para las reuniones, otros usan una estructura algo diferente.

¿Por qué tengo que fruncir el ceño si otro grupo Al-Anon decide usar un formato diferente al que estamos familiarizados en nuestro grupo? ¿Por qué debo asumir que lo que me conviene a *mí* es lo *correcto*? Cuando recuerdo: "Mantén un criterio abierto", encuentro que los principios de Al-Anon se mantienen intactos, sin importar qué grupo o ciudad visite.

Cada uno de nosotros cumple una parte esencial en esta notable hermandad, apoyándonos mutuamente a medida que nos recuperamos de los efectos del alcoholismo. Con esta sólida base de amor y apoyo, nuestras diferencias individuales pueden enriquecerse como un todo.

Recordatorio para hoy

En el orden perfecto del mundo de mi Poder Superior, todas las cosas son hermosas. Oraré para liberarme de mi rigidez y así poder ver la belleza de la unidad en la diversidad.

"Una rigidez tonta es el duende de mentes pequeñas."
Ralph Waldo Emerson

22 DE ABRIL

Al principio, la idea de buscar defectos de carácter, errores, deficiencias y daños causados puede ser simplemente otra excusa para exigirme demasiado a mí mismo. Por eso es muy importante concentrarse lo suficiente en los tres primeros Pasos para desarrollar una base espiritual sólida.

En estos primeros Pasos, admitimos que hay cuestiones ante las cuales somos incapaces—como el alcoholismo y otras personas—y aprendemos que hay un Poder superior a nosotros mismos que no tiene limitaciones. Decidimos dejar nuestra voluntad y nuestra vida en manos de nuestro Poder Superior. Nos desembarazamos de las cargas que nunca fueron nuestras y empezamos a tratarnos de forma más cariñosa y realista.

Cuando continuamos con los otros Pasos, lo hacemos por nuestro bienestar. Comenzamos un proceso bajo la guía de nuestro Poder Superior. Esto nos permite ser mucho más bondadosos con nuestra recuperación.

Recordatorio para hoy

Los primeros tres Pasos son la piedra angular sobre la cual se basa mi progreso. No importa cuánto tiempo haya estado en Al-Anon, no vacilaré en mantener el contacto con la base de mi salud espiritual.

> "Ahora tengo una meta que puedo ver claramente y el programa con el cual puedo trabajar para lograrla. Es la guía para mi perfeccionamiento, tranquilidad y para una mejor forma de vida."

El dilema del matrimonio con un alcohólico

Cuando llegué a Al-Anon no tenía sentimientos. Cuando perdí un empleo dije: "No hay problema, puedo aceptarlo." Cuando tuvimos un hijo dije: "No es gran cosa, es sólo otro día." Nada me impresionaba. Era como estar muerto.

Mis amigos de Al-Anon me aseguraron que yo sí tenía sentimientos, pero que había perdido contacto con ellos por haber convivido por años con el alcoholismo y negado cualquier indicio de ira, alegría, o tristeza. Al comenzar la recuperación, empecé a sentir, lo que era muy confuso. Por un tiempo pensé que me sentía peor que nunca debido a que los sentimientos eran tan incómodos, pero mis amigos de Al-Anon me aseguraron que ello era parte del proceso. Estaba listo para experimentar sentimientos, y la incomodidad desapareció. Lentamente comencé a sentirme más completo.

Mientras los mantuve atrapados dentro de mí, mis sentimientos eran secretos dolorosos y venenosos. Cuando los liberé, se volvieron una expresión de mi vitalidad.

Recordatorio para hoy

Hoy haré una pausa de vez en cuando para ver cómo me siento. Tal vez el día traiga alegrías o tristezas, cualquiera de las cuales me recordará que estoy vivo.

> "No cambiaría la risa de mi corazón por la fortuna de las multitudes, tampoco me conformaría con cambiar mis lágrimas por quietud. Tengo la ferviente esperanza de que toda mi vida en esta tierra sea siempre lágrimas y risas."
>
> Kahlil Gibran

24 DE ABRIL

Cuando algo no funciona como debiera, pienso en el lema "Hazlo con calma". En vez de redoblar mis esfuerzos, puedo hacer una pausa y reevaluar la situación. La respuesta que busco puede estar ante mis ojos, pero a veces tengo que dejar de hacer lo que estoy haciendo antes de poder verla.

Estaba tratando de subir el cierre del forro de mi abrigo, pero no funcionaba. Traté de forzarlo pero fue inútil. Finalmente me di cuenta de que estaba poniéndolo al revés. No es de extrañar que no funcionara.

¿Cuántas veces en mi vida he tratado de hacer lo mismo: forzar una solución? He tratado de imponerme a personas y situaciones con las cuales no "encajaba", sintiéndome por ello descorazonado y decepcionado. Pero he aprendido "Hazlo con calma". Puedo tomarme el tiempo para ver si "encajo" en lo que creo que quiero antes de pasar a "la acción". Mi vida es más serena porque no me estoy forzando dentro de algo a lo que no pertenezco.

Recordatorio para hoy

Si mis planes se enfrentan con un obstáculo, me detendré por un momento para analizar con calma la situación antes de seguir adelante.

"Hazlo con calma… Piensa en esto cuando estés con prisa de hacer algo y todo parece salirte mal… Te sorprenderás de lo mucho que esta corta frase puede hacer por ti."

Los adolescentes y los padres alcohólicos

Muchos de nosotros hemos descubierto que el teléfono puede ser una tabla de salvación entre reuniones. Al principio estaremos renuentes a llamar a alguien a quien apenas conocemos, pero la mayoría de los miembros agradecen esas llamadas porque todos se benefician con las mismas. A menudo es tan beneficioso para antiguos miembros repasar los principios "básicos" de Al-Anon, como para un recién llegado esucharlos. Nuestra fortaleza descansa en el aprendizaje mutuo.

Una ocasión muy útil para hacer una llamada es cuando nos preparamos para hacer algo nuevo o alarmante. Muchos de nosotros hacemos una llamada antes de iniciar cualquier cosa y le damos seguimiento con una segunda llamada. Para aquellos de nosotros que siempre hemos actuado solos, esta es una forma de compartir los riesgos y el valor con otros que nos querrán y apoyarán sin importar lo que suceda. Cuando hablamos acerca de lo que estamos haciendo y cómo nos sentimos antes de una acción difícil, hace posible actuar con confianza y serenidad.

Recordatorio para hoy

Pediré ayuda a otro miembro de Al-Anon hoy. Si esa persona está ocupada o no la puedo localizar, haré otra llamada.

> "Debemos aprender a depender de otros, y a veces a aceptar que otros dependan de nosotros... Solos no lo lograremos."
>
> *Alateen—esperanza para hijos de alcohólicos*

26 DE ABRIL

Las palabras más importantes que oímos cuando llegamos por primera vez a Al-Anon son: "tome lo que quiera y deje el resto." Todos los elementos del programa se sugieren, no se exigen. Esto nos da libertad de escoger. Si no estamos de acuerdo con algo, no tenemos por qué utilizarlo. Si no estamos listos para usar un Paso, lema o herramienta, tenemos la libertad de esperar.

Muchos de nosotros necesitamos tiempo para aceptar el carácter espiritual del programa de Al-Anon. Si se nos exigiera creer en un Poder Superior con el fin de poder participar en Al-Anon, probablemente no habríamos seguido asistiendo a las reuniones. Al final muchos llegamos a creer en un Poder Superior porque somos libres de desarrollar nuestro propio entendimiento de Él sin prisa. De esta forma, todo lo que aprendemos tendrá significado para nosotros.

Cuando tomamos lo que nos gusta y dejamos el resto, nos damos permiso para cuestionar nuevas ideas, para tomar nuevas decisiones por nosotros mismos, e inclusive para cambiar de opinión.

Recordatorio para hoy

Ya que puedo usar todo lo que me ayude y dejar el resto, puedo beneficiarme de la experiencia, la fortaleza y la esperanza de otros, y de todas maneras seguir mi propio corazón.

"Con la ayuda de este programa y mi Poder Superior, asumiré la tarea de diseñar, moldear y escoger la forma de vida que quiero."

...En todas nuestras acciones

La autoestima crece cuando me amo y acepto tal cual soy. Obstaculizo mi bienestar cada vez que baso mi autovaloración en lo que hago o en lo que otros piensan acerca de mí. Si pudiera complacer a todas las personas del planeta, si "pudiera arreglar lo que no funciona" y solucionar todas las dificultades, si pudiera hacer del mundo un sitio perfecto—aun así no me sentiría bien conmigo mismo. No hay duda, tendría que renunciar a todo mi "ser" para llevar a cabo esta labor imposible.

No puedo ser perfecto. No puedo hacer que otros sean perfectos. De todas formas soy merecedor de amor, respeto y alegría. Recordaré cada día que soy hijo de un Poder Superior perfecto. Eso exige respeto—mi respeto—por el milagroso "yo" que me han dado. Teniendo esto bien presente, no rendiré mi ser en el curso de ninguna empresa.

Recordatorio para hoy

Hoy, cuando encare decisiones, optaré por el camino que incremente mi autoestima.

> "Estoy aprendiendo a vivir una vida plena, una vida que me gusta y en la cual me intereso por la persona que soy."
>
> *Al-Anon se enfrenta al alcoholismo*

28 DE ABRIL

A veces las cosas que considerábamos nuestras más grandes debilidades, resultaron ser nuestras más grandes ventajas. Nos brindan oportunidades para crecer que de otra manera nunca habríamos tenido. Toda mi vida rogué por tener valor, pero sólo a través de mi timidez aprendí que ya poseía valor.

Titubeaba a compartir en las reuniones, temeroso de que fuera ridiculizado. Me sentaba atrás y guardaba mis secretos. De todas formas, escuchaba mi propia historia una y otra vez y comencé a perder el miedo. Sacando valor no sé de dónde, resolví acercarme a un grupo de miembros con experiencias similares a la mía. Con el tiempo, compartí cara a cara con tantas personas que me resultó posible y hasta reconfortante compartir con el grupo.

Si hubiera simplemente eliminado el miedo, quizás nunca habría sabido que era capaz de actuar por mí. No necesité mucha fuerza para hablar en una habitación llena de extraños, sólo necesité la fuerza suficiente para seguir dando pequeños pasos. Tenía la fuerza y el valor suficientes para alcanzar mis metas.

Recordatorio para hoy

Cualquier cosa acerca de mí puede usarse en mi beneficio. Si me siento inseguro o temeroso hoy, recordaré que mi miedo es una señal de que hay algo que debo aprender.

"Puede que no sea la respuesta que quiero pero sí la respuesta que necesito."

As We Understood...

Crecí con culpas, entre duras críticas y miedo constante. Aún hoy, después de años de recuperación en Al-Anon, cuando recuerdo mis errores del pasado tiendo a reaccionar con culpa, exagerando la magnitud de mis errores y pensando mal acerca de mí mismo.

En Al-Anon estoy aprendiendo a verme de forma más realista. Indudablemente he luchado contra el alcoholismo y caído un par de veces. Cometí muchos errores que nada tenían que ver con el alcoholismo. Pero no soy malo y debo dejar de tratarme como si lo fuera.

Hubo una época en que sentía que el único poder que tenía era el poder de desbaratarlo todo. Hoy, debido a que estoy aprendiendo a creer en mí y en mi capacidad de contribuir positivamente a mi propia vida, tengo la libertad de analizar mis errores sin exagerarlos. Puedo aprender a no repetir esos errores, y puedo compensar el daño causado.

Recordatorio para hoy

No me encadenaré al pasado con culpas autodestructivas o exagerando la importancia de mis errores. En lugar de eso, quiero encarar mi pasado y curar viejas heridas para que así pueda avanzar hacia una vida más rica, feliz y plena.

"No necesitas sufrir un caos continuo para crecer."

John C. Lilly

30 DE ABRIL

No tengo idea por qué la llave del baño comenzó a gotear. Con gran paciencia, observaba las gotas. Una detrás de otra. A veces trataba de ajustar la llave, pero en realidad quería que el goteo se detuviera por sí mismo. Naturalmente no ocurrió así. El problema empeoró y al final el daño fue peor y tuve que pedir ayuda.

No les puedo decir la cantidad de problemas que he encarado de esta forma, con tan poco éxito. Gracias a Al-Anon, ya no tengo que esperar a que una situación se convierta en una crisis antes de afrontarla. Uno de los instrumentos más útiles ha sido el compartir en las reuniones y con miembros de la hermandad. Cuando traduzco mis experiencias en palabras, aquellas se tornan más reales y es menos probable que las deje de lado. Así a menudo puedo encarar los problemas cuando aún son sólo pequeñas irritaciones y lidiar con ellos antes de que crezcan y pierda el control. Hoy no estoy tan interesado en el drama, prefiero vivir una vida real.

Recordatorio para hoy

Hoy compartiré honestamente sobre algo que me ha estado importunando. Mi vida merece atención.

> "Uno de los aspectos más útiles de la hermandad Al-Anon es la oportunidad que tenemos de expresar nuestros dilemas, con la seguridad de que no se nos censurará por hablar francamente."
>
> *Viviendo con un alcohólico sobrio*

Hace poco, en una reunión de Al-Anon, nos pidieron que llenáramos el espacio en blanco en esta frase: "Si ocurriera _____, sería feliz." Muchos de nosotros sentimos la tentación de responder que seríamos felices si nuestros seres queridos estuvieran sobrios o encararan la sobriedad de otra forma. Pero otros "si" nos hicieron sentir muchas carencias: Si mi jefe, mi familia, mi empleo, mi gobierno, mis finanzas cambiaran como yo quiero, sería feliz. Quedó claro que en muchos de nosotros la esperanza está suspendida debido a cosas que no podemos controlar.

Por ello aplicamos el Primer Paso, y admitimos que éramos incapaces ante estas personas, lugares y cosas. Estos "si" hicieron que nuestra vida se tornara ingobernable, pero un Poder Superior a nosotros podría devolvernos el sano juicio. Muchos de nosotros decidimos entregar nuestros "si" a un Poder Superior. Al hacerlo, abandonamos el papel de víctimas, esperando que las cosas cambiaran. Optamos por cumplir un papel más activo en la búsqueda de la felicidad, ahora mismo.

Recordatorio para hoy

Hay muchos aspectos de mi vida que no puedo cambiar. Lo que sí puedo cambiar es mi actitud. Hoy puedo aceptar mi vida tal como es. Puedo sentirme feliz y agradecido con lo que tengo, ahora mismo.

> "La vida tiene tanto, tanto para ser siempre tan feliz. Mucha gente busca la felicidad poniendo condiciones. La felicidad puede sentirse solamente si no se ponen condiciones."
>
> Arthur Rubinstein

2 DE MAYO

A veces me afano tanto pensando en mis problemas que pierdo de vista la orientación que se me está dando. Cuando estoy dispuesto a prescindir de la necesidad de hacer las cosas por mí mismo, puedo escuchar a los demás y recibir las indicaciones de mi Poder Superior. Me siento más capaz de trascender mis problemas y de empezar a solucionarlos.

Esto se me aclaró de repente cuando vi en medio de una tormenta de nieve que me cegaba. Era tan escasa la visibilidad que no veía las orillas de la carretera; no sabía dónde empezaba y dónde terminaba mi carril. Luché por encontrar mi camino, hasta que al fin me di por vencido y empecé a retirarme de la carretera para contemplar la tormenta. Entonces me di cuenta de que podía llegar a mi casa dejando que los árboles alineados a un lado de la carretera me fueran señalando la ubicación.

Cuando acepto que la ayuda muchas veces llega en formas sorpresivas, puedo entonces dejar de aferrarme al problema y pedir ayuda voluntariamente.

Recordatorio para hoy

Debo hacer muchas cosas por mí mismo, pero no soy totalmente autosuficiente. Necesito la ayuda, el apoyo y la orientación que recibo de mi Poder Superior y de mis amigos de Al-Anon. Hoy, cuando me vea atrapado en un problema, me desprenderé de él lo suficiente como para pedir ayuda.

> "No obstante, una vez que hayamos aprendido a liberarnos del problema… el interés afectuoso de los demás miembros nos proporciona un fuerte apoyo que nos ayuda a comprender lo que el programa Al-Anon puede hacer por nosotros."
>
> *¿Qué es Al-Anon?*

Desprendimiento. Al principio puede parecer frío, un rechazo, una ausencia total de cariño. Pero he llegado a creer que el desprendimiento es, verdaderamente, un don maravilloso: estoy brindando a mis seres queridos el privilegio y la oportunidad de ser ellos mismos.

No quiero interferir en las oportunidades que alguien pueda tener de descubrir la alegría y la confianza en sí mismo que pueden acompañar los logros personales. Si estoy constantemente interviniendo para protegerlos de experiencias dolorosas, también les estoy causando un gran perjuicio. Como decía Mark Twain: "Quien agarra un gato por la cola aprende algo que no podría aprender en otra forma."

Para mí es penoso ver sufrir a otra persona o pensar que sigue un rumbo que creo lleva al dolor. Muchas de mis intenciones de rescatar a otros han tenido su origen en mi deseo de ahorrarles este sufrimiento. Hoy estoy aprendiendo a experimentar mis propios temores, aflicciones y angustias. Esto me ayuda a reconocer el mismo proceso de crecimiento en otros, porque conozco directamente los dones que produce.

Recordatorio para hoy

A veces implica más cariño hacer que otra persona experimente las consecuencias naturales de sus actos, aunque esto sea doloroso para ambos. A la larga, los dos saldremos beneficiados. Hoy voy a poner el amor al frente de mi vida.

"Todo lo que tengo que hacer es retirar las manos y poner el corazón."

... En todas nuestras acciones

4 DE MAYO

¿Quién soy? Cuando llegué a Al-Anon creía que podía responder a tal pregunta, pero descubrí que todas mis respuestas eran anticuadas, porque hacía mucho tiempo había dejado de preguntarme quién era yo. Podía hablar de los alcohólicos y de todas las otras personas de mi vida, lo que les gustaba y lo que les disgustaba, sus opiniones y sentimientos, pero no tenía respuestas para mí mismo.

Al-Anon me dio los Doce Pasos, con los cuales pude volver a descubrirme. Sin temor, me fue especialmente útil hacer un sincero y minucioso examen de conciencia propio y compartirlo con un amigo de confianza (Cuarto y Quinto Pasos). Fue la primera vez en mucho tiempo que prestaba tanta atención a mi persona. También aprendí acerca de mí mismo escuchando en las reuniones; al identificarme con otros pude conocer mis pensamientos y sentimientos.

Hoy sé que soy apasionado, generoso, terco, caprichoso, sincero, discreto y testarudo. Sé lo que siento y lo que pienso sobre una diversidad de temas, y estoy consciente de cómo fluctúan estos pensamientos y sentimientos. Al-Anon me ha devuelto lo único que siempre fue verdaderamente mío: yo mismo.

Recordatorio para hoy

La palabra recuperación es maravillosa. Significa recobrar algo. Hoy voy a procurar que ese algo sea yo.

"Si alguien se encuentra a sí mismo… posee una mansión en la que podrá vivir con dignidad todos los días de su vida."

James Michener

Para mí, humildad era un concepto difícil de entender. Desde la niñez me enseñaron a anteponer los deseos y necesidades de los demás a los míos. Equiparaba humildad con el cuidado de otras personas, pasando por alto mis sentimientos y necesidades personales. En Al-Anon entendí que la verdadera humildad no es degradante, y que no exige descuidar mis propias necesidades. De hecho la humildad no se mide por lo mucho que yo haga por la gente, sino por mi buena voluntad para realizar la parte que me corresponde en mi relación con el Dios de mi entendimiento.

Empiezo a comprender la humildad al practicar el Primer Paso. Al admitir que soy incapaz, surge la posibilidad de que un Poder superior a mí mismo pueda hacer todas estas cosas que están fuera de mi alcance. En otras palabras, empiezo a aprender lo que es y lo que no es mi responsabilidad. A medida que esto se va aclarando, me siento más capaz de cumplir con la parte que me corresponde, en cuanto a mí mismo y en cuanto a los demás, y más apto para pedirle a Dios que se encargue del resto.

Recordatorio para hoy

Parte del aprendizaje de la humildad consiste en aprender a contribuir a mi bienestar personal. Hoy seré indulgente conmigo mismo, como lo sería normalmente con otra persona.

> "No podemos saber qué puede ocurrirnos en la extraña mescolanza de la vida. Pero sí podemos decidir lo que ocurre en nosotros, cómo tomamos las cosas, qué hacemos al respecto lo cual, al fin y al cabo, es lo que realmente cuenta."
>
> Joseph Fort Newton

6 DE MAYO

El Quinto Paso me daba miedo porque entrañaba revelar a otra persona mis secretos más ocultos. Temiendo ser rechazado por ser imperfecto, dediqué tanta energía a encubrir la verdad que, a pesar de que nadie me rechazó, me sentí tan solo y aislado como si lo hubieran hecho.

Cuando me di cuenta de lo penoso que era seguir viviendo así, encontré un Padrino a quien pedí ayuda. Aplicamos el Quinto Paso, y compartí algunas de mis características y actitudes que consideraba especialmente vergonzosas. Mi Padrino empezó a reírse: "Mira", explicó rápidamente, "me estoy riendo porque hace cinco años le dije a mi Padrino las mismas cosas, casi palabra por palabra."

Nunca me habría imaginado la universalidad de mis experiencias. Jamás habría pensado que, al compartir aquello que me hacía diferente de las demás personas, descubriría que, en realidad, todos somos semejantes.

Recordatorio para hoy

Muchos han sabido lo que es la vergüenza y el temor, y muchos han sabido qué es la alegría. Hoy, compartir mis sentimientos con otras personas me hará deslizar serenamente por el camino de la vida.

> "En lo más profundo de mi corazón me importunaba saber que no tendría un verdadero alivio interior hasta que no expresara mi problema abiertamente, ventilándolo con alguien..."
>
> *As We Understood...*

¿Por qué se me hace tan difícil aceptar que el alcoholismo es una enfermedad? ¿Le echaría la culpa a un diabético o a un enfermo de cáncer por sus síntomas? Por supuesto que no. Sé que para vencer una enfermedad no basta la sola fuerza de voluntad. Si los alcohólicos sencillamente pudieran dejar de beber, muchos ya lo habrían hecho hace tiempo. No me sería útil rogar, regañar o razonar con la tuberculosis; no perderé mi tiempo rogando, regañando o razonando con el alcoholismo.

Por lo tanto decido dejar de echarle la culpa al alcohólico por lo que no puede controlar, incluyendo la compulsión de beber. En vez de eso dirigiré mis esfuerzos a donde puedan hacer algún bien: me comprometeré a mi recuperación personal. Sé que cuando mejora la salud de un miembro de la familia, pueden producirse repercusiones profundas en el resto de la familia. En esta forma puedo contribuir con más eficacia al bienestar de los que amo, en lugar de tratar de combatir una enfermedad que no puede ser controlada.

Recordatorio para hoy

Cuando acepto que el alcoholismo es una enfermedad, me es más fácil reconocer que también yo he sido afectada por algo que está fuera de mi alcance y empezar a recuperarme de esos defectos.

> "Sea que el alcohólico logre o no la sobriedad, este es momento propicio para que los familiares comiencen a lograr su propia recuperación."

Una guía para la familia del alcohólico

8 DE MAYO

"Sí, pero..." Para mí, estas dos palabras se han convertido en una señal de que estoy rehusando aceptar algo ante lo cual soy incapaz. Mi mundo es rico en dones maravillosos: belleza, una hermandad afectuosa y retos que me fortalecen y me preparan para una vida mejor. ¿Vale la pena negar estos dones queriendo que las cosas sean diferentes? ¿Cambiarán las cosas por eso? No, prefiero aceptarlas con alegría, disfrutarlas totalmente y aceptar humildemente la realidad que mi Poder Superior me brinda sin ningún "sí, pero".

El tono duro, la palabra cruel, la aparente indiferencia de otra persona normalmente se acaban en unos pocos minutos. ¿Qué precio estoy pagando al aferrarme a esos pocos minutos? No me tiene que gustar la realidad para aceptarla tal como es. Este día es demasiado preciso para desperdiciarlo con resentimientos acerca de cosas que no puedo cambiar. Cuando acepto todo como es, tiendo a estar razonablemente sereno. Cuando me paso el tiempo deseando que las cosas sean diferentes, sé que la serenidad ha perdido su prioridad.

Recordatorio para hoy

Aunque soy responsable de cambiar lo que puedo, si deseo paz mental tengo que desprenderme del resto. Sólo por hoy me amaré lo suficiente como para rendirme ante una lucha que está fuera de mi alcance.

"Cediendo puedes lograr la victoria."

Ovidio

Una noche me quedé sorprendida cuando otro miembro empezó a alabarme. Me sentí muy incómoda con este gesto bondadoso, sintiendo en mi interior que no lo merecía. Cuando quise que se desdijera de sus amables palabras, rehusó hacerlo. Insistió en que yo merecía su alabanza, y otros dijeron lo mismo. Empecé a darme cuenta de en qué medida había reprimido mis sentimientos de autoestima mientras vivía con un alcohólico. Ni siquiera podía considerar que pudiera haber algo agradable en mí.

Mi Madrina me sugirió que hiciera una lista de las cosas que más me agradaban de mí misma. Fue engorroso y desconcertante, y mi lista fue muy corta, pero ese fue el principio. Cuando la compartí con mi Madrina, estuvo de acuerdo con cada cosa agradable que había dicho sobre mí misma, sin permitirme negarlas cuando traté de hacerlo al concentrarme en mis defectos. Como consecuencia, estoy aprendiendo a quererme y a comprender que tengo muchas cualidades que son dignas de elogios.

Recordatorio para hoy

Una forma de aprender a amarme a mí misma es aceptar el amor de los demás. Aunque sienta que no lo merezca, puedo sentirme agradecida por la bondad de otra persona. Y si aprecio algo de alguien, puedo decírselo. Un pequeño detalle puede llegar muy lejos para curar un alma herida.

> "He oído decir que miembros de Al-Anon recobraron su autoestima. Jamás la tuve en mi vida, de modo que fue un sentimiento totalmente nuevo querer a la persona llamada 'yo'."
>
> *As We Understood...*

10 DE MAYO

Estoy muy agradecido por pertenecer a una hermandad en la que cada persona habla por sí misma. Al-Anon no tiene portavoces o autoridad que diga cuál ha sido "nuestra" experiencia. Solamente yo puedo contar mi propia historia.

Me siento cómodo al formar parte de un grupo de personas que comparten algunos de mis problemas y sentimientos. Aunque tengamos muchas cosas en común, cada miembro de Al-Anon puede ofrecer su sabiduría personal. Compartiendo experiencias, fortaleza y esperanza, aprendemos formas específicas a través de las cuales otros miembros han aplicado el programa de Al-Anon a sus propias situaciones. Tomando lo que nos agrada y desechando el resto, cada uno de nosotros tiene la libertad de aprovechar este enfoque individual dirigido a nuestro objetivo común: la recuperación de los efectos del alcoholismo. Así que cuando comparto en una sesión, procuro evitar frases como: "Este es nuestro problema", o "Tenemos la tendencia a actuar así". En vez de ello, considero que el compartir es una oportunidad de examinarme a mí mismo con mayor claridad.

Recordatorio para hoy

Hoy hablaré por mí mismo, con la seguridad de estar apoyado por una hermandad de hombres y mujeres que "comprenden como quizás muy pocas personas puedan."

> "Nuestra recuperación depende de nuestra capacidad de contar *nuestra propia historia*, no la de un alcohólico ni la de otro miembro Al-Anon o Alateen."
>
> *¿Por qué es Al-Anon anónimo?*

Paso más tiempo conmigo mismo que con ninguna otra persona. ¿No tendría sentido dedicar algo de energía para que esta relación fuese lo más satisfactoria posible? Otra persona no puede impedir que yo me sienta solo, pero mi vacío interior *sí puede* aliviarse. Puedo llegar a valorar mi propia compañía. Soy un compañero valioso.

Una de las apariencias engañosas que compartimos muchos de aquellos que hemos sido afectados por el alcoholismo, es que solamente otra persona, normalmente el alcohólico, puede llenar este vacío dentro de nosotros. Si él fuera más atento, si ella lograra estar sobria, si ellos estuvieran conmigo ahora, no me sentiría solo. Pero muchos de nosotros seguimos solos aun después de haber sido satisfechas esas condiciones.

Hoy, cuando esté conmigo mismo, sabré que me encuentro en buena compañía. Cuando deje de esperar que otros satisfagan todas mis necesidades, encontraré formas nuevas y apasionantes de disfrutar mi propia amistad. Y cuando me sienta solo, tendré el consuelo y el apoyo de mi Poder Superior que nunca me deja.

Recordatorio para hoy

Hoy le dedicaré algún tiempo a explorar la relación humana más íntima que pueda existir: la relación conmigo mismo.

"Qué hermosa sorpresa descubrir que cuando uno se siente solo no está solo."

Ellen Burstyn

12 DE MAYO

Muchas veces dudo de la existencia de alguien que se preocupe por lo que pasa en el mundo y menos aún en mi vida. Siendo agnóstico, la duda me llega fácilmente; es difícil creer.

Pero entonces pienso cómo me guiaron a Al-Anon cuando mi vida estaba en una época muy sombría. A veces reflexiono en aquellos momentos en que la letra y la música de ciertas canciones me dieron valor para seguir adelante con la vida, cuando hubiera sido más fácil darse por vencido. Recuerdo que me siento fortalecido por la sinceridad de la gente que comparte sus más íntimos pensamientos en las reuniones de Al-Anon, semana tras semana, año tras año. Estoy consciente de que, en lo más profundo de mi ser, hay una parte de mí mismo que desea lo mejor para mí, que me impulsa a buscar la paz, la felicidad, la orientación y la integridad en mi vida.

Y entonces dudo de mis dudas.

Recordatorio para hoy

Cuando me siento muy lejos de un Poder Superior, tengo que escuchar con mucho esmero. Escucho en las reuniones, escucho música, escucho la sabiduría que llega a través de nuestra literatura, y trato de estar abierto a lo que oigo. Nunca sé por dónde llegará el mensaje.

> "De vez en cuando mira bien algo que no esté hecho por la mano del hombre: una montaña, una estrella, el movimiento de un arroyo. La sabiduría, la paciencia, el consuelo llegarán hasta ti y, sobre todo, la seguridad de que no estás solo en el mundo."
>
> Sidney Lovett

Me resulta mucho más fácil correr el riesgo de tomar decisiones cuando dejo de pensar en sufrir las consecuencias y recuerdo que tengo la opción de disfrutar las consecuencias. Desde que llegué a Al-Anon decido más conscientemente. Hago todo el trabajo preliminar que juzgue conveniente y después le entrego a Dios los resultados. Estos, muchas veces, son bastante favorables. Y aun si no lo fueran, todavía puedo celebrar el hecho de que he cumplido con mi parte.

Durante mucho tiempo evité tomar decisiones porque estaba seguro de que existía una opción mágica "correcta" que me daría lo que deseaba y, sin embargo, parece que nunca supe cuál era esa opción. Esperaba hasta el último minuto para decidirme, y nunca me satisfacía lo que elegía. Hoy sé que optar por no decidirme *es* decidirme.

Puede ser una liberación tomar una decisión. Cuando ya se ha tomado, puedo confiar en que las consecuencias se desenvolverán como corresponde. Con un ligero cambio de actitud quizá pueda esperarlas con entusiasmo y esperanza, en vez de aprensión y temor.

Recordatorio para hoy

Hoy tendré fe en mi capacidad para obrar. Cuando el tiempo parezca oportuno elegiré lo mejor que pueda y me permitiré disfrutar los resultados.

> "Algunas veces nuestro entusiasmo por cambiar depende de nuestro deseo de confiar en la suerte del mañana, arriesgando lo que tenemos hoy."
>
> *Viviendo con un alcohólico sobrio*

14 DE MAYO

La recuperación en Al-Anon es una disciplina que requiere diligencia, paciencia y cohesión a fin de obtener los mejores resultados. La asistencia habitual a las reuniones, la práctica de los Pasos y la aplicación de los principios de Al-Anon durante todo el día conducen a una vida más plena y más agradable.

A veces vemos que son evidentes los resultados de nuestros esfuerzos, mientras que en otras ocasiones llegamos a un cierto nivel, a una meseta, donde nos estancamos. Si seguimos poniendo un pie delante del otro y continuamos practicando el programa, encontramos que al fin y al cabo se acaban las mesetas. Precisamente cuando llegamos al colmo de nuestra paciencia, parecería que una puerta se abre y de pronto damos un paso gigantesco hacia delante. Comprendemos que no hemos desperdiciado el tiempo pasado; y aunque no lo sabíamos, estábamos tranquilamente absorbiendo el programa. Muchos de nosotros comprobamos que valía la pena esperar los resultados.

Recordatorio para hoy

Veamos o no los beneficios inmediatos, hoy quiero "Seguir viniendo."

"La paciencia es la llave del paraíso."

Proverbio turco

Cuando llegué por primera vez a Al-Anon sentía desconfianza por todos los abrazos que se intercambiaban. Para evitarlos, después de la reunión me escabullía por la puerta. No podía imaginarme por qué toda esa gente, aparentemente respetable, se comportaba de esa manera. En mi casa jamás habíamos hecho esos alardes de afecto, ni en mi niñez ni en mi vida adulta. Las únicas formas de contacto que conocía eran negativas.

Aunque yo rechazaba sus abrazos, la gente de Al-Anon fue paciente conmigo. Me invitaron a seguir viniendo. Respetaron mis límites y no juzgaron ni cuestionaron mi necesidad de mantener mi distancia. Cuando lloraba, algunos miembros se sentaban a mi lado y cuando reía, se regocijaban. Gente totalmente extraña me brindó su experiencia, fortaleza y esperanza, como si fuera una amiga íntima.

En esta atmósfera segura y formativa he llegado a comprender que hay muchas expresiones diferentes de amor incondicional. Exprese o no el afecto en forma física, puedo encontrar seguridad, bienestar y fortaleza cuando los miembros de Al-Anon me brindan su apoyo. Hoy estoy encontrando también formas de expresar mi amor por los demás.

Recordatorio para hoy

No permitiré que los viejos temores me alejen de la ayuda que tengo a mi disposición. Soy digna de amor y de respeto.

"El amor no es consuelo, es luz."

Simone Weil

16 DE MAYO

La Octava Tradición dice que "Las actividades prescritas por el Duodécimo Paso en Al-Anon nunca debieran tener carácter profesional…" Nos reunimos como una hermandad de iguales, donde nadie está a cargo ni nadie es experto. Cada miembro puede contribuir al poder curativo de nuestro programa simplemente compartiendo su historia personal de experiencia, fortaleza y esperanza. Para ser miembro no se necesita, ni es aconsejable, ninguna preparación especial o aptitud alguna.

Como la ayuda que intercambiamos es estrictamente no profesional y tiene un objetivo específico, Al-Anon no pretende resolver todos los problemas o curar todas las enfermedades. Nuestro programa tiene un enfoque extraordinariamente eficaz para la recuperación de los efectos del alcoholismo de otra persona. Sin embargo, a veces pretendemos resolver problemas que no son competencia de Al-Anon. En tales ocasiones, muchos de nosotros hemos descubierto que es útil buscar ayuda de otras fuentes, además de aplicar nuestro programa de Al-Anon.

Recordatorio para hoy

Se crea una atmósfera muy formativa cuando unos ayudan a otros siendo ellos mismos y compartiendo sus experiencias personales. Hoy voy a contribuir a ese intercambio.

"…Nos reunimos como iguales y nos ayudamos mutuamente, no porque algunos sean expertos y otros aprendices, sino porque todos tenemos necesidades y fortaleza."

Los Doce Pasos y Tradiciones

Dice un proverbio chino que "cuando hablamos del mañana los dioses se ríen." Creo que se ríen, no porque nos encuentren ridículos sino porque saben que no puede predecirse el futuro. De modo que no nos queda otro remedio que vivir "Un día a la vez." Puedo hacer planes, pero no puedo decidir los resultados. Por más proyectos que se hagan para la próxima semana, no se puede controlar lo que entonces ocurrirá. Las circunstancias serán diferentes y también yo seré diferente.

Puedo resumir el enfoque de este lema aplicándolo a una hora a la vez, o incluso a un minuto a la vez. Con estos pequeños incrementos la vida empieza a hacerse no sólo más soportable sino más valiosa también. En un momento dado, independientemente de lo que esté ocurriendo, si me concentro en estar aquí, ahora mismo, sé que estaré bien.

Recordatorio para hoy

Mis peores temores respecto al mañana no deben afectar este día. Desprendiéndome de ellos me siento libre para crecer. ¿Qué mal hábito puedo cambiar hoy? ¿Con qué temor puedo enfrentarme? ¿Qué alegría puedo agradecer? ¿Qué buena fortuna, por modesta que sea, puedo festejar? El día de hoy es todo lo que tengo. Ojalá haga de hoy el día más pletórico de vitalidad que haya experimentado en mi vida.

"No estén ansiosos por el mañana; el mañana sabe cuidarse."

La Biblia

18 DE MAYO

La vida no siempre se desliza suave o plácidamente, aunque yo quisiera que así sucediera. En el pasado, cuando algo me molestaba no decía nada, para no tener que afrontar una discusión. Me parecía mejor disgustarme que correr el riesgo de disgustar a otros. Frecuentemente los resultados eran desastrosos. Me irritaba y perdía la cabeza cuando dejaba que se enconara el resentimiento.

Hoy sospecho que la adversidad tiene un valor que antes no había reconocido. Cuando me enfrento con la adversidad y me ocupo de mis problemas o expreso mis sentimientos, las cosas tienen la oportunidad de mejorar. Y aun si no mejoran, descargo parte de la presión que siento. En esto soy un novato y todavía no obro con delicadeza: a veces infundo miedo y otras veces mis palabras no son bien recibidas. Sin embargo me siento mejor cuando me doy cuenta de que por fin empecé a vivir la vida tal como es.

Al recordar el pasado veo lo mucho que he crecido. Yo no hubiera escogido ninguna de las crisis de mi vida, pero desde que llegué a Al-Anon he aprendido que cada problema puede ayudarme a cambiar para bien, a profundizar mi fe y a aumentar mi amor propio.

Recordatorio para hoy

En chino la palabra crisis se escribe con dos pinceladas. La primera significa peligro y la segunda oportunidad. Buscaré el bien oculto en el interior de todo lo que encuentre.

"No hay ningún problema que no te ofrezca un regalo."

Richard Bach

En el pasado, cuando alguien no estaba de acuerdo conmigo lo consideraba un fracaso personal. Si hubiera utilizado las palabras, ropas, opiniones, escuela, hogar, amigos, o amantes adecuados, habría podido ubicarme.

¿Y qué me parecían los demás? Felices, seguros de sí mismos; me daban la impresión de que sabían todas las respuestas. Pero por mi apariencia, la gente creía que también yo era tolerante y feliz. Si podían equivocarse tanto respecto a cómo me sentía realmente, ¿no podría yo también tener algunas ideas erróneas respecto a sus sentimientos? Después de todo, no sería yo la única persona que disimulara tan bien. ¿No estaba comparando mi interior con el exterior de otras personas?

En Al-Anon estoy aprendiendo que alguien puede estar en desacuerdo conmigo sin que ninguno de los dos esté equivocado. Cuando nadie debe estar equivocado, todos podemos ocupar un lugar, tal como somos.

Recordatorio para hoy

Si comparo, salgo perdiendo. Quizá en esta ocasión acabe sintiéndome mejor que otra persona, pero con seguridad la próxima vez me sentiré peor. La mejor manera de dejar de sentir que no soy lo bastante buena es renunciar por completo a hacer comparaciones.

> "Poco a poco, en nuestras sesiones podemos darnos cuenta de que muchas de nuestras molestias provienen de nuestra actitud."

El alcoholismo y cómo nos afecta

20 DE MAYO

Como el alcoholismo, el pensamiento obsesivo puede ser muy difícil de tratar. Mi mejor esperanza para luchar contra el mismo es no permitirle arrancar porque apenas arranca, adquiere más y más fuerza, y es más difícil interrumpirlo.

Antes de que el pensamiento obsesivo se apodere de uno, generalmente hay un momento en el que tengo que tomar una decisión. Puedo optar por jugar mentalmente con un tema que ha aprisionado mi mente como un rehén en el pasado y que por lo tanto es peligroso. O puedo detectar el peligro y procurar que mi mente elimine cualquier pensamiento sobre el tema, pidiéndole ayuda a mi Poder Superior. Antes de abordar un tema al cual sea vulnerable, puedo pedir ayuda a un miembro de Al-Anon, de modo que mis pensamientos ya no tengan la oportunidad de encerrarse en mi cabeza.

Ejerceré el derecho de decisión, rehusando la invitación de pensamientos obsesivos. Si no los admito, no tendré que desprenderme de ellos.

Recordatorio para hoy

Estoy aprendiendo a prestar atención a mis pensamientos. Si hubiera algo que no pudiera considerar sin obsesionarme, respetaré tal hecho y obraré en consecuencia. Antes de intentar resolverlo, reuniré la fortaleza y la ayuda de mi programa Al-Anon, de mis amigos y de mi Poder Superior. Y si no es de mi incumbencia, no lo abordaré en absoluto.

"Si trabajas en tu mente con tu mente, ¿cómo podrás evitar una inmensa confusión?"

Seng-ts'an

Cuando admito el Séptimo Paso ("Humildemente le pedimos a Dios que nos librase de nuestras culpas"), calmadamente pido ayuda. No ruego ni exijo, ni tampoco me humillo o me enorgullezco. No tengo necesidad de rebajarme, ni tengo a nadie a quien impresionar. Sencillamente estoy aceptando mi lugar en mi relación con mi Poder Superior, ni más ni menos. La verdadera humildad nunca debería ser humillante. En lugar de eso, puedo sentirme honrado de ocupar mi legítimo lugar en el maravilloso compañerismo que estoy experimentando con el Dios de mi entendimiento.

Se ha dicho que la humildad es la perpetua tranquilidad del corazón. Esto significa que yo cumplo con mi parte, y confío en que Dios se ocupe de lo demás. Aunque quizás no se sepa en qué forma me llegará esta ayuda, puedo permanecer sereno. Todo lo que tengo que hacer es pedirle a mi Poder Superior que me sane.

Recordatorio para hoy

Hoy, cuando le pida a mi Poder Superior que elimine mis defectos, procuraré hacerlo con un corazón tranquilo.

"La humildad nos ayudará a vernos en la verdadera perspectiva y a mantener nuestra mente receptiva a la verdad."

Alcoholismo, contagio familiar

22 DE MAYO

Solía pensar que si en algún momento me examinaba con cuidado, se confirmarían mis temores secretos: vería sin esperanzas que estaba llena de defectos y que no valía. Al-Anon me ha demostrado que si encaro los efectos del alcoholismo aplicando los Pasos, esta idea desaparecerá. Me daré cuenta de que la verdad que he evitado es mi propia belleza interior.

Soy incapaz de cambiar la realidad de que el alcoholismo ha afectado mi vida. Sólo un Poder superior a mí mismo puede superar los efectos de esta enfermedad. Le pido ayuda al Poder a través del Segundo y Tercer Pasos. Estos Pasos me aseguran que, aunque tiemble el lugar donde estoy de pie, no caeré, ya que estoy sostenido con firmeza por Aquel cuya voluntad no puede doblarse con tanta facilidad. Independientemente de lo tambaleante que me encuentre, me siento seguro.

Esta base espiritual facilita un examen de conciencia verdaderamente minucioso y sin temor. Sólo al correr el riesgo de examinarme a fondo a mí mismo, mis temores cederán el paso a la verdad: como hijo de Dios soy todo lo que debo ser—afectuoso, digno de amor y espléndido.

Recordatorio para hoy

Hoy le dedicaré algún tiempo a fortalecer mi relación con mi Poder Superior. Esto me llevará a considerar a la verdad como mi aliada y a reconocer mi propia belleza interior.

> "Decido elevarme sobre mis problemas de personalidad para reconocer la magnificencia de mi ser. Estoy totalmente dispuesto a aprender a amarme a mí mismo."
>
> Louise L. Hay

A veces lo más saludable que puedo hacer por mí mismo es admitir que no soy perfecto. Soy humano. Cometo errores.

Pero no siempre es fácil admitirlo ante otros, en especial cuando mis errores les conciernen. Es más atractivo fingir que algo nunca ocurrió o que no tiene importancia, o justificar la acción. Pero hay que pagar un precio si rehuso reconocer mis errores: la culpa.

Durante años arrastré culpas como una pesada bolsa. Al-Anon me ofrece una opción: el Décimo Paso. Sigo haciendo exámenes de conciencia y cuando me equivoco, lo admito con rapidez. Cuando admito el error, asumo la responsabilidad por mis acciones. Me libero de la carga que representa un secreto embarazoso y me dispongo a aceptar mi imperfección. Se hace mucho más fácil amarme a mí mismo si me acepto tal como soy, aun con los errores.

Recordatorio para hoy

Hoy tendré el valor de mirar la verdad a la cara, admitir mis errores y mis logros, valorar mi crecimiento, y reparar males causados.

"Me interesa la verdad no por sí misma sino por mí."

Samuel Butler

24 DE MAYO

Oscar Wilde dijo: "En la vida hay dos tragedias. Una es no concretar los deseos de tu corazón. La otra concretarlos."

Traducción: Mi voluntad me crea problemas. Tengo objetivos, pero cuando los alcanzo rara vez me siento satisfecho. No completan mi vida, por ello apunto más alto, fijo un nuevo objetivo, y trato con más vigor. O, por otro lado, no obtengo lo que deseo y siento que me falta algo. Por eso tal vez ninguno de los Doce Pasos habla sobre concretar *mi* voluntad.

Los únicos momentos en que he encontrado satisfacción duradera fueron aquellos en que entregué mi voluntad propia y me comprometí a seguir la voluntad de mi Poder Superior. La oración y la meditación son dos medios con los cuales puedo intentar descubrir lo que Dios tiene reservado para mí, y que me ayudan a obtener la fuerza necesaria para hacerlo.

A veces mis esperanzas y deseos *son* una especie de guía. Cuando esté dispuesto a anteponer la voluntad de Dios a la mía, esos sueños tendrán la posibilidad de transformarse en una maravillosa realidad.

Recordatorio para hoy

El camino al deseo verdadero de mi corazón es rendirse a la voluntad de mi Poder Superior.

> "Sabemos que Dios puede y desea hacer cualquier cosa que sea por nuestro bien si estamos dispuestos a recibir Su ayuda."

Los Doce Pasos y Tradiciones

Una reunión de Al-Anon es posiblemente el mejor lugar donde obtener una respuesta honesta a la pregunta ¿Cómo estás? Esto me resultaba reconfortante porque durante mucho tiempo mi única respuesta a la misma pregunta fue "Bien, ¿y tú?" aunque no estuviera bien.

La negación es un síntoma de los efectos del alcoholismo. Así como los alcohólicos a menudo niegan su problema con la bebida, muchos de los que hemos sido afectados por esta enfermedad también negamos nuestros problemas. Aunque hayamos vivido en un caos, preocupados por nuestras familias, llenos de dudas sobre nosotros mismos, agotados espiritual, física y emocionalmente, muchos de nosotros aprendimos a fingir que todo estaba bien.

Hoy me resulta importante estar en un medio en el que se practica la honestidad. No quiere decir que me lance a descripciones minuciosas de mis alegrías o mis pesares, no siempre es aconsejable o apropiado, pero cuando me preguntan cómo estoy, trato de interrogarme sobre la respuesta real. Así me libero de la negación de costumbre y tengo opciones.

Recordatorio para hoy

¿Cómo me siento hoy? ¿Cómo estoy? Si puedo contestar estas preguntas con honestidad, posiblemente pueda pedir la ayuda que necesito y también compartir los momentos de alegría con otros.

> "Podemos decir lo que queremos significar sólo si tenemos la valentía de ser honestos con nosotros mismos y con los demás."

El dilema del matrimonio con un alcohólico

26 DE MAYO

Siempre he tratado de evitar la repetición de errores aplicando reglas de comportamiento estrictas. Aunque pueda aprender por experiencia, no puedo planear cada posible situación futura. Tratar de hacerlo limitaría mis opciones. Cuando me pierdo en estos razonamientos limitados, Al-Anon me recuerda, "Mantén la mente receptiva."

Me alegro que así sea porque cambio constantemente. En todo momento debo deshacerme de viejas ideas que no me sirven más. Si no me aferro demasiado a ningún enfoque de la vida, me adapto al cambio con menos tensiones y esfuerzo.

Al ejercitarme en mantener la mente receptiva, a menudo me cruzo con otra gente con ideas flexibles y así, nos ayudamos mutuamente a pensar con más claridad. Como dice un amigo: "No vemos el mundo como es. Vemos el mundo como somos."

Recordatorio para hoy

Al crecer sigo aprendiendo y desaprendiendo, reemplazando viejas ideas por otras nuevas y recuperando otras que había descartado. Hoy celebro esta corriente de información que me alimentará y nutrirá mientras me convierto en un yo más pleno.

> "Mantener el rumbo hacia el cambio y comportarse como espíritus libres ante el destino constituye una fuerza inquebrantable."
>
> Helen Keller

Ha habido días en que muchos de nosotros sentíamos que las buenas épocas no volverían jamás. Después de muchas decepciones parecía demasiado penoso seguir teniendo esperanzas. Cerramos los corazones y las mentes a nuestros sueños y perdimos las esperanzas de encontrar felicidad. No éramos felices pero por lo menos no nos decepcionaríamos otra vez.

Querer, esperar, desear…, hay muchos riesgos aquí. Pero al recuperarnos de los efectos del alcoholismo, podemos comprender que vale la pena correr esos riesgos. Con el tiempo ya no es suficiente evitar las decepciones; queremos más; queremos vidas plenas, enriquecedoras, emocionantes, con alegrías y tristezas. Sólo encontrar la voluntad de creer que la alegría puede ser parte de nuestras vidas puede representar un desafío. Pero si no abrimos los corazones a los buenos tiempos, quizás no los reconozcamos cuando lleguen.

Nadie es feliz en todo momento, pero todos tenemos la capacidad de sentirnos bien. Merecemos experimentar todas las pequeñas alegrías que la vida nos ofrece.

Recordatorio para hoy

No permitiré que el temor a la decepción me impida disfrutar este día. Tengo una gran capacidad para la alegría.

> "Quiero aumentar mi disposición a hacer sitio en mi vida para los buenos ratos, teniendo fe en su llegada y paciencia durante la espera."

Viviendo con un alcohólico sobrio

28 DE MAYO

Oí decir que las únicas comparaciones válidas son entre mi persona como soy y mi persona como solía ser. Cuando pienso en el Segundo Paso y la recuperación del sano juicio, se me ocurre tal comparación.

Recuerdo un incidente hace alrededor de veinte años cuando me dirigía en motocicleta a una clase de meditación. Se había hecho tarde y estaba apurado para llegar a tiempo. Justo fuera del lugar de la reunión, choqué con mi moto. Fracasó así mi intento de forzar una solución, de apresurarme a una cita con serenidad. ¿Me sentí arrepentido? No precisamente. Aún en ese momento me di cuenta de la ironía de apresurarme a la meditación, pero fue mayor la ira por el hecho de que la ciudad no había mantenido la calle por la cual iba. En lugar de asumir responsabilidad por mi propio apuro y falta de cuidado, culpé a otros y me consideré una víctima. No agradecí el haber sobrevivido; me sentí enojado por haber sido maltratado y haber tenido que cambiar los horarios.

Recordatorio para hoy

Al recordar el pasado veo muchos ejemplos de la gracia de un Poder superior a mí mismo que actúa en mi vida. Observo el progreso en la recuperación del sano juicio y adquiero cada vez más confianza en que mi progreso continuará.

"Nuestra tarea en la vida no es adelantarnos a otra gente sino adelantarnos a nosotros mismos."

Maltbie D. Babcock

La preocupación y el temor pueden modificar nuestras percepciones hasta tal punto que perdemos todo sentido de la realidad, distorsionando situaciones neutras para convertirlas en pesadillas. Como la mayoría de las preocupaciones se concentra en el futuro, si podemos aprender a permanecer en el presente, viviendo un día o un momento a la vez, damos pasos positivos para detener los efectos del temor.

En el pasado muchos de nosotros tratamos de prever posibles resultados desastrosos para estar mejor preparados para protegernos. Pero hoy nuestro programa, nuestra hermandad y un Poder Superior nos permiten considerar esta autoprotección de manera más objetiva. Cuando anticipamos el desastre, perdemos contacto con lo que está sucediendo ahora y vemos el mundo como una amenaza contra la cual tenemos que estar siempre alerta.

La mayoría de nuestros temores nunca se concretarán, y, si ocurre, el conocimiento previo probablemente no nos prepare mejor. Pero al crecer la fe, la autoestima y la confianza en nuestro Poder Superior, podemos lograr lo que no habíamos logrado anticipando cosas: actuar apropiadamente en cualquier situación.

Recordatorio para hoy

Hoy admitiré que las preocupaciones pueden ser poderosas y alterar nuestras mentes. Decido no ceder nunca ante ellas.

"No temo las tormentas porque estoy aprendiendo a navegar mi barco."

Louisa May Alcott

30 DE MAYO

Como resultado de la convivencia con el alcoholismo, el concepto de ser amable conmigo mismo me era ajeno. Lo que me resultaba familiar era la lucha por la perfección y el odio hacia mí mismo cuando no alcanzaba mis metas.

Escuché por primera vez "Sé amable contigo mismo" en una reunión de Al-Anon. Tuve dificultades con la idea hasta que utilicé la imaginación. Me imaginé que encontraba un gatito y lo protegía entre las manos. Me imaginé los sentimientos que podía experimentar hacia esa dulce criatura—ternura, paciencia, compasión, asombro y amor. Con rapidez me puse en el lugar del gatito y dirigí todos esos sentimientos hermosos hacia mí mismo. ¡Funcionó!

A través del crecimiento en Al-Anon he llegado a comprender que mi Poder Superior me sostiene de la misma forma cariñosa, protegiéndome, guiándome y amándome todos los días.

Recordatorio para hoy

Si soy estricto conmigo mismo puedo hacer una pausa y recordar que merezco recibir de mí mismo gentileza y compasión. Ser humano no es un defecto de carácter. Hoy seré amable con mi humanidad.

"Lo importante no es lo que puede despreciar un ser humano, o menospreciar o criticar, sino lo que puede amar, valorar y apreciar."

John Ruskin

31 DE MAYO

Las leyendas a menudo cuentan viajes espirituales en los cuales el héroe debe enfrentar grandes desafíos antes de obtener el tesoro al final del viaje. Como los héroes de nuestros cuentos, en Al-Anon también hemos comenzado un viaje espiritual, un viaje de descubrimiento de nosotros mismos.

Con la ayuda de nuestro programa y el apoyo de la hermandad, examinamos nuestros motivos ocultos, secretos, recuerdos enterrados y talento no reconocido. Al aprovechar la sabiduría de los Pasos, los principios y los instrumentos de Al-Anon, aprendemos a superar obstáculos al crecimiento personal, como los efectos del alcoholismo y diversos defectos de carácter.

En este viaje nos guía un Poder Superior, pero los pasos los tenemos que dar nosotros. Sólo encarando la oscuridad podemos llegar al tesoro—la luz y la alegría de liberarnos de todo aquello que nos aprisionaba.

Recordatorio para hoy

El conocimiento de uno mismo es el camino a la libertad personal. Los Pasos me dirigen y me ayudan a encarar cualquier dificultad que se me cruce en el camino.

> "No puede descubrirse el mundo con un viaje de algunas millas… sólo a través de un viaje espiritual… que nos lleva a la tierra que pisamos, y nos enseña a sentirnos en casa."
>
> Wendell Berry

1º DE JUNIO

Un miembro antiguo de Al-Anon dice: "Una expectativa es un resentimiento premeditado." Para mí quiere decir que cuando tengo un resentimiento puedo encontrar su fuente en mis expectativas.

He aquí un ejemplo: Tengo un hermano que no presta tanta atención a la puntualidad como yo. Cuando arreglamos una salida juntos que entraña reunirse a una hora determinada, estoy contribuyendo a crear condiciones que fomenten un resentimiento en mí. Por otro lado cuando arreglo una salida con mi hermano sin ninguna expectativa de puntualidad, no surgen resentimientos.

Recordatorio para hoy

Tengo el derecho a decidir mis propias pautas de conducta pero no tengo el derecho o la facultad de imponer dichas pautas a otros.

"Me he aceptado a mí mismo como soy y estoy empezando a aceptar cada día a las demás personas como son. Ahora tengo menos resentimientos."

Viviendo con un alcohólico sobrio

Uno de los dones de haber sido miembro de Al-Anon durante tanto tiempo es el haber acumulado una gran cantidad de experiencias saludables y positivas que me recuerdan que mi Poder Superior es digno de confianza. Aunque haya enfrentado muchos desafíos y dificultades a lo largo de los años, mi Poder Superior nunca me ha decepcionado. Esto no impidió que surgieran problemas; de no ser así, habría perdido lecciones capaces de cambiar una vida que no habría podido aprender de ninguna otra manera. En lugar de ello, se me presentaron desafíos y oportunidades, pero nunca más de lo que podía encarar. Aún en aquellos momentos en que temía que las circunstancias me abrumaran, siempre recibí ayuda, guía y consuelo.

Hoy, al encarar una crisis, no tengo miedo. Mi propia experiencia me enseña que puedo depender de un Poder superior a mí mismo que me ayuda en cualquier situación. Al principio tenía que "fingir" que creía que me cuidarían. Pero cada vez que corría un riesgo, observaba los resultados. Una y otra vez mi Poder Superior se presentaba a ayudarme. Nunca me arrepentí de mi decisión de confiar.

Recordatorio para hoy

Cada día es una oportunidad para acumular experiencias espirituales positivas. Hoy tomaré nota de lo que sucede cuando confío en mi Poder Superior.

"La mejor prueba es la experiencia."

Francis Bacon

3 DE JUNIO

Para impedir la ingerencia de familiares y amigos en su alcoholismo, los alcohólicos a veces desvían la atención acusando o provocando. En tales momentos los que hemos sido afectados por el alcoholismo de otra persona nos inclinamos a reaccionar, a discutir y a defendernos. Como resultado de ello nadie se encarga del alcoholismo ya que estamos demasiado ocupados concentrándonos en el tema específico que se discute—cualquier tema es útil. Y lamentablemente convertimos en realidad aquello contra lo cual nos defendemos.

Cuando aplicamos el Primer Paso, admitimos que somos incapaces ante esta enfermedad. No tenemos la fuerza necesaria para luchar contra la misma. Defendernos con discusiones con gente alcohólica o irracional es tan inútil como protegernos de una explosión nuclear con una armadura. Sólo un Poder superior a nosotros mismos puede devolvernos el sano juicio.

Recordatorio para hoy

Soy responsable de las acciones necesarias para mi seguridad. Pero cuando mi seguridad no corre peligro, puedo dedicarle tiempo a decidir mis respuestas. No tengo que reaccionar instantáneamente a la provocación y no estoy obligado a justificarme ante nadie. Al recurrir a mi Poder Superior en busca de protección, en lugar de a mi ingenio o voluntad, aprovecho la mejor defensa posible.

> "Una vez que aprendimos a ver nuestra situación como era en realidad, comprendimos por qué era necesario acudir a un Poder superior a nosotros."
>
> *Los Doce Pasos y las Doce Tradiciones de Al-Anon*

El Segundo Paso trata de posibilidades y esperanza. Con este Paso llegamos a creer que un Poder superior a nosotros *podría* devolvernos el sano juicio. Se nos pide que abramos nuestras mentes a la posibilidad de solicitar ayuda. Quizás haya una fuente de asistencia que puede hacer por nosotros lo que nosotros mismos no hemos podido. No tenemos necesariamente que creer qué *sucederá*, sólo qué podría suceder.

Este pequeño rayo de esperanza, esta muesca en la armadura de la desesperación, es suficiente para demostrar que estamos dispuestos a dirigirnos hacia la curación. Una vez que hayamos reconocido que existe la posibilidad de ayuda, parecería útil examinar algún tipo de relación con un Poder Superior. Un poco de voluntad puede ser un factor decisivo para que la esperanza y la fe se conviertan en parte activa de nuestra vida. En manos de un Poder Superior el sano juicio y la serenidad se transforman en esperanzas reales.

Recordatorio para hoy

Nuestra literatura habla sobre la posibilidad de encontrar satisfacción y aun felicidad a través de la recuperación en Al-Anon. Hoy daré el Segundo Paso en ese proceso y abriré mi mente a la esperanza.

> "Encontrar la fuerza interior es ver más allá de lo visible y concentrar la búsqueda de la vida en lo que no se puede ver."
>
> *As We Understood...*

5 DE JUNIO

El Tercer Paso sugiere poner mi voluntad y mi vida al *cuidado* de un Poder Superior. Para mí este Poder es una presencia que me ama como soy, que me acepta con compasión en los días malos así como en los buenos. Una vez que haya aceptado que la presencia destructiva del alcoholismo de otra persona ha afectado mi vida, necesitaré la influencia benéfica de un Poder no contaminado por esta enfermedad. Al entregar mi voluntad y mi vida, me apresto a recibir una guía; voluntariamente acepto el cuidado de un Poder superior a mí mismo.

Considero este cuidado como una fuente de amor y apoyo que me rodea en la vida diaria. No tengo que ganarlo u obtenerlo con el trabajo; sólo debo estar dispuesto a recibirlo. Tengo que seguir ejerciendo mi voluntad y viviendo mi vida, pero lo hago envuelto en una luz de amor y comprensión.

Recordatorio para hoy

Cuando abro mi corazón a un Poder que me llena de amor y aceptación, puedo comenzar a aplicar esas cualidades a otros. Quizás no lo haga de manera perfecta o congruente pero puedo reconocer mi progreso un día a la vez.

"Los dones de Dios hacen que se avergüencen los mejores sueños del hombre."

Elizabeth Barrett Browning

¡Qué fácil puede ser justificar nuestro comportamiento inaceptable! Quizás nos disculpemos sosteniendo que nos provocaron o que no tuvimos otra alternativa. O descartamos nuestras acciones diciendo que todos hacen lo mismo. Con este tipo de justificaciones fingimos que nuestros errores no cuentan. Esta negación debe superarse cuando aplicamos el Cuarto Paso.

Con este Paso sin temor hacemos un minucioso examen de conciencia. Sin temor debido a la sólida base espiritual que hemos establecido al aplicar los tres primeros Pasos. De conciencia porque hacemos una lista de lo que creemos es correcto o equivocado en nuestro comportamiento. Y es minucioso. La única manera de aplicar este Paso minuciosamente es resistiendo el deseo de justificar y excusar lo que descubrimos. Puede exigir valor y autodisciplina, pero al reconocer libremente lo que hemos sido, podemos introducir cambios positivos en lo que seremos.

Recordatorio para hoy

Soy un ser humano con virtudes y defectos, capaz de alcanzar metas y de cometer errores. Debido a que acepto esto, puedo examinarme a fondo. Hoy encontraré algo que valorar y algo que mejorar.

"Nunca se encuentra uno hasta que está ante la verdad."

Pearl Bailey

7 DE JUNIO

Cuando apliqué el Quinto Paso, observé con cuidado las palabras "Admitimos ante Dios, ante nosotros mismos y ante otros ser humano…" El orden de las palabras, colocando primero a Dios, luego a mí mismo, y luego a otra persona, me sorprendió. A menudo he estado vagamente consciente de una verdad en mi vida que no estaba dispuesto a admitir. Sin embargo, mi Poder Superior ya había introducido ese pensamiento en mi mente. Debe haberlo hecho—si trato de pasarlo por alto, por cierto no fui yo quien lo puso allí.

Intento utilizar esto cuando adopto decisiones sobre mi vida. Cuando supongo que mi Poder Superior ya ha puesto la respuesta en mi mente, puedo entonces reconocer esa respuesta, me guste o no. Puede surgir en mi conciencia de inmediato o puede llevar algún tiempo y paciencia, pero puedo confiar en que la respuesta está dentro de mí y cuando llegue el momento, se verá con claridad. Entonces compartiré mis pensamientos con otra persona de confianza. Este proceso me ayuda a ponerme en acción ante las respuestas que recibo y a avanzar en la vida.

Recordatorio para hoy

No hay nada en la vida que deba confundirme. Con la ayuda de mi Poder Superior puedo encontrar respuestas a cualquier problema. Este conocimiento me da el valor de ponerme en acción. Sólo debo estar dispuesto a aceptar la respuesta que reciba.

"¡Mira hacia adentro!… El secreto está dentro de ti."

Hui-neng

El Sexto Paso habla de estar enteramente dispuesto a que Dios elimine todos mis defectos de carácter. Sin embargo, a menudo veo que me aferro a mis defectos porque me dan una cierta satisfacción.

¿Qué defectos podrían en realidad darme satisfacción? La venganza, por ejemplo. Paso mucho tiempo creando imágenes mentales en las cuales castigo a aquellos que me han herido. También me divierte mucho pensar que nunca me equivoco. En otras palabras, me aferro a mi orgullo. Sin embargo estas características son defectos que interfieren en la vida que quiero vivir y me impiden tratarme a mí mismo y a otros con amor y respeto. Hay muchos motivos para deshacerme de ellos, pero para hacerlo tengo que estar dispuesto a perder la diversión que a veces me brindan.

Mi recuperación sufriría un gran vacío si no estuviera dispuesto a abandonar mis defectos. Si deseo curarme, debo entregar mi voluntad, mi vida y mis defectos de carácter a Dios.

Recordatorio para hoy

¿Tienen las pequeñas satisfacciones efímeras que obtengo de mis defectos de carácter el valor que estoy pagando por ellas? De no ser así, estaría totalmente dispuesto a deshacerme de ellas hoy.

> "Sé que la ayuda está esperando sólo mi aceptación, espera que yo diga: 'No se haga mi voluntad, sino la tuya, Señor.'"

El dilema del matrimonio con un alcohólico

9 DE JUNIO

Cuando llegué al Séptimo Paso ("Humildemente pedimos a Dios que nos librase de nuestras culpas"), tropecé ya en la primera palabra. "Humildemente", pensé. "No tengo ninguna necesidad de ser más humilde." ¿Acaso no había sido humilde toda la vida, anteponiendo las necesidades ajenas a las mías? ¿Qué me había redituado sino malos tratos?

Pero Al-Anon me indicó que quizás había confundido humildad con humillación. Humildad no significa suplicar; descubrí que la verdadera humildad es la capacidad de ver mi verdadera relación con Dios y con los otros seres humanos.

La segundo palabra no fue mucho más fácil. Había aprendido a no pedir nada a nadie. Al-Anon me demostró que mi conocimiento y mi experiencia son limitados. No sé todas las respuestas y no tengo que saberlas. Puedo pedir ayuda.

Mi concepto sobre la última palabra también ha cambiado. Solía pensar en defectos tales como crímenes, faltas, pecados o errores. Ahora pienso que son obstáculos internos que me impiden desarrollar todo mi potencial y que me alejan de mi Poder Superior.

Recordatorio para hoy

Puedo hacer muchas cosas para mejorar mi vida y promover mi recuperación, pero no puedo curarme a mí mismo. Hoy pediré ayuda para liberarme de todos los obstáculos en el camino hacia mi verdadero ser.

"Si mis problemas me llevaron a una plegaria, entonces han cumplido un propósito."

As We Understood...

Cuando llegó el momento de aplicar activamente el Octavo Paso ("Hicimos una lista de todas las personas a quienes habíamos perjudicado y estuvimos dispuestos a reparar el mal que les ocasionamos"), me quedé frío. Sabía que había perjudicado a unas cuantas personas, pero no estaba dispuesto ni siquiera a considerar la reparación del mal causado a algunas de ellas.

Mi Padrino me sugirió que dividiera la lista en tres categorías: aquellos a quienes estaba *dispuesto* a reparar el mal causado; aquellos a los que *podría* reparar el mal causado; y aquellos a los que *nunca jamás* repararía el mal causado. Cuando terminé, comencé el Noveno Paso reparando el mal causado a las personas de la primera lista.

Lo sorprendente fue que, a medida que avanzaba, algunos nombres de la lista de "podría" habían pasado a la lista de "dispuesto". Con el tiempo aun personas de la lista "nunca jamás" aparecieron en la lista del "podría". Finalmente resultó mucho más fácil reparar el mal causado aun a las personas de "nunca jamás". ¿Mi recompensa? Nuevas amistades y vínculos familiares renovados; y lo que es más importante, la capacidad de encarar el nuevo día sin culpas porque había asumido mis responsabilidades.

Recordatorio para hoy

No voy a dejar de aplicar el Octavo o el Noveno Pasos porque no pueda hacerlo a la perfección de un día para otro. Seré lo que soy hoy y haré lo que pueda hacer.

"No importa la lentitud con que avances, siempre y cuando no te detengas."

Confucio

11 DE JUNIO

El Noveno Paso dice que no necesito reparar directamente el mal causado si al hacerlo puedo perjudicar más. ¿Entonces, cómo sé si debo ponerme en acción?

Si la reparación directa no es aconsejable, puedo confiar en que mi Poder Superior me lo hará saber. De otra manera, si he aplicado el Octavo Paso y me encuentro verdaderamente dispuesto a reparar el mal causado, creo que la oportunidad de hacerlo se presentará en el momento en que esté preparado.

Por ejemplo, nunca pude discutir mi vida personal con mi madre. Temiendo su rechazo, yo la rechacé. En una de sus visitas se presentó la oportunidad de reparar el mal causado, pero no estaba seguro de estar listo. Me pregunté si al hacerlo en ese momento no me perjudicaría *yo*.

Después de la llegada de mi madre, sentí que "ésta" era la oportunidad. Oré para reunir valor y le pedí a mi Poder Superior que me ayudara a encontrar las palabras apropiadas. En un momento de tranquilidad, mi madre se sentó conmigo y me sorprendió al mencionar todos los temas que yo quería tratar. Entonces me di cuenta de que la oportunidad de estar cerca de ella siempre había existido, pero había sido yo hasta ese momento el que no había estado dispuesto a hablar con ella.

Recordatorio para hoy

Mi Poder Superior no me pone ante ningún problema que no pueda enfrentar. El consuelo que encuentro en esta verdad puede vencer mis temores.

"La fascinación por lo distante y lo difícil puede ser engañosa. La gran oportunidad se encuentra donde estás tú."

John Burroughs

12 DE JUNIO

Desde que el Décimo Paso se volvió parte de mi rutina diaria, trato de pensar en él como una tierna, cálida y amorosa forma de cuidarme. Al seguir haciendo mi propio examen de conciencia y admitir sin demora cuando estoy equivocado, descarto muchas actitudes negativas que de otra manera me echarían a perder el día.

Este Paso me ha ayudado a aprender que vivir "Un día a la vez" no significa solamente desviar mi atención de los temores por el futuro. También significa dejar en el pasado mi equipaje del ayer. Cada día me pregunto si el cargar con ese peso adicional puede de alguna manera ayudarme el día de hoy. Si no me ayuda, debo entonces dejarlo ahora mismo y alejarme de la negatividad que no deseo ligero de espíritu.

Recordatorio para hoy

En este nuevo día tranquilamente reflexionaré e identificaré los sentimientos negativos del ayer. Viejos resentimientos podrían interferir con mi serenidad hoy. Probablemente ha llegado el momento de desembarazarme de ellos.

"Cada día, cada nuevo momento, puede ser una oportunidad para despejar el aire y comenzar nuevamente, sereno y libre."

...En todas nuestras acciones

13 DE JUNIO

Con el Undécimo Paso, mediante la oración y la meditación, trato de mejorar mi contacto consciente con Dios. La manera de hacerlo es enteramente personal. Probablemente me sienta más consciente de un Poder Superior cuando busco una guía en las personas que me rodean o en los acontecimientos y en las inexplicables coincidencias de mi vida. O quizás busque a este Poder más allá del mundo de la lógica y la razón. Podría buscar las respuestas en mis emociones, en mis instintos, o aun en mis sueños. Podría también seguir un camino más tradicional y espiritual. O puedo decidir mantenerme abierto a todas estas posibilidades. Pero en cualquier camino que escoja, sé que debo intentar siempre la orientación que me ofrece mi Poder Superior. Sólo de esta manera podré sentirme seguro de mis acciones: solamente de esta manera podré encontrar el valor para cambiar.

Recordatorio para hoy

Me tomaré el tiempo necesario para despejar mi mente de pensamientos inútiles y apresurados. Si no actuara así, no parecería haber espacio suficiente en mi mente. Pero cuando limpio ese desorden, el espacio ya no tiene límites y la guía que verdaderamente estoy dispuesto a aceptar llega sin esfuerzo.

"El ejercicio espiritual sugerido por el Undécimo Paso es una fuerza poderosa para el bien en nuestra vida. Que nunca piense que no tengo tiempo para ello."

El dilema del matrimonio con un alcohólico

Cuando empecé a recuperarme, lentamente me di cuenta del maravilloso regalo que fue el programa Al-Anon. Me hizo comprender esta enfermedad, me dio los instrumentos para cambiar mi vida, el valor para usarlos, un lugar para revelar mis secretos y oír como otros compartían los suyos. Quería que mi familia y mis amigos también recibieran todas estas cosas.

Después leí en el Duodécimo Paso lo relativo a llevar el mensaje a otras personas y comencé mi misión. Arrastré gente a las sesiones. Prediqué lo que había aprendido a todos aquellos que estaban dispuestos a escucharme, y aun a los que no. Claro está que fui una tonta y de nada sirvió.

Entonces volví a leer el Duodécimo Paso. Esta vez me percaté de la parte relativa a practicar estos principios en todas nuestras acciones. Poco a poco comprendí que al vivir estos principios, predicaría el mensaje con el ejemplo.

Recordatorio para hoy

Es totalmente natural que quiera compartir lo que a mí me sirve con aquellos a quienes quiero. Pero cuando llega el momento de hacerlo, podría estar más interesada en tratar de cambiarlos que en compartir con ellos mi experiencia, fortaleza y esperanza. Si insisto en transmitir el mensaje, puedo intentar mejorarlo con mi propio ejemplo.

> "No deberíamos insistir en que todos sigan nuestras huellas, ni adjudicarnos la tarea de dar lecciones de espiritualidad cuando posiblemente ni siquiera sepamos lo que es."
>
> Teresa de Ávila

15 DE JUNIO

"Muchos han caído por el filo de la espada, pero más han caído por el de la lengua." Esta cita señala un arma que muchos de nosotros hemos usado: el sarcasmo. El comentario hiriente, la insinuación desdeñosa, la sonrisa burlona.

Si me viera perpetrando estos ataques verbales, no me sentiría orgulloso. Entonces, ¿por qué hacerlo? Cuando estoy enojado o frustrado puedo obtener una satisfacción momentánea al anotar un gol, pero, ¿el sarcasmo me dará lo que realmente deseo? ¿El atacar a otra persona puede resolver nuestros problemas? ¿Es realmente la manera en que me quiero comportar? Claro que no.

Algunas veces me siento indefenso y enojado. Cuando eso sucede, puedo tratar de llamar a un amigo de Al-Anon o ir a una sesión donde podría obtener otra perspectiva. También puedo escribir cada una de las groserías que quiero decir y enseñárselas a mi Padrino. De vez en cuando es útil decirlas. Pero necesito hacerlo apropiadamente, sin necesidad de herir a nadie. Después será más fácil comportarme de manera positiva y comunicarme en una forma que me enorgullezca.

Recordatorio para hoy

La mayoría de nosotros cargamos con más vergüenza de la que nos corresponde. No alimentaré el problema usando palabras ingeniosas y crueles para humillar a otro ser humano. Si así lo hiciere, me estaría avergonzando a mí mismo.

"*Todos* en una situación de alcoholismo merecen y necesitan un afectuoso cuidado adicional."

Viviendo con un alcohólico sobrio

En Al-Anon hablamos mucho acerca de la necesidad de dejar que los demás enfrenten las consecuencias de sus actos. Sabemos que la mayoría de los alcohólicos deben tocar "fondo" y sentirse decepcionados de su propio comportamiento antes de que puedan hacer algo efectivo al respecto. Aquellos de nosotros que amamos a un alcohólico a menudo tenemos que aprender que debemos hacernos a un lado en el camino al "fondo". Aprendemos a desprendernos con amor.

Otra razón para desprendernos con amor puede tener la misma importancia para establecer relaciones respetuosas, sanas y amorosas. Muchos de nosotros hemos interferido no solamente en los problemas de algún ser querido sino también en sus propios logros. Podré tener las mejores intenciones, pero si asumo las responsabilidades de otros les estaré robando la oportunidad de lograr algo y de sentirse bien por lo que han hecho. Pese a estar tratando de ayudar, mis acciones pueden interpretarse como una falta de respeto a la capacidad de mis seres queridos. Cuando me desprendo con amor, les brindo mi apoyo liberándolos para que experimenten sus propias satisfacciones y fracasos.

Recordatorio para hoy

Estoy aprendiendo la diferencia entre ayuda e interferencia. Hoy examinaré la forma en que ofrezco mi apoyo.

> "El desprendimiento no quería decir desinterés... considero el desprendimiento 'respeto para la otra persona como un individuo'."
>
> *Al-Anon se enfrenta al alcoholismo*

17 DE JUNIO

Al-Anon nos ayuda a muchos a enfrentarnos con crisis que simplemente no hubiéramos podido encarar solos. Aprendemos a apoyarnos en un Poder superior a nosotros, y a través de la fe y de la ayuda que nos rodea, descubrimos que podemos vivir y aun crecer en tiempos terriblemente difíciles. Para la mayoría de nosotros finalmente la situación cambia, o aprendemos a encontrar paz en ella.

Sin embargo, algunos de nosotros continuamos preocupándonos. ¿Qué pasará si la crisis se repite? Al-Anon me ha ayudado antes, pero, ¿me servirá si lo necesito otra vez? ¿Qué pasará si sobreviene otra desgracia?

No puedo saber lo que me depara el futuro. Mi más cara esperanza puede realizarse en la misma medida que el peor de mis temores. Por esa causa, no hay razón para darle más valor a lo negativo. Lo que puedo hacer es gozar este día al máximo. Hoy puedo decidir confiar en mi recuperación, en los instrumentos del programa y en mi Poder Superior, así como reconocer lo mucho que he avanzado.

Recordatorio para hoy

Hoy me tomaré unos pocos minutos para reconocer mi crecimiento. No soy perfecto, pero ciertamente he progresado.

"… tal vez no reconozcamos nuestro progreso inmediatamente, pero los resultados de la aplicación del programa de Al-Anon son profundos y duraderos."

…En todas nuestras acciones

Cuando llegamos a Al-Anon, muchos nos sentimos resentidos con aquellos cuyas vidas parecen menos conflictivas, envidiando lo que creemos que tienen. Pero con el tiempo descubrimos que cada uno de nosotros es especial. Tengo un conjunto único de habilidades, intereses y oportunidades. Estoy seguro de tener todo lo que necesito hoy para hacer lo que debo hacer. Esto no significa que tenga todo lo que quiero, pero puedo confiar en que mi Poder Superior sabe mejor que yo lo que me conviene.

Envidiar a otros queriendo lo que creo que ellos tienen es una pérdida de tiempo. Vamos por caminos diferentes. Ellos tienen lo que necesitan y yo tengo lo que necesito. El resentimiento solamente erigiría una pared entre otros ser humano y yo.

No soy víctima de nadie. Estoy donde me corresponde. La envidia no es más que una forma hostil de autocompasión. No me rendiré a ella hoy. Por el contrario, me sentiré agradecido por todos los regalos, el talento y las oportunidades que he recibido. Cuando aprecio lo que *tengo* en lugar de pensar en lo que me *falta*, me siento satisfecho con mi vida. Esto me permite sentirme feliz cuando otro tiene mucho.

Recordatorio para hoy

La riqueza de otra persona me recuerda que a cualquiera le pueden ocurrir cosas maravillosas en cualquier momento. Valoraré todos los dones que he recibido.

"Cualquier hora con la que Dios te haya bendecido, acéptala con mano agradecida."

Horacio

19 DE JUNIO

Cuando me molesta el comportamiento de otro, una situación complicada o cuando las cosas no salen como esperaba, Al-Anon me recuerda que no lo tengo que tomar en forma personal. No soy víctima de todo lo que sucede a menos que escoja verlo así. Aun si las cosas no salen a mi manera, puedo aceptar lo que no puedo cambiar, y cambiar lo que puedo.

Quizás pueda ver mis problemas de otra forma. Si los acepto por lo que valen sin tomarlos en forma personal, puede que encuentre que realmente no son problemas, sólo cosas que no salieron en la forma en que hubiera querido. Este cambio de actitud puede ayudar a liberarme para evaluar la situación de manera realista y seguir adelante constructivamente.

Recordatorio para hoy

Echar la culpa de mi malestar a sucesos externos puede ser una manera de evitar enfrentarme con la verdadera causa—mis propias actitudes. Puedo considerarme una víctima o puedo aceptar lo que está sucediendo en mi vida y asumir responsabilidad por mis respuestas. Se me podrá guiar para concretar una acción o para no hacer nada, pero cuando escucho la guía de mi Poder Superior, ya no seré la víctima de mis circunstancias.

"Dios no le pregunta al hombre si acepta la vida. Esa no es la opción. Debes aceptarla. La única opción es cómo."

Henry Ward Beecher

El temor fue parte diaria de mi experiencia con el alcoholismo, y aprendí ciertas maneras de enfrentarme con él. A menudo me percato de que sigo todavía reaccionando a mis temores de la misma forma, a pesar de que mis circunstancias han cambiado. Por ejemplo, algunas veces me quedo callado ante un conflicto en lugar de decir lo que siento: Esta actitud puede ser una legítima respuesta, excepto que conscientemente no lo decido así. Esto no es responder, es reaccionar, es abandonar el respeto por mí mismo como resultado del temor y del hábito.

Mi mejor alternativa es admitir que tengo un problema, aceptar mis reacciones y entregárselas a mi Poder Superior. He escuchado a menudo que el valor es el temor que ha dicho sus oraciones. Debo reconocer mi temor, debo decir mis oraciones y debo tener fe mientras espero la recuperación.

Entretanto, hay diversos medios importantes para ayudarme a mí mismo. El primer paso para aprender a responder a otros con más vigor es aprender a responderme a mí mismo con más vigor. Puedo aprender a responder con amor, cariño y respeto por mí mismo aun en aquellas partes de mi ser que sienten temor, confusión e ira.

Recordatorio para hoy

Hoy trataré de tomar conciencia de alternativas que todavía no he reconocido.

"… Al-Anon me ayudó a aceptar el hecho de que a pesar de no tener control sobre las reacciones y pensamientos de otros, puedo cambiar la manera en que yo reacciono."

…En todas nuestras acciones

21 DE JUNIO

¿Qué es exactamente la meditación? ¿Es algo hipnótico, raro y fuera de mi alcance? El diccionario me dice que quiere decir "pensar contemplativamente". Y cuando busco la palabra "contemplar", dice, "ver con el pensamiento."

En todos los momentos de quietud que encuentro para calmar mi mente y pensar en el día que me espera, estoy meditando. Al despejar mi mente en esos momentos y pedirle a mi Poder Superior que me guíe, encuentro respuestas a mis inquietudes. No siempre espero o disfruto las respuestas que recibo, pero si me alejo de ellas, la perturbación será aun mayor.

He perdido demasiado tiempo en el pasado yendo en contra de mis verdaderos instintos. Dios me dio instintos como una ayuda y no como un estorbo. Cuanto más callado esté para descubrir y seguir estos instintos más fuertes serán.

Recordatorio para hoy

Me tomaré el tiempo para aclarar mi mente y concentrarme en lo esencial del día de hoy. Abandonaré los pensamientos que no tienen importancia. Entonces permitiré que me guíen hacia la mejor acción que pueda concretar hoy. Sin tener en cuenta lo simple que puedan parecer las respuestas, escucharé sin juzgarlas. No daré por sentado mis pensamientos ya que pueden ser mi única guía.

"Ve a tu pecho:
golpea, y pregúntale a tu corazón lo que sabe."

William Shakespeare

Mi manera de compartir durante mis primeras sesiones en Al-Anon era algo así: "Ella me hace enojar tanto", y "Soy un manojo de nervios a causa de él." Gracias a Dios que mi Madrina siempre me hacía concentrar en mí misma y que me animó a que viera el significado real de mis palabras. Cuando culpaba a otros por lo que sentía, les estaba dando poder sobre mis sentimientos, un poder que me correspondía a mí. Nadie me puede hacer sentir nada sin mi consentimiento. Tuve que esforzarme mucho para cambiar mis actitudes.

Hoy al tomar más conciencia de las palabras que uso, estoy aprendiendo a comunicarme con más responsabilidad. No sólo comparto ahora en forma más directa, sino que también puedo discutir más sanamente. Hay mejores maneras de expresarme que decir "Me hiciste esto y lo otro." Puedo hablar sobre mí y sobre mis sentimientos. Puedo explicar cómo siento algo, en lugar de decirle a otra persona lo que él o ella *me hicieron* sentir. Puedo hablar de lo que quiero. Ya no soy una víctima.

Recordatorio para hoy

¿Qué comunican mis palabras? ¿Expresan lo que trato de decir? Hoy prestaré más atención a lo que mis palabras quieran decir.

> "Con el tiempo aprendemos que no son los temas los que son discutibles, sino el modo en que los comunicamos y los elementos de culpa personal que agregamos con ira."
>
> *El dilema del matrimonio con un alcohólico*

23 DE JUNIO

El valor para ser honesto consigo mismo es una cualidad que podemos cultivar para que nos ayude en nuestro crecimiento espiritual. Se necesita un compromiso honesto para admitir que alguien a quien amamos tiene un problema con la bebida, que el alcoholismo y muchas otras cosas están fuera de nuestro control, que existe una fuente de ayuda superior a nosotros, y que necesitamos el cuidado de ese Poder Superior.

La honestidad permite vernos a nosotros mismos, compartir nuestros descubrimientos con Dios y con otros, admitir que necesitamos ayuda espiritual para progresar, y liberarnos reparando los errores del pasado.

Necesitamos ser honestos con nosotros mismos al pasar revista a nuestras actitudes y acciones todos los días. Esto nos permite ser lo suficientemente humildes como para acercarnos a otros en un pie de igualdad y para continuar creciendo en cada aspecto de nuestra vida. ¿Dónde encontraremos el valor para ser tan honestos con nosotros mismos? El valor para cambiar las cosas que podemos se encuentra en el continuo desarrollo de nuestra relación con un Poder superior a nosotros.

Recordatorio para hoy

Sé que la honestidad es una parte esencial de los Doce Pasos. Hoy estoy dispuesto a ser más honesto conmigo mismo.

"¿Dónde hay dignidad si no hay honestidad?"

Marcus Tullius Cicero

Un agricultor encontró una flauta mágica. Esperando hechizar a sus gallinas para que pusieran más huevos, les tocó la flauta todo el día, pero al llegar la noche vio que no había más huevos que los de costumbre. Después, cuando le preguntaron si había tenido éxito, el agricultor contestó: "Claro que sí. No fue un gran día en cuanto a la cantidad de huevos, pero vaya que lo fue para la música."

En Al-Anon, al igual que en esta fábula, aprendemos que el éxito y el fracaso constituyen una cuestión de perspectiva. Antes de llegar a Al-Anon, muchos de nosotros habíamos sufrido grandes decepciones porque no podíamos curar el alcoholismo de alguien a quien amábamos. Con el tiempo, empezamos a dudar de nuestra habilidad para concretar acciones efectivas. No nos dábamos cuenta de que se obtienen muchos éxitos todos los días.

Nuestro programa nos ayuda a reconocer lo mucho que hemos alcanzado con sólo estar dispuestos a cruzar las puertas de una reunión de Al-Anon en busca de ayuda. A pesar de circunstancias difíciles, ahora tenemos la oportunidad de cambiar viejos comportamientos y creencias. Esto es un gran logro.

Recordatorio para hoy

El más fino regalo que me puedo dar para asegurar mi continua recuperación es mi voluntad. Cada demostración de voluntad, cada reunión a la que voy, cada instrumento de Al-Anon que uso, es una señal de mi éxito.

"Cada buen pensamiento que tienes contribuye a los resultados más importantes de tu vida."

Grenville Kleiser

25 DE JUNIO

En el Sexto Paso estoy enteramente dispuesto a que Dios elimine mis defectos de carácter—aquellos obstáculos que me mantienen atascado, sin poder viajar por la extraordinaria avenida de la vida. Toma por ejemplo la autocompasión: perdí muchas horas pensando que la vida ya no tenía nada que ofrecerme, que no podía convertir ningún sueño en realidad. Hasta cierto punto tenía razón ya que al concentrar todo mi tiempo en la autocompasión, me aseguraba que no habría tiempo para crecer. ¿Cómo podrían realizarse mis sueños en esas condiciones?

Mi Poder Superior elimina mis defectos ayudándome a ver cómo me estorban en la vida diaria. Hoy puedo reconocer la autocompasión cuando se filtra en mis pensamientos. No puedo deshacerme sólo de ese defecto, pero puedo ver lo que realmente es—una pérdida de tiempo. Después puedo humildemente recurrir a mi Poder Superior que me brinda la alegría y la confianza para reemplazarla.

Recordatorio para hoy

No soy perfecto. Los defectos de carácter que por tantos años he venido cargando no desaparecerán instantáneamente. Pero con fe y esperanza puedo superarlos uno por uno, un día a la vez.

> "Rara vez Dios te da… las virtudes envueltas para regalo y listas para ser usadas. En su lugar, Él nos ubica en situaciones en las que, con Su ayuda, podemos desarrollarlas."
>
> C.R. Findley

Perdonar puede ser sólo un cambio de actitud. Llegué a Al-Anon lleno de amargura hacia la alcohólica en mi vida. Cuando me di cuenta de que la amargura me hería más que a nadie, comencé a buscar otra manera de encarar mi situación.

Con el tiempo entendí que mi amada alcohólica podía ser la mensajera que utilizaba mi Poder Superior para hacerme ver que yo necesitaba ayuda. No es justo encadenarle a ella todo el crédito o la culpa por el tiempo que me llevó entender ese mensaje. Decidí tolerar muchas actitudes inaceptables porque no estaba dispuesto a admitir que *yo* necesitaba ayuda. Hice todo lo que pude con los instrumentos y con el conocimiento que tenía a mano, y creo que ella hizo lo mismo. Al final comprendí el mensaje. Logré llegar a los recintos de Al-Anon y mi vida cambió milagrosamente. No niego que se dijeron e hicieron muchas cosas hirientes a lo largo del camino, pero me niego a seguir cargando el peso de esa amargura. En su lugar, estoy agradecido por lo que he aprendido.

Recordatorio para hoy

Ya no permitiré que viejos resentimientos me sigan arrastrando al fondo. Hoy estoy construyendo una vida mejor y más llena de amor.

"Perdonar no es olvidar, es liberar el dolor."

Mary McLeod Bethune

27 DE JUNIO

Un día recibí una llamada de un recién llegado a Al-Anon. Platicamos un rato y luego me preguntó si podía ser su Padrino. ¡Qué sorpresa! Nunca pensé que alguien me lo pediría. Me sentí profundamente humilde y muy agradecido al mismo tiempo.

Pero, ¿había yo crecido lo suficiente para ayudar a otro? ¿Tenía algo que ofrecer? ¿Podría brindarle mi apoyo sin perderme a mí mismo? El temor me invadió por un minuto, pero luego recordé que él no me estaba pidiendo que fuera su salvador sino solamente un amigo cuya experiencia y ejemplo podrían llevarlo a la recuperación.

Sé que mi Poder Superior acerca gente a mi vida que me pueden ayudar a crecer espiritualmente. Entonces dije una corta plegaria pidiendo ser digno, y le contesté que sería un honor ser su Padrino.

Recordatorio para hoy

Ser Padrino es un compromiso tanto hacia mí mismo como hacia otra persona. No se trata de un favor. El padrinazgo me brinda la oportunidad de compartir íntimamente, de apreciar a alguien, de practicar el desprendimiento con amor y de aplicar los principios de Al-Anon con más conciencia que nunca. Y si escucho mis propias palabras, encuentro que normalmente las que le digo a mi apadrinado son las mismas que yo necesito escuchar.

"Entrega lo que tienes. Para otra persona puede ser mejor de lo que puedas imaginar."

Henry Wadsworth Longfellow

Siempre pensé que la manera de beber de mi ser querido se reflejaba negativamente en mí y me preocupaba por lo que la gente pensaría. Un día él me dijo que quería dejar de beber. Fui feliz por un día, hasta su siguiente borrachera. Entonces sentí una enorme tristeza.

Algunos meses después, mi ser amado finalmente decidió acudir a Alcohólicos Anónimos. Dos días más tarde volvió a beber.

Lo más importante que he aprendido desde entonces en Al-Anon es que mi bienestar no puede depender de la bebida del alcohólico. Su comportamiento no se refleja en mí, es un reflejo de su enfermedad. Sin embargo, *mi* comportamiento sí se refleja en mí, y debo prestar atención a lo que esto me quiere decir. Tengo que cuidar de mí misma. Tengo que aceptar que el alcoholismo es una enfermedad que puede ser controlada pero no curada. Muchos alcohólicos intentan alcanzar la sobriedad muchas veces antes de tener éxito; otros nunca la consiguen. Mi vida es demasiado importante para desperdiciarla esperando a que otro decida sus opciones, aun cuando se trata de alguien a quien amo.

Recordatorio para hoy

No me importa si el alcohólico en mi vida está sobrio o no, el momento para inyectarle energía a mi propia recuperación ya ha llegado.

> "Al-Anon me ayudó a concentrarme en lo que podía hacer en relación a mi situación en lugar de concentrarme totalmente en lo que pensaba que el alcohólico debía hacer. Yo era la que tenía que asumir una posición."
>
> *...En todas nuestras acciones*

29 DE JUNIO

Después de algún tiempo de recuperación, tomé *Plan detallado para progresar*, la guía de Al-Anon para realizar un sincero y minucioso examen de conciencia (Cuarto Paso). Estaba bien consciente de mis defectos de carácter y me sentía ansioso por liberarme de su poder sobre mí. Pero no esperaba tantas preguntas sobre mis virtudes.

Una y otra vez se me pedía que reconociera mis cualidades positivas. ¡Era frustrante! ¿Para qué perder el tiempo con aquellas cosas que sí funcionaban? Esas virtudes no habían impedido que mi vida se tornara ingobernable; obviamente no valían mucho. Mi Padrino comentó que mi resistencia a este aspecto del Paso podía enseñarme algo. Tenía razón,

Al final comprendí que mis virtudes son los cimientos sobre los cuales se está construyendo una vida nueva y saludable. El rehusar reconocerlas sólo devalúa mi autoestima. Mientras me siga viendo digno de compasión, enfermo y sin esperanzas, no tengo por qué cambiar.

Sabía que ya estaba listo para sentirme mejor conmigo mismo, por ello junté fuerzas y escribí una lista de todos los atributos positivos que pude encontrar en mí mismo. Desde entonces me he sentido mucho mejor conmigo mismo.

Recordatorio para hoy

Hoy reconoceré que tengo muchas cualidades positivas y compartiré una o dos de ellas con un amigo.

"Todo progreso debe surgir de una semilla de autoaprecio…"

El dilema del matrimonio con un alcohólico

"Un día, mientras caminaba por el bosque, me sorprendió oír la voz de un niño. Seguí la voz tratando en vano de comprender las palabras. Cuando vi al niño trepado en una roca, me di cuenta por qué no entendía lo que decía: estaba recitando el alfabeto. '¿Por qué estás repitiendo el alfabeto tantas veces?', le pregunté. El niño me respondió: 'Estoy diciendo mis oraciones.' No pude contenerme y me reí. '¿Oraciones? Sólo escucho el alfabeto.' Pacientemente el niño me explicó: 'Bueno, no sé todas las palabras, por eso le doy a Dios las letras. Dios entiende lo que le quiero decir.'"

Hace años, cuando mi abuela me contó ese cuento, no tuvo gran significado para mí, pero la vida espiritual que he encontrado en Al-Anon le ha dado un nuevo sentido. Ahora el cuento me recuerda que la oración es para mí y no para Dios, Él sabe lo que estoy atravesando sin que tenga que explicárselo. Con la oración digo que estoy dispuesto a recibir ayuda. El verdadero significado de mis oraciones proviene de mi corazón y no de mis palabras.

Recordatorio para hoy

La oración es la forma más personal de comunicación. Puedo orar al pensar, escribir, crear, sentir y tener esperanza, conscientemente. Ya sea que trate de alcanzar lo más profundo de mi ser o mire hacia fuera, hacia la majestuosidad de la naturaleza, es el espíritu de la oración y no la forma lo que importa. Hoy dejaré que hable mi corazón.

"Dios me encuentra donde estoy… Si estoy dispuesto, Él vendrá hacia mí."

As We Understood…

1º DE JULIO

Muchos de nosotros hemos pasado demasiado tiempo sintiéndonos mal por lo que somos y por lo que hemos hecho. Nos han criticado con severidad o sencillamente hemos perdido la perspectiva y nos hemos vuelto muy duros con nosotros mismos. Hoy tenemos una oportunidad de abandonar ese tipo de pensamiento autodestructivo. ¿No es hora ya de que permitamos sentirnos bien con nosotros mismos?

Lleva tiempo disipar viejas dudas y cicatrizar heridas. La confianza en uno mismo se obtiene lentamente, pero aumenta con la práctica. Podemos comenzar por reconocer que sí tenemos cualidades positivas. Para los que pasamos el día con pensamientos negativos y de autocrítica moviéndose en nuestras mentes, debemos hacer un esfuerzo mayor para contrarrestarlos con pensamientos positivos. Por cada defecto que identifiquemos, tratemos de encontrar una cualidad. Antes de ir a dormir, a algunos de nosotros nos resulta útil hacer una lista de cinco a diez cosas que durante el día nos han hecho sentir bien.

Con la práctica aprendemos a tratarnos con gentileza y compasión. Todos tenemos muchas cualidades admirables y nos corresponde a nosotros permitirles que brillen.

Recordatorio para hoy

Hoy voy a hacer un esfuerzo para recordar que soy un ser humano maravilloso.

"Todo lo que existe que no sea amor, produce corrosión en tu alma."

Langston Hughes

Al-Anon nos ayuda a identificar y cambiar comportamientos autodestructivos. En mi caso, postergar cosas era causa de mucha ansiedad innecesaria, pero con la ayuda de Al-Anon he logrado reconocer y cambiar esa pauta.

Al aprender a concentrarme en mí mismo, comencé a prestar atención a mis pensamientos y sentimientos. Cuando me sentía inquieto, me tomaba el tiempo para averiguar la causa de mi incomodidad. Descubrí que tenía el hábito de postergar las tareas desagradables hasta el último momento. Como sabía que al final tendría que realizar aquella tarea, me resultaba difícil sentirme tranquilo si no la concretaba. Llegué a darme cuenta de que si me ocupaba de lo que tenía que hacer inmediatamente, podía en general deshacerme de la ansiedad y disfrutar el resto del día. Es difícil romper hábitos viejos. No sucedió de la noche a la mañana, pero al mejorar mi disposición de no aplazar las cosas, pude gobernar y disfrutar mi vida.

Recordatorio para hoy

Cuando mi conducta esté obstaculizando mi bienestar, un análisis de mi comportamiento me puede llevar a cambios positivos. Hoy, al concentrarme en mí mismo, me dirijo hacia la libertad y la serenidad.

"No mires en dónde caíste, sino en dónde resbalaste."

Proverbio liberiano

3 DE JULIO

Normalmente, nuestro grupo da la bienvenida a los recién llegados de forma específica antes de comenzar la reunión: compartimos lo que Al-Anon ha hecho por nosotros, presentamos nuestra literatura y les mencionamos algunos lemas de Al-Anon. A nadie se le ocurrió jamás tomar conciencia de grupo sobre este procedimiento; es sencillamente la forma en que lo hemos hecho por algún tiempo.

Una noche la coordinadora se apartó del procedimiento usual. Me olvidé por completo por qué yo estaba en la reunión y me pasé el resto de la noche preocupándome por los recién llegados. No estaban escuchando lo que se suponía que escucharan. ¿Estaría bien? ¿Regresarían?

Al final de la reunión uno de los recién llegados habló con timidez. Yo me sentía muy preocupado hasta que le oí decir lo agradecido que estaba por haber escuchado las palabras de la coordinadora porque era exactamente lo que necesitaba oír. Una vez más recordé que Dios obra a través de nuestros grupos para asegurarse de que cada cual obtenga lo que necesite. Verdaderamente yo obtuve lo que necesitaba.

Recordatorio para hoy

Yo no sé lo que más le conviene a otros. Hoy recordaré que los recién llegados y todos los demás están en manos de un Poder superior a mí.

> "Cuando dejé de vivir pensando en cómo resultarían las cosas, pude prestar más atención a lo que estaba haciendo."
>
> *Viviendo con un alcohólico sobrio*

La Tercera Tradición me recuerda dos aspectos de Al-Anon que valoro mucho. Primero, sé que puedo ir a una reunión en cualquier parte del mundo sin encontrar que se promueve otra afiliación. Los miembros no me van a ofrecer una religión, un programa de tratamiento, una terapia, una plataforma política o cualquier otra cosa. Si algún individuo en la hermandad discutiera alguno de estos temas conmigo, sería yo libre de tomar lo que me gustara y dejar el resto.

Segundo, sé que cumplo el único requisito necesario para pertenecer a la hermandad; me ha afectado el alcoholismo de algún familiar o amigo. No es necesario vestirme, actuar, sentir, hablar o trabajar de alguna forma especial para pertenecer a ella. No tengo que creer o dejar de creer. Soy libre de ser yo mismo. Este es un programa que me acepta tal cual soy.

Recordatorio para hoy

Al-Anon acudió en mi ayuda, con firmeza y sin ninguna condición, cuando lo necesité. Espero poder pasarlo a otros con el mismo espíritu.

> "La Tercera Tradición explica dos maneras en que mis amigos de Al-Anon y yo podemos 'Mantenerlo simple'. Primero, evitar que otros nos desvíen de nuestro programa y, segundo, darle la bienvenida en Al-Anon a cualquiera que esté sufriendo por los efectos del alcoholismo de otro."
>
> *Los Doce Pasos y las Doce Tradiciones de Al-Anon*

5 DE JULIO

Creo que la palabra desprendimiento a menudo se entiende mal. Para mí, desprendimiento es la libertad de poseer lo que es mío y permitir a otros poseer lo que es de ellos.

Esta libertad me permite mantener mi identidad y aun así, amar, apreciar e identificarme con los sentimientos de otros. De hecho, creo que nuestra humanidad se puede medir a través de nuestra capacidad de reconocer el dolor y la alegría de otra persona. He puesto en práctica los principios de Al-Anon de la mejor forma posible durante largo tiempo. Pero cuando alguien en la hermandad comparte sus dificultades, puedo retroceder a mi primer día. Ya no vivo con ese tipo de dolor emocional, pero puedo sentir el de otros. Me puedo identificar sin tener que quitarles su dolor. Para mí este es uno de los triunfos de Al-Anon.

Hoy no me tiene que gustar todo lo que mi querida alcohólica diga o haga, y no tengo que cambiarla, aun cuando piense que esté equivocada. Sigo aprendiendo cómo querer sin tener que tomar las cosas como algo personal.

Recordatorio para hoy

Puedo desprenderme emocionalmente y continuar amando y sintiendo. Puedo aprender a ocuparme de mis cosas dejando a otros que se ocupen de las suyas. Hoy puedo desprenderme sin dejar de sentir compasión.

"Ama a tu vecino, pero no derribes la cerca de separación."

George Herbert

Muchos llegamos a Al-Anon sintiendo que la vida nos ha jugado una mala pasada. "¡No es justo!", nos quejamos. "¿No merezco algo mejor después de todo lo que he pasado?" La oración que aparece en la hoja de "Sólo por hoy" nos puede aclarar este tema. Dice: "Concédeme que no pueda consolarme tanto como consolar… que no sea amado tanto como amar; que no reciba tanto como dar…" En vez de cuestionarnos acerca de qué nos está dando la vida, quizás nos beneficiaría más si nos preguntamos qué podemos dar nosotros.

Ayudando a otros sanamente, trascendemos nuestros problemas y aprendemos a dar de manera incondicional. Cada minuto puede ser una oportunidad para ayudar, una oportunidad para cambiar nuestras vidas. Al-Anon nos ofrece muchos buenos puntos de partida: arreglar las sillas, dar la bienvenida a los recién llegados, dirigir una reunión. Cuando descubrimos que nuestras contribuciones realmente pueden ser positivas, muchos de nosotros nos damos cuenta de que la autoestima ha reemplazado a la autocompasión.

Recordatorio para hoy

Hoy busco ser un instrumento de la paz de Dios. Sé que este es el compromiso más afectuoso y generoso que puedo contraer—conmigo mismo.

"Cuando las personas dan una mano, la vida adquiere sentido."

John Gardner

7 DE JULIO

Pensaba que invariablemente había un culpable en cada conflicto, en cada enfrentamiento. Era esencial culpar a alguien y durante horas sopesaba la evidencia. Me convertí en una persona que crónicamente anotaba resultados. Como enfocaba cada situación con esta actitud, me consumía la culpabilidad y la ira. A la defensiva y con ansiedad, me aseguraba de estar siempre bien protegido.

Al-Anon me ayuda a comprender que las disputas surgen aun si todos realizan sus mejores esfuerzos. El analizar obsesivamente la conducta de todo el mundo me lleva a concentrar mi atención donde no corresponde y me mantiene tan ocupado que no puedo gozar de serenidad. Por el contrario, puedo reflexionar sobre lo que he hecho. Si he cometido errores, puedo enmendar el mal causado.

Hoy sé que los conflictos no son necesariamente una indicación de los problemas de alguien. Las dificultades simplemente pueden surgir. A veces las personas simplemente no están de acuerdo.

Recordatorio para hoy

Hoy acepto el hecho de que en cada vida hay conflictos. No es mi tarea documentar cada uno de estos incidentes. En vez de retorcerme las manos y acusar, puedo pensar en que todo está sucediendo como tenía que suceder. A veces la culpabilidad es sólo una excusa para mantenerme ocupado, de manera que no me sienta incómodo ante mi incapacidad.

"La mente crece de acuerdo a los alimentos que recibe."

Josiah G. Holland

Recuerdo que de niño me subía a los árboles para poder observar mejor un nido con pichones, y me acostaba pensando qué se sentiría al caer en un cielo lleno de nubes. Todavía afloran en mí sentimientos profundamente espirituales cuando estoy en contacto con la naturaleza y hoy creo haber descubierto por qué.

Uno de los principios básicos de Al-Anon es vivir "Un día a la vez", y la naturaleza me brinda maravillosos modelos para imitar.

Los árboles no se preocupan por los fuegos en los bosques. El agua del estanque no se irrita por la turbulencia aguas arriba. Y nunca he visto a una mariposa meterse en los asuntos de sus compañeros. Todo lo creado se ocupa de su propia existencia. Si mantengo los ojos abiertos, yo también puedo aprender a hacer lo mismo.

Recordatorio para hoy

Se puede aprender mucho como resultado de circunstancias dolorosas aunque no sean mis únicas maestras. Vivo en un mundo lleno de maravillas. Hoy voy a prestarle atención a su delicada sabiduría.

"Descubrí el secreto del mar al meditar acerca de una gota de rocío."

Kahlil Gibran

9 DE JULIO

La vida es un conjunto. Por ello no es suficiente observar sólo las partes que nos agradan. Es necesario observar el cuadro en su totalidad de manera que podamos tomar decisiones realistas y dejar de prepararnos para frustraciones.

Al convivir con alcohólicos, muchos de nosotros encarábamos situaciones que cambiaban constantemente y en las cuales nuestro sentido de la realidad se alteraba minuto a minuto. Nos adaptábamos tomando cualquier parte de la realidad que nos convenía y pasando por alto el resto. Una y otra vez nos sentíamos abrumados porque la realidad no desaparecía por el solo hecho de pasarla por alto.

Nuestras vidas seguirán siendo ingobernables mientras creamos que sólo la mitad de la verdad es real. Por eso el compartir es un instrumento tan importante de Al-Anon. Cuando compartimos con otros miembros lo que en realidad está sucediendo, abandonamos nuestra negatividad y nos anclamos en la realidad. Si bien es difícil afrontar ciertos hechos, cuando logramos encararlos, dejamos de darle a nuestra negatividad el poder de abrumarnos constantemente.

Recordatorio para hoy

No puedo enfrentar algo a menos que reconozca su realidad. Cuando estoy dispuesto a ver el cuadro en su totalidad, doy el primer paso hacia una vida más gobernable.

"Si has construido castillos en el aire, tu trabajo no se perderá necesariamente porque ahí es donde deben estar. Simplemente ahora ponles cimientos."

Henry David Thoreau

10 DE JULIO

Como resultado de nuestros contactos con el alcoholismo, muchos de nosotros perdemos la perspectiva acerca de quiénes somos y de lo que podemos o no podemos hacer. Aceptamos ideas sobre nuestras limitaciones que no están basadas en la realidad. Al-Anon nos ayuda a separar la verdad de las falsedades alentándonos a que observemos de forma nueva y objetiva.

Siempre se me había dicho que yo era débil de salud y que debía evitar las emociones y esfuerzos excesivos. Como me lo creía, evitaba hacer ejercicios, practicar deportes, realizar ciertas tareas y hasta bailar, seguro de que mi pobre y débil cuerpo no podría soportar el esfuerzo. Mi respuesta más frecuente a cualquier invitación era: "No puedo."

En Al-Anon me doy cuenta de que tengo una imagen distorsionada de mí mismo. No se me había ocurrido nunca cuestionar mis creencias, pero al observarlas con detenimiento descubrí que eran falsas. Estoy tan capacitado como cualquiera otra persona que conozco. Comencé a preguntarme cuántas falsas suposiciones me estaban limitando. Se abrió ante mí una forma de vida totalmente nueva porque tenía el apoyo y el ánimo para mirarme de manera distinta.

Recordatorio para hoy

No permitiré que viejas ideas y limitaciones permanezcan indemnes. Podría así descubrir fuerzas y talentos que nunca habrían surgido a la luz. Hoy, al deshacerme de ideas obsoletas, tengo la oportunidad de aprender algo maravilloso acerca de mí.

"Razone sobre sus limitaciones y, seguramente, serán las suyas."

Richard Bach

11 DE JULIO

Me parece que muchos de nosotros encaramos nuestra ira de manera poco apropiada. Al negarla, nos la tragamos o explotamos de furia exteriorizando los sentimientos. Yo prefiero evitar cualquier conflicto y me convierto así en un felpudo.

El programa de Al-Anon me anima a reconocer mis sentimientos y a responsabilizarme por la forma en que los expreso. El problema no es que me enfade sino que no sé cómo canalizar mi ira adecuadamente.

Ultimamente, cuando siento deseos de agredir a alguien, agarro mi almohada y golpeo furiosamente mi cama. Cuando siento deseos de aniquilar a alguien, me desahogo limpiando el horno. Trato de liberarme de la ira lo antes posible para no acumular resentimientos de los cuales me será más difícil liberarme después.

Estoy aprendiendo también a comunicar mi ira. Quizás no lo haga con gracia y mis palabras no sean bien recibidas. Puede significar enfrentarme con la desagradable incomodidad del conflicto, pero ya no puedo continuar huyendo.

Recordatorio para hoy

Percibir nuestros sentimientos es parte importante de nuestro proceso de recuperación. Aprender a equilibrar las emociones con los sentimientos es otra.

"Cuando estés enfadado cuenta hasta diez antes de hablar; pero si estás muy enfadado hazlo hasta cien."

Thomas Jefferson

La Quinta Tradición habla sobre "comprendiendo y estimulando a nuestros propios familiares aquejados por el alcoholismo", lo que me causaba confusión. Después de todo, ¿no nos dicen en Al-Anon que debemos concentrarnos en nosotros mismos? Me parecía una contradicción.

Quizás la razón de mi confusión sea que yo tendía a los extremos. O me concentraba en mí mismo y me aislaba totalmente de los demás, o me involucraba con otros hasta perderme. Al-Anon me ayuda a recuperar el equilibrio.

Puedo concentrarme en mí mismo y continuar siendo una persona cariñosa y solícita. Puedo sentir compasión por los seres queridos que sufren la enfermedad del alcoholismo, o sus efectos, sin perder mi sentido de identidad. El estimular a otros y ser bondadoso con ellos es una forma de ser bueno conmigo mismo sin tener que sacrificarme en el proceso.

Recordatorio para hoy

Estoy aprendiendo a tener relaciones más sanas y cariñosas. Hoy daré apoyo a los que amo y a la vez me cuidaré a mí mismo.

"Si quieres ser amado, ama y sé amoroso."

Benjamín Franklin

13 DE JULIO

¿Cuántos días de mi vida he desperdiciado? Perdí las alegrías de los primeros años de mis hijos debido a mi preocupación con el alcohólico. Rechacé gestos de amistad de compañeros de trabajo para poder dedicarme a estar continuamente irritado por lo que me molestaba. Ni una sola vez se me ocurrió pensar que yo tenía derecho a disfrutar de un día.

Al-Anon me ha hecho ver que tengo alternativas, especialmente en cuanto a mis actitudes. No tengo que considerar mi vida como una tragedia o atormentarme con los errores del pasado o preocupaciones futuras. El día de hoy puede ser el centro de mi vida; está lleno de actividades interesantes si me permito enfocarlo con un espíritu curioso. Cuando las preocupaciones y penas me abruman, la risa y la alegría ajenas no concuerdan con mis sentimientos. ¿Quién está desafinado, el resto del mundo o yo?

Recordatorio para hoy

Hoy viviré en el presente donde trataré de encontrar algo que pueda apreciar. Si hay dolor lo aceptaré también. Pero el dolor no debe opacar completamente las cosas agradables que hay en mi realidad. Participaré beneficiándome de mi alegría; puedo iniciar una charla en el trabajo o en una reunión, contar un chiste en la cena o reírme con un amigo. Sólo por hoy, hasta puedo permitirme cantar.

"¡Contempla este día! Porque es vida, la verdadera esencia de la vida."

Del Saludo Sánscrito al Amanecer

Yo no sabía cuán pesada era mi culpa hasta que pagué mi deuda y me pude liberar de ella. Nunca quise enfrentarme al daño que había causado en el pasado. Como consecuencia, sin saberlo, cargaba con mi culpa casi todo el tiempo. El reparar el mal me ha ayudado a abandonar el pasado y marchar hacia adelante con una conciencia clara. Mi autoestima ha aumentado desde entonces y me siento mucho mejor conmigo mismo.

Pero tenía un problema. La persona con quien más endeudado estaba había muerto. En lo más profundo de mi corazón sabía que ella había comprendido y me había perdonado, pero yo no me podía perdonar por el mal que había causado. ¿Cómo podría reparar el mal?

Después de mucho orar y pensar, me di cuenta de que no podía cambiar el pasado. Todo lo que podía hacer era cambiar mi conducta presente.

Ahora cuando me siento tentado a evadir una responsabilidad, pienso en mi amiga y reviso mi posición. Cada vez que le hablo a un recién llegado, coordino una reunión o comparto mi vida, estoy enmendando el mal que le hice a mi amiga.

Recordatorio para hoy

No puedo borrar errores pasados, pero puedo actuar de forma tal que pueda liberarme de ellos. Al corregir el mal causado contribuyo a enmendar la situación. Puedo así poner el pasado en su justa perspectiva.

"Recordaré que la manera de reparar el mal causado es liberar mi mente de intranquilidad."

El dilema del matrimonio con un alcohólico

15 DE JULIO

Cada cual aplica el programa de Al-Anon como mejor puede y a su propio ritmo. Por eso evito usar frases tales como "deja ya de compadecerte" o "no te hagas más el mártir". Quizás esa persona necesite más tiempo que yo para resolver su dolorosa situación. Su historia me puede parecer conocida, pero ¿quién soy yo para juzgar?

Al luchar con mis dificultades, agradezco mucho el que nadie en Al-Anon me cronometre y me apresure mientras lentamente aprendo mis lecciones. Un oído que me escucha sin juzgarme puede ser una gran bendición y estoy aprendiendo a ofrecerlo más a menudo.

Recordatorio para hoy

Hoy trataré de brindarles a mis compañeros de Al-Anon el respeto, la paciencia y la cortesía que deseo para mí.

"Gran Espíritu, ayúdame a no juzgar nunca a nadie hasta que haya caminado con sus mocasines."

Oración de los indios Sioux

Un maravilloso aunque inesperado beneficio de la aplicación del programa de Al-Anon es aprender a relajarse. Mi acelerada vida había transcurrido siempre en un frenesí de actividad. La escuela, el trabajo, los proyectos y las obligaciones ayudaban a concentrarme en cosas externas. Así no tenía tiempo de descansar y experimentar el terror de mi vida familiar.

No tiene nada de malo trabajar duro para obtener resultados, pero yo usaba estas actividades como una forma aceptable de negar mis sentimientos. Mi familia y la sociedad donde vivo aceptaban que me escondiera detrás de ellas. Finalmente, derrotado y agotado, llegué a las puertas de Al-Anon. En ese entonces, aunque hubiera querido, no hubiera podido relajarme; no sabía cómo hacerlo.

En Al-Anon me sugirieron que no tratara a nadie tan duramente como me trataba a mí mismo. No se me hubiera ocurrido nunca pedirle a un ser querido que no descansara, no tuviese tranquilidad o que no se divirtiese. Pero eso era exactamente lo que estaba exigiéndome a mí mismo. Mi Padrino me ayudó a reconocer qué cosas me dan placer y cómo tomar la vida con más calma. Ahora el esparcimiento es parte de mi rutina diaria.

Recordatorio para hoy

El trabajar duro puede ser magnífico y mis actividades son muy satisfactorias. Pero estoy luchando por obtener un equilibrio. Hoy pensaré en cómo uso mi tiempo, y dedicaré un rato al esparcimiento.

"El tiempo que disfrutas desperdiciándolo, no es tiempo desperdiciado."

Bertrand Russell

17 DE JULIO

Dos de las personas más allegadas a mí eran alcohólicos que comenzaban su recuperación. Durante los años de su alcoholismo, me fui involucrando tanto en su comportamiento autodestructivo que perdí de vista la idea de que yo podía ser feliz aunque ellos estuviesen deprimidos; que yo podía vivir una vida serena aunque ellos volviesen a beber. El momento decisivo en mi recuperación en Al-Anon fue cuando alguien me dijo: "Vas a tener que aprender a lograrlo, independientemente de que los alcohólicos lo logren o no."

Desde ese día he tratado de tener presente que yo tengo mi propia vida y mi propio destino. Cuando empecé a separar mi bienestar del bienestar de los alcohólicos, me fue más fácil desprenderme de las decisiones que ellos tomaban acerca de cómo, dónde, cuándo y con quién vivían sus vidas. Debido a que mi destino, mi propia vida, ya no estaba atada directamente a la de ellos, pude aceptarlos como eran, y escuchar sus ideas y preocupaciones sin tratar de dominarlos.

Gracias a Al-Anon puedo concentrar mi energía donde sí tengo algún control—en mi propia vida.

Recordatorio para hoy

Mi tiempo es demasiado valioso para desperdiciarlo viviendo en el futuro o preocupándome por algo sobre lo que no tengo control. Hoy me estoy construyendo una vida maravillosa.

> Según continúo la práctica de ocuparme de mí mismo, resulta un alivio ver que puedo desprenderme de los problemas de los demás en vez de tratar de resolverlos.

A menudo venimos a Al-Anon con la idea de que algo que funciona funcionará mejor y con más rapidez si nos esforzamos más. Pero Al-Anon entraña un proceso de crecimiento y cambio a largo plazo. Nuestros esfuerzos para acelerar este proceso pueden interferir con el mismo, dejándonos frustrados y deprimidos. En Al-Anon aprendemos a "Hacerlo con calma." Frecuentemente logramos cosas cuando no nos esforzamos tanto.

Cuando llegué a Al-Anon, escuché que aunque aprendamos a confiar nuestra vida y nuestro futuro a un Poder superior a nosotros, también debemos cumplir la parte que nos corresponde. Con mi fervor habitual, me concentré en hacer mi "tarea"; hacía por lo menos diez llamadas telefónicas de Al-Anon diariamente, y realicé esfuerzos frenéticos para aplicar los Doce Pasos a la vez. No es de extrañar que pronto me sintiera agotado y agobiado. Hoy reconozco que puedo plantar una semilla en terreno fértil, pero no contribuyo al crecimiento de la planta estirando la semilla para que así dé fruto. Tengo que dejar que el proceso se desarrolle a su propio ritmo.

Recordatorio para hoy

Afronto seriamente mi compromiso de recuperación, pero no puedo esperar una recuperación de un día para otro. Cuando encaro mi vida con la actitud de "Hazlo con calma", me trato a mí mismo y al mundo a mi alrededor con delicadeza y amor.

> "Cuando nos esforzamos por abarcar demasiadas cosas y queremos hacerlo todo rápidamente en Al-Anon, podemos desanimarnos… Sería un acto de prudencia tomar las cosas con calma, concentrarnos en una sola idea a la vez."
>
> *Un día a la vez en Al-Anon*

19 DE JULIO

Al-Anon me enseñó la diferencia entre paredes y límites. Las paredes son sólidas y rígidas; mantienen a la gente afuera y a mí atrapado adentro. Los límites son flexibles, cambiables, móviles; así que de mí depende cuán abierto o cerrado esté en un momento dado. Me permiten decidir qué comportamiento es aceptable, no sólo en otros sino también en mí. Hoy puedo decir que "No" con amor en lugar de con hostilidad, de manera de no poner fin a mis relaciones.

He aprendido acerca de los límites a través de los propios límites de Al-Anon: las Doce Tradiciones. Aunque su propósito es proteger el programa, estimulan en realidad el crecimiento de la hermandad. Lo mismo sucede con mis límites personales. Mientras decido qué es y qué no es aceptable para mí, aprendo a vivir protegido sin paredes.

Recordatorio para hoy

¿Mis defensas me mantienen protegido o me aíslan? Hoy me puedo querer a mí mismo de manera suficiente como para buscar medios más saludables de protegerme, medios que no ahuyenten a los demás.

"Las personas se sienten solas porque construyen paredes en lugar de puentes."

Joseph Fort Lewton

En nuestro pasado la alegría era un huésped ocasional aunque ahora la recuperación en Al-Anon nos lleva a recibirla con más frecuencia. Pero en lugar de disfrutar de esos momentos agradables, tendemos a aferrarnos desesperadamente a la felicidad, tratando de congelar el tiempo y evitar los cambios, como si nuestra alegría fuese a ser arrebatada para siempre en el instante en que bajemos la guardia. Por ocuparnos demasiado de evitar cambios, no disfrutamos los dones que tememos perder. Aferrándonos a aquello que más queremos conservar, lo perdemos más rápidamente.

El cambio es inevitable. Podemos contar con ello. Al estar dispuestos a aceptar los cambios, permitimos a un Dios amante entrar en nuestras vidas. Dejando de lado nuestros esfuerzos para dirigir el futuro, nos liberamos y podemos experimentar el presente, sentir nuestros sentimientos en el momento apropiado, y disfrutar profundamente esos valiosos momentos de alegría que constituyen una bendición.

Recordatorio para hoy

Hoy trataré de estar receptivo para recibir todo lo que Dios me da, experimentando el hoy y dejando que Dios decida el mañana.

> "Cuanto más tratemos de apoderarnos de un momento, o de una sensación placentera... más esquivo se vuelve. Es como tratar de sostener agua en las manos—cuanto más aprieto, más rápidamente se me escapa a través de los dedos."
>
> Alan Watts

21 DE JULIO

"Las personas que yo amo no se cuidan, así que yo las tengo que cuidar. ¿Cómo van a sobrevivir si yo no…?" Así pensaba cuando llegué a Al-Anon; era mi pretexto para interferir en la vida de todos. Mis necesidades parecían carecer de importancia en relación a las constantes crisis a mi alrededor. Al-Anon me enseñó que tenía otras opciones, una de las cuales era "Suelta las riendas y entrégaselas a Dios."

Cuando pienso en soltar las riendas, recuerdo que en la vida hay un orden natural—una cadena de acontecimientos en manos de mi Poder Superior. Cuando suelto las riendas de una situación, permito que la vida evolucione de acuerdo a ese plan. Abro mi mente y permito que otras formas de pensar y de actuar entren en mí. Cuando suelto las riendas de otra persona, estoy afirmando su derecho a vivir su propia vida, a tomar sus propias decisiones, y a crecer experimentando los resultados de sus acciones. Existe un Poder Superior para otros también. Mi obsesiva interferencia perturba no sólo mi relación con otros sino también mi relación espiritual conmigo mismo.

Recordatorio para hoy

Soy mi más alta prioridad. Concentrándome en mí mismo, suelto las riendas de los problemas ajenos, y puedo lidiar mejor con los míos. ¿Qué puedo hacer por mí hoy?

> "Recordaré que soy incapaz ante los demás, que sólo puedo vivir mi vida y no la de otros. Cambiar yo para mejorar es la única forma de encontrar paz y serenidad."
>
> *El dilema del matrimonio con un alcohólico*

La despedida sugerida en Al-Anon dice, "aunque no todos resultemos del agrado de ustedes, van a apreciarnos igualmente de una forma muy especial, en la misma forma que nosotros ya los apreciamos a ustedes." En otras palabras, cada reunión de Al-Anon es una oportunidad para anteponer los principios a las personas. La mayoría de nosotros estamos muy conscientes de las personas a nuestro alrededor. En vez de perdernos en preferencias y rechazos triviales, es importante recordar nuestra motivación al ir a una reunión. Nos necesitamos mutuamente para poder recuperarnos.

No me tiene que agradar todo el mundo, pero quiero mirar más profundamente para encontrar el espíritu que compartimos. Quizás encuentre paz en cada persona al recordar las cosas que nos unen—un interés común, una creencia común, una meta común. Tendré entonces una fuente de fortaleza en vez de un blanco para pensamientos negativos. Habré así antepuesto principios a las personas.

Recordatorio para hoy

Mantendré un criterio abierto hacia cada persona que encuentre hoy. Cuando estoy dispuesto a aprender, cualquiera puede ser mi maestro.

> "La puerta abierta a respuestas provechosas es la comunicación basada en el amor. Tal comunicación depende del conocimiento y del respeto por la mutua individualidad personal. Esto también implica inquietud por el bienestar mutuo, deseo de aceptar en otro lo que no concuerda con nuestros propios valores y esperanzas."
>
> *El dilema del matrimonio con un alcohólico*

23 DE JULIO

Se ha producido un cambio milagroso debido a mi compromiso con el programa de Al-Anon: he descubierto que poseo sentido del humor. Cuando llegué aquí, nunca sonreía y me irritaba quien lo hiciese. No podía entender la risa durante las reuniones. Nada me parecía gracioso. La vida era trágica y seria.

Recientemente, compartí ciertos incidentes difíciles para mí. Había sido una de esas semanas en que todo parecía salir mal. Lo extraño es que ahora que todo había pasado, encontraba que mi relato traumático era increíblemente gracioso y lo mismo pensaban mis compañeros del grupo.

De todos los cambios que he podido observar en mí, éste es el más espléndido. Me enseña a verme a mí mismo y a mi vida de una manera más realista. No soy ya una víctima, dominada por la autocompasión y decidida a controlar cada aspecto de mi vida. Hoy puedo tomarme a mí mismo y a mis circunstancias más ligeramente. Hasta puedo permitir que la alegría y la risa sean parte de una difícil experiencia.

Recordatorio para hoy

Si observo este día tal como miro una película, estoy seguro de poder encontrar al menos un momento en que pueda disfrutar de algo jocoso.

"Crecerás el día en que verdaderamente te rías por primera vez—de ti mismo."

Ethel Barrymore

Diariamente ruego por obtener la capacidad de reconocer la voluntad de Dios y las fuerzas para cumplirla (Undécimo Paso). Entonces confío en que mi oración haya sido escuchada y que Dios me responda. En otras palabras, confío en que en algún momento del día haré la voluntad de Dios.

Entiendo que hacer la voluntad de Dios no significa efectuar actos heroicos a diario; significa que, en un momento dado, oler una rosa, sacar la basura o lavar un automóvil puede ser precisamente lo que se necesita.

Tengo un Poder Superior que me ama como soy. Cuando aprenda a amarme como me ama mi Poder Superior, creo que estaré haciendo la voluntad de Dios.

Recordatorio para hoy

¿Qué acto de amor puedo hacer hoy? Quizás le dedique tiempo a un simple placer—una película, un buen libro, o un poco de aire fresco. O puedo también arreglar papeles, tarea que he estado posponiendo; o prometer alimentarme y descansar adecuadamente; o enmendar algo en que he estado pensando. Un gesto sencillo puede ser el comienzo de un hábito permanente de amor a sí mismo.

> "Sólo Dios conoce el plan secreto de las cosas que hará en el mundo, usando mi mano."
>
> Toyohiko Kagawa

Al llegar a Al-Anon después de años de permitir que otras personas se aprovechasen de mí, había acumulado mucha ira, resentimiento y culpabilidad. Tantas veces quise morderme la lengua cuando decía que "Sí" cuando en realidad quería decir que "No". ¿Por qué continuaba negando mis propios sentimientos sólo para ganarme la aprobación de otros?

Al ir aplicando el programa de Al-Anon, la respuesta fue evidente: me faltaba valor. Aprendo en la Oración de la Serenidad que el valor me lo concede mi Poder Superior, así que es ahí a donde me dirijo primero. Después me corresponde cumplir mi parte. ¿Estaba dispuesto a aceptar el verdadero yo detrás de la imagen siempre complaciente? Cansado de ofrecerme como felpudo, enderecé mis hombros y respondí "Sí".

Recordatorio para hoy

No es siempre apropiado revelar todos mis pensamientos, especialmente si estoy tratando con un alcohólico activo. Pero, ¿decido conscientemente lo que digo? Y cuando es apropiado, ¿digo lo que siento y siento lo que digo? Si no es así, ¿por qué no? Todo lo que tengo para ofrecer a otros es mi propia experiencia de la verdad.

"Hay un precio demasiado alto de pagar por la paz… no se puede pagar el precio del respeto propio."

Woodrow Wilson

Estoy aprendiendo a identificar falsedades que hacen mi vida ingobernable. Por ejemplo, quería dejar de controlar personas y situaciones, pero cuanto más trataba, más me parecía que me daba de cabeza contra una pared. Entonces alguien mencionó que no se podía renunciar a algo que no se poseía. Quizás podía tratar de renunciar a la falsedad de controlar. Cuando vi que mis esfuerzos para ejercer control estaban basados en falsedades, fue más fácil "Soltar las riendas y entregárselas a Dios."

Otra falsedad es que tengo un vacío dentro de mí que tengo que llenar con algo externo. Traté de llenar este vacío comprando compulsivamente, obsesionándome acerca de una relación, tratando de arreglar los problemas de todo el mundo. Pero el problema es un vacío espiritual que tiene que ser llenado desde el interior. Cuando entreví la apariencia de creerme deficiente y de que necesitaba algo externo para sentirme completo, empezó mi recuperación,

Recordatorio para hoy

Hoy, si pienso que no soy lo suficientemente bueno, o que necesito algo externo para sentirme completo, sabré que estoy engañándome. Hoy puedo llamar a un compañero de Al-Anon y volver a la realidad.

"...Los seres humanos, al cambiar sus actitudes internas, pueden cambiar los aspectos externos de sus vidas."

William James

27 DE JULIO

Me tomo muy en serio las palabras de la clausura sugerida: "que nadie censure a los otros y que no haya chismes entre nosotros." Trato de dejar fuera de la sala mi actitud enjuiciadora. Desgraciadamente, la vuelvo a recuperar en el momento en que me subo al automóvil después de la reunión.

No me gusta la forma de conducir de nadie. El auto que va delante de mí va muy despacio y me veo *forzado* a acercarme mucho y obligarlo a acelerar. El conductor detrás de mí me hace lo mismo. No me quiero dejar intimidar, así que los insulto y conduzco aún más despacio. ¿No conocen estas personas mis reglas de la carretera? En otras palabras, a través de constantes críticas y expectativas, me aíslo y actúo como una víctima.

¿Qué pasó con aquello de aplicar los principios de Al-Anon en todos mis asuntos? ¿Creo de verdad que puedo obtener los beneficios máximos del programa brindando amor incondicional por espacio de una hora, dos o tres veces por semana? Puede ser un comienzo, pero sólo un comienzo.

Recordatorio para hoy

No puedo evitar que surjan ideas en mi mente, pero sí puedo escoger entre conservarlas o no durante la próxima hora. ¿Estoy tomando las decisiones que quiero, o son mis hábitos los que están decidiendo por mí? Un cambio de actitud significa un cambio en mi manera de pensar. Voy a examinar los principios que aplicaré hoy.

"Debemos alterar nuestras vidas para alterar nuestros corazones, pues es imposible vivir de una manera y orar de otra."

William Law

Un picapedrero puede golpear una piedra noventa y nueve veces sin ningún efecto aparente, ni siquiera una grieta en la superficie. Pero con el centésimo golpe, la piedra se parte en dos. No fue el golpe final el que lo logró, sino todos los anteriores.

Lo mismo pasa con la recuperación en Al-Anon. Ya sea que esté lidiando con la aceptación del alcoholismo como enfermedad, o aprendiendo a desprenderme, o luchando con la autocompasión. Puedo perseguir un objetivo por meses sin resultados concretos y convencerme de que estoy perdiendo el tiempo. Pero si continúo asistiendo a reuniones, compartiendo mis esfuerzos, viviendo un día a la vez, y teniendo paciencia conmigo mismo, un día me despertaré y encontraré que he cambiado, al parecer de la noche a la mañana. De repente habré logrado la aceptación, el desprendimiento o la serenidad que he estado buscando. Puede ser que los resultados se revelen abruptamente, pero sé que fueron todos esos meses de fe y arduo trabajo los que hicieron posibles esos cambios.

Recordatorio para hoy

Frecuentemente se nos recuerda que "Sigamos viniendo". Hoy recordaré que esto no sólo se aplica a las reuniones, sino también a aprender las nuevas actitudes y las pautas de conducta que son los beneficios a largo plazo de la recuperación en Al-Anon. Quizás no vea los resultados hoy, pero puedo confiar en que estoy progresando.

> "Trata de ser paciente contigo mismo y con tu familia. Tomó mucho tiempo para que la enfermedad del alcoholismo afectara a cada uno de ustedes y puede tomar mucho tiempo para que todos se recuperen."

Los adolescentes y los padres alcohólicos

29 DE JULIO

Al-Anon es un programa espiritual que no se basa en una religión particular, ni requiere ninguna creencia religiosa. Para aquellos de nosotros que no hemos tenido en el pasado experiencias agradables con respecto a la religión, esta libertad es importante. La espiritualidad no tiene que entrañar una filosofía específica o código moral; sólo significa que hay un Poder superior a nosotros en quien podemos confiar. Ya sea que lo llamemos Poder Superior, Dios, guía ordenada, Alá, el universo u otro nombre, es vital para nuestra recuperación que lleguemos a creer en un Poder superior a nosotros (Segundo Paso). Si no lo logramos, el resto de los Pasos no tendrá mucho sentido.

Podemos pensar en este Poder Superior como la electricidad que hace funcionar las luces y la maquinaria de nuestra recuperación. No es necesario entender exactamente lo que es la electricidad para poder disfrutar su uso—lo único que tenemos que hacer es encender el interruptor.

Recordatorio para hoy

Puede ser que esté buscando un Dios bondadoso en quien depositar mi confianza, o encarando un reto que ponga a prueba mis antiguas creencias, o quizás esté luchando con la idea misma de un Poder Superior. Crea lo que sea, hoy puedo orar para aumentar mi fe. Sólo ese pequeño acto de voluntad puede obrar milagros.

> "Cuando por fin me he convencido de que mis problemas son demasiado difíciles para resolverlos por mi cuenta… no necesito estar solo con éstos, si estoy dispuesto a aceptar la ayuda que me brinda un Poder Superior."
>
> *Los Doce Pasos y las Doce Tradiciones de Al-Anon*

Me han dicho con frecuencia que la felicidad es algo interior, y que casi siempre puedo ser tan feliz como me proponga. Sin embargo muchas veces la felicidad es efímera. Sé que no es realista pretender estar siempre feliz, pero creo que alcanzaría este objetivo más a menudo si me comprometiera con más firmeza con mi decisión de ser feliz. A veces me decido por la felicidad para luego abandonarla a la primera señal de un problema. ¿Cuán firme puede ser este compromiso si permito que aun los más pequeños obstáculos me roben mi sensación de bienestar?

Un compromiso implica mucho trabajo, es una disciplina. Cuando tomo una decisión debo preguntarme qué quiero en realidad, y si estoy dispuesto a esforzarme por ello. Es difícil romper viejos hábitos. Como tengo la vieja costumbre de encarar mis problemas haciéndome la víctima, no va a ser fácil mantener firme mi decisión de ser feliz. Un cambio de actitud puede ayudar: quizás pueda considerar los problemas como oportunidades para apoyar más firmemente mis decisiones. O sea, cada obstáculo puede fortalecer mi propósito—yo quiero ser feliz.

Recordatorio para hoy

Cuando tomo una decisión y me atengo a ella, aprendo que mis decisiones tienen significado y que soy digno de confianza. Hoy tengo la oportunidad de comprometerme con una de mis decisiones.

> "Nuestra vida misma depende de la reiteración de todo hasta que haya una respuesta desde adentro."
>
> Robert Frost

31 DE JULIO

Las tareas del hogar han sido siempre motivo de fricción entre mi querido alcohólico y yo. En general me siento tan agobiada por todo lo que hay que hacer que no logro organizarme. Así que cuando él bebe, se irrita por todo lo que hay que limpiar, fregar o recoger.

Hace poco estábamos limpiando la cocina después de preparar un gran desayuno. Sin pensarlo, moví los recipientes que estaban en un anaquel del refrigerador para limpiar algo que se había derramado. Sin mucho esfuerzo una parte del refrigerador quedó ya limpia. Entonces pensé: "Quizás esto sea todo lo que tengo que hacer para limpiar la casa. Si realizo una pequeña tarea a la vez lograré algo." Y entonces se prendió una luz en mi mente: ¡Esto es lo que significa "un día a la vez"!

Cuando me ocupo de un día, un momento, una tarea a la vez, y realmente me concentro en eso, se puede lograr mucho más.

Recordatorio para hoy

Cuando me doy cuenta de que me siento agobiada, o de que no logro hacer nada porque hay tanto que hacer que no sé por dónde empezar, haré una pausa para recordar que debo dar un paso, hacer una tarea, vivir un día a la vez.

> "Recordar que sólo podemos vivir un día a la vez nos libra del peso de las preocupaciones del pasado y no nos deja temer al futuro, el que de todas formas ninguno de nosotros puede adivinar."

¿Qué es Al-Anon?

1º DE AGOSTO

Llegué a Al-Anon en busca de una fórmula para que un ser querido dejara de beber, con la esperanza de que mi vida se normalizara. En Al-Anon comprendí que yo no había sido la causa del alcoholismo de mi ser querido, y que no puedo controlarlo ni curarlo. Pero puedo aplicar los Doce Pasos a mi propia vida para alcanzar la cordura y la satisfacción, independientemente de si el alcohólico deja de beber o no. Por eso es que en Al-Anon debo concentrarme en mí mismo.

Pronto descubrí problemas propios que exigían cuidado; se habían producido en mí cambios enfermizos al intentar encarar la enfermedad del alcoholismo. No me había percatado de ellos ya que habían ocurrido sutil y paulatinamente. Compartí con franqueza esta preocupación en reuniones de Al-Anon y me dispuse a liberarme de aquellas actitudes que ya no me parecían apropiadas. Con la ayuda de mi Poder Superior comencé a despojarme de hábitos autodestructivos. Con el tiempo sentí que había recuperado mi verdadera personalidad y comencé a crecer de nuevo.

Recordatorio para hoy

Si yo no puedo responder adecuadamente a las imposiciones de otras personas, ¿por qué he tratado de imponer mi voluntad a los que me rodean? Soy responsable de una sola persona: de mí. Hay una sola persona que puede dar plenitud a mi vida: yo.

"Hoy no prestaré atención al mundo exterior sino que me concentraré donde corresponde: en mí mismo."

...En todas nuestras acciones

2 DE AGOSTO

Mi enorme deseo de controlar se hace harto evidente cuando intento ejercer control sobre mi grupo. Decido que nadie mejor que yo sabe lo que es más beneficioso para todos, o que soy el único que verdaderamente entiende las Tradiciones, o que sé lo que necesitan escuchar los recién llegados y que es mi responsabilidad el que lo escuchen. Quizás piense que poseo un alto sentido de responsabilidad, pero en realidad mis actitudes y mis acciones reflejan un deseo de dominar.

La Segunda Tradición dice que "Existe sólo una autoridad fundamental para regir los propósitos del grupo: un Dios bondadoso, que se manifiesta en la conciencia de cada grupo. Nuestros dirigentes son tan solo fieles servidores y no gobiernan." Nos esforzamos por conducir nuestras reuniones como una hermandad de iguales y llevamos a cabo el sistema de turno de los dirigentes. Ningún miembro tiene el derecho de tomar las riendas del grupo.

Cuando insisto en que las cosas se hagan a mi manera, interfiero con la naturaleza espiritual de Al-Anon. Así como mi Poder Superior dirige mi diario vivir, un Poder superior a mí se manifiesta en el grupo a través de las voces de sus miembros.

Recordatorio para hoy

Soy sólo una voz en una próspera hermandad mundial. Cuando tenga dudas me someteré a la sabiduría de la conciencia del grupo.

"Cualquier intento de dirigir o mandar probablemente tenga consecuencias desastrosas para la armonía del grupo."

Alcoholismo, contagio familiar

Hubo una época en mi vida en que insistía con firmeza en que no había problemas de alcoholismo en mi familia. Éramos normales; todo estaba bien. Hoy reconozco que el alcoholismo es una enfermedad familiar que afecta no sólo a los bebedores sino también a los que los rodean. Uno de los síntomas de esta enfermedad es la negación.

Cuando reconocí el alcoholismo en mi familia, todas mis conversaciones giraban en torno a mi desafortunado pasado. Hasta que un miembro de Al-Anon me indicó que él había aprendido a mirar su pasado sin analizarlo. Señaló lo fácil que era perder la perspectiva, sentirse atrapado en el pasado, dejar de vivir en el presente. Desenterrar los secretos del pasado puede ofrecer grandes beneficios, pero el propósito mayor de esta búsqueda es recuperarnos de los efectos del alcoholismo y continuar viviendo ahora mismo.

Hoy, con el amor, el apoyo y el aliento que recibo de los miembros de Al-Anon, puedo afrontar la realidad de mi pasado y aprender de él sin adjudicar culpas o regodearme en sentimientos de autocompasión.

Recordatorio para hoy

Hay mucho que aprender del pasado, pero no permitiré que heridas pasadas ahoguen y destruyan mi presente. Por el contrario, puedo pedirle a mi Poder Superior que me ayude a utilizar esas experiencias para ir hacia adelante y tomar hoy mejor que nunca, decisiones más sanas y cariñosas.

> "Experiencia no es lo que te sucede, sino lo que tú haces con lo que te sucede."
>
> Aldous Huxley

4 DE AGOSTO

Por cierto, puedo aprender de la crítica y quiero mantener un criterio abierto al escuchar lo que otros tienen que decir. Pero ni mi popularidad ni mi habilidad para complacer a las personas con las que vivo o trabajo sirven para medir legítimamente lo que yo valgo como individuo. Al-Anon me ayuda a reconocer que valgo como persona simplemente porque respiro como el resto de la humanidad. Al crecer mi autoestima, me resultaba más fácil evaluar mi comportamiento de forma más realista.

El apoyo que recibo en Al-Anon me ayuda a encontrar el valor para aprender sobre mí mismo. A medida que me voy sintiendo más cómodo conmigo mismo, con mis valores, con lo que me agrada y lo que me desagrada, con mis sueños y mis decisiones, me siento más capacitado para afrontar la desaprobación de los demás. También me siento más capacitado para respetar a los que escogen ser ellos mismos, me guste o no.

Recordatorio para hoy

Con la ayuda de un Padrino afectuoso y el apoyo de mis compañeros en Al-Anon, estoy aprendiendo a encontrar mi lugar en la vida. Un lugar donde pueda vivir con dignidad y respeto por mí mismo.

> "Existo como soy, eso es suficiente. Si nadie lo reconoce estoy contento, y si todos lo reconocen estoy contento."
>
> Walt Whitman

El resentimiento me envenenaba la mayor parte de las horas del día antes de descubrir a Al-Anon. Podía alimentar el fuego del resentimiento por días o años justificando continuamente el motivo de mi malestar. Hoy, aunque reconocer mis sentimientos es importante, no necesito ensayar y volver a ensayar mis quejas. No es necesario examinar cómo me han lastimado, asignar culpa o determinar los daños causados.

Al fin y al cabo, puede que no solucione el problema con la persona en cuestión, aunque si así sucediera, sería muy placentero. Simplemente, quiero deshacerme del resentimiento porque me impide sentir alegría. Trato de canalizar mi energía a una actividad positiva. Aplico el Sexto y Séptimo Pasos porque, a mi entender, sólo con la ayuda de mi Poder Superior puedo liberarme del resentimiento. Quiero estar totalmente preparado para que mi Poder Superior lo elimine y humildemente le pido Su ayuda.

Recordatorio para hoy

Cuando abrigo resentimientos, sólo puedo pedir ayuda y paz mental. Recordaré que esta ayuda llegará en el momento en que Dios así lo disponga. Por ello estaré tranquilo, seré paciente y esperaré.

"Ningún hombre puede pensar con claridad cuando tiene los puños apretados."

George Jean Nathan

6 DE AGOSTO

Soñé que estaba atrapado en una habitación en llamas, un humo espeso llenaba el aire, y el fuego bloqueaba la única salida. Esforzándome por respirar, vi aparecer una mano detrás de las llamas, haciéndome señas de que me acercara. Sabía que al otro lado de la puerta encontraría luz, aire puro y libertad y que si me quedaba hallaría una muerte segura. Aun así, titubeaba. ¿Cómo podría atravesar el fuego?

Algunas veces me siento así con respecto a los retos que se me presentan en la vida diaria. Aun si mi posición es desesperada y mi Poder Superior me llama y me exhorta a arriesgarme, todavía titubeo, esperando un milagro. Me olvido que el milagro ya está aquí. Hoy, gracias a Al-Anon, tengo un Poder Superior que siempre está presente, que me ayuda a enfrentarme con mis temores y a descubrir soluciones eficaces a mis problemas. Así, trasciendo los problemas que una vez me mantenían prisionero. Soy libre de actuar o de no actuar, de arriesgarme, de posponer una decisión, de seleccionar alternativas que considero más adecuadas.

Recordatorio para hoy

Se necesita valor para trascender la comodidad, los vaticinios y lo conocido. El valor es un regalo de mi Poder Superior que encuentro en las reuniones de Al-Anon y en los corazones de sus miembros.

"El valor encara al miedo y así lo domina."

Martin Luther King, Jr.

He escuchado a mis amigos de Al-Anon referirse al Décimo, Undécimo y Duodécimo Pasos como de "mantenimiento". Pero no quiero meramente "mantenerme" donde estaba cuando terminé mi Noveno Paso. ¡No es el momento de estancarme! En lugar de ello, los llamo Pasos de "crecimiento". No importa cuánto envejezca, estos últimos tres Pasos me permiten continuar aceptando desafíos.

Verifiqué mi teoría cuando mi cónyuge y yo nos jubilamos. Tengo más tiempo disponible ahora para inmiscuirme en los asuntos ajenos, preocuparme por nuestra salud, por las finanzas de nuestro hogar y por la situación del mundo o, en pocas palabras, tengo más tiempo para volver a mis viejas e inaceptables formas de pensar. Sin embargo, con la ayuda de estos Pasos, encuentro que también tengo más tiempo para tomar conciencia de los beneficios extraordinarios de mi crecimiento personal logrados con la guía y la fortaleza constantes de mi Poder Superior. Sólo a través de este creciente contacto consciente con Dios, hoy puedo vivir de la forma que quiero.

Lo mejor de todo es que tengo más tiempo para transmitir el mensaje de esta maravillosa forma de vida. Algunos de mis recuerdos más placenteros, además de las épocas de mayor crecimiento, se relacionan con esta acción de compartir y prestar servicios a mi grupo y a Al-Anon.

Recordatorio para hoy

Con la ayuda de los Pasos, ya no me estancaré más.

"No sientas miedo de crecer lentamente, sólo teme estancarte."

Proverbio chino

8 DE AGOSTO

Por medio del Sexto Paso contemplo cómo mi vida experimenta cambios, grandes cambios. Mi gran temor es que si me desprendo de muchas características que me estorban, ¿con qué me quedaré? Es como si me enfrentara con un gran vacío, con una aterradora incógnita. Sin embargo, cuando reconozco hasta dónde he llegado, puedo ver hasta dónde *quiero* llegar. El anhelo de crecer y de sanar me ha llevado a esta situación incómoda, porque estoy cansado de ser como he sido. Mi Poder Superior está ahí para guiarme cuando yo esté dispuesto.

Encuentro consuelo en que en el Sexto Paso no tengo que cambiar nada; simplemente me debo preparar para cambiar. Me puedo tomar todo el tiempo que sea necesario. Tal flexibilidad es lo que me propuse encontrar en primer lugar. Ahora ya es parte de mi vida.

Recordatorio para hoy

No necesito juzgar el ritmo con el que cambio hábitos o pensamientos viejos. El mero hecho de sentirme incómodo con viejas actitudes indica que de alguna manera ya me dirijo hacia un cambio. El cambio no será efectivo si no estoy preparado para ello. Debo sólo confiar en que reconoceré el momento de avanzar.

> "Recuérdame cada día que la carrera no es siempre rapidez, que hay algo más en la vida que incrementar la velocidad. Permíteme mirar hacia arriba, al imponente roble, y saber que se hizo grande y fuerte porque creció despacio y bien."
>
> Orin L. Crain

Antes de llegar a Al-Anon, nunca pensé que podría ser yo mismo frente a otras personas. Estaba demasiado ocupado tratando de ser lo que otros querían que fuese, temeroso de que no me aceptaran tal como soy.

Pero en mi primera reunión de Al-Anon me sentí cómodo. Los miembros hablaron sobre algunas características comunes que reconocí en mí. "¡Están hablando sobre sí mismos, pero me están describiendo a mí!", pensé. "No estoy loco después de todo." Las reuniones me ayudaron a reconocer que hay muchas otras personas en este mundo que, como yo, han sido afectadas por el alcoholismo de otros. No tuve que mentir en estas reuniones y, al final, aprendí que no tenía que mentirle a nadie en ningún lugar. Reconocí que puedo vivir con paz interior y sin apariencias.

Recordatorio para hoy

El vivir con alegrías y problemas reafirma mi pertenencia a la raza humana. Lo que me distingue es el sendero al cual me han dirigido. Nadie puede recorrerlo por mí, ni puedo cambiarlo para complacer a otros.

"El caparazón que había aprisionado mi vida, que no había permitido ni vivir ni amar, se ha roto; y el poder del programa de Al-Anon está llenando el vacío que por años me mantuvo alejado de la vida."

As We Understood…

10 DE AGOSTO

En una reunión de Al-Anon discutimos la manera en que nuestras costumbres hogareñas reflejaban los efectos del alcoholismo. Una persona señaló que sentía que su vida era totalmente ingobernable a menos que su casa estuviese impecable. La limpieza le daba una falsa apariencia de control.

Otros, incluyéndome, hablamos de pisos llenos de ropa, libros y papeles que nos impedían caminar por la habitación sin tropezar o pisar algo. Siempre había considerado esto como un mal hábito hasta que escuché a alguien decir que este desorden era su forma de mantener alejadas a las personas, de aislarse.

Entonces recordé que en la casa donde crecí el desorden había tenido este mismo propósito: siempre tenía miedo de invitar amigos porque todo estaba desordenado. Fue incómodo el darme cuenta de que, como adulto, estaba haciendo lo mismo que hacía de niño para mantenerme aislado.

Recordatorio para hoy

Al mirar con franqueza lo que creí era sólo un mal hábito, puedo desembarazarme de un cierto desorden. Puedo pensar en motivos ocultos de este hábito sin condenarme a mí mismo o a mi familia. El desorden no tiene que ser físico, puedo también encontrar desorden en la mente, el espíritu o las emociones. Puedo sanar sin emitir juicios morales acerca de mí o de otros.

> "...el programa puede proporcionarme un nuevo concepto de lo que es mi mundo, al ayudarme a verme a mí mismo con más claridad..."

Un día a la vez en Al-Anon

Cuando siento que no puedo enfrentarme con el mundo y que solamente deseo meterme a la cama y esconderme, sé que necesito una reunión de Al-Anon. Seguramente tendré que obligarme a salir, pero siempre me siento mejor y más cuerdo cuando rompo el aislamiento y busco ayuda. Generalmente siento alivio en cuanto entro al salón de la reunión, aún en el caso de un grupo nuevo. En estas reuniones encuentro un Poder Superior a mí que me consuela y me alivia. Y como mi Poder Superior me habla a través de otras personas, a menudo escucho exactamente lo que necesito.

Todos pasamos por períodos de tristeza, apatía y pena, es parte de la vida. Pero la depresión puede perpetuarse a menos que yo intervenga por mi propio bienestar. Al-Anon no puede resolver todos los problemas. Si la depresión se prolonga podría considerar pedir ayuda profesional. Pero a menudo lo único que necesito es presentarme a una reunión de Al-Anon. Reconozco que independientemente de cómo me sienta, cuando busco ayuda, me pongo a disposición del Poder Superior en esas salas.

Recordatorio para hoy

Cuando esté en duda, me dirigiré a una reunión de Al-Anon e invitaré a mi Poder Superior a que haga lo que no puedo hacer por mí mismo.

> "Hay momentos en que siento dolor por una situación y cuando esto ocurre, la alternativa no es sufrir o no sufrir sino qué hacer mientras sufro."
>
> ...*En todas nuestras acciones*

12 DE AGOSTO

Un incidente en particular me recuerda el sentido de la renuncia que experimento cuando verdaderamente acepto el Tercer Paso y entrego mi voluntad y mi vida al cuidado de Dios. Hace algunos años mi hermana supo que tenía un tumor cerebral. El diagnóstico inicial fue terrible y, afortunadamente, también equivocado. Cuando escuché las alternativas de tratamiento escogidas por mi hermana, pensé que ella debería investigar otros caminos que había descartado. Mi impaciencia por su decisión iba en aumento hasta que leí el comentario de una persona a quien respeto, en el que señalaba que los caminos que yo había defendido podían hacer más mal que bien.

Fue entonces cuando me di cuenta de los límites de mi entendimiento. Observé que mi sentido de urgencia no provenía de la certeza, sino del temor. Descubrí que mi única y verdadera salida era entregar mi temor y mi amor al cuidado de mi Poder Superior. No podía seguir pretendiendo saberlo todo.

Recordatorio para hoy

No soy un científico espacial, ni un filósofo, ni un mago. Aun cuando lo fuese, podría igualmente encontrarme al borde de mi entendimiento mirando hacia una inmensidad desconocida. Al reconocer mis propias limitaciones, estoy más agradecido que nunca por tener un Poder Superior libre de toda restricción.

> "…El tiempo cambiará y hasta invertirá muchas de tus opiniones presentes. Abstente, pues, por algún tiempo, de convertirte en juez de las cosas más elevadas."
>
> Platón

Coloqué a mi Madrina en un pedestal. Contaba con ella para obtener todas las respuestas y la consideraba como mi madre, mi amiga, mi mentora—una diosa. Ella parecía ser más de lo que yo jamás llegaría a ser; era perfecta.

Un día cometió un error y cayó del pedestal en el cual la había colocado. ¿Cómo podía ser tan humana? ¿Cómo se atrevía a demostrar tanta imperfección? Al principio me sentí atemorizada y abandonada. Pero la caída de mi Madrina me hizo ver que yo era responsable de mi propio programa en Al-Anon.

Descubrí que las "respuestas" que ella me había dado eran simplemente resultado de su propia experiencia, fortaleza y esperanza, junto a su comprensión de los Doce Pasos de recuperación. Aprendí que los instrumentos del programa estaban disponibles para mí también. Comprendí, además, que aunque ella era mi Madrina, ambas estábamos cambiando, tropezando y creciendo como miembros de Al-Anon. Más importante aun, aprendí que considerar perfecto a un ser humano inevitablemente lleva al fracaso.

Recordatorio para hoy

¿He colocado a alguien en un pedestal? ¿Estoy fomentando en alguien una visión exagerada de mí misma? Al-Anon me ayuda a comprender que si bien nos ofrecemos ayuda mutua, debemos aprender a depender de nosotros mismos. Hoy recordaré que las respuestas se encuentran en mí.

"El padrinazgo es una amistad constituida por dos miembros que están aprendiendo entre sí; dos personas aprendiendo una nueva manera de vivir—un día a la vez."

Todo acerca del padrinazgo

14 DE AGOSTO

Desde que llegué a Al-Anon, me he dado cuenta de ciertas alternativas que no sabía que tenía. Si me siento incómodo acerca de algo que tengo que hacer, he aprendido que no tengo que hacerlo necesariamente. Puedo examinar mi corazón y tratar de descubrir mis verdaderos sentimientos antes de tomar una decisión. ¡Cuánta libertad!

¿Significa esto que no debo hacer nada a menos que me sienta cómodo al hacerlo? Por supuesto que no. Si esperara la inspiración, nunca pagaría los impuestos, ni realizaría mi trabajo y ni siquiera me cepillaría los dientes. A veces tengo que experimentar mis sentimientos y actuar de todos modos.

Creo que es por eso que nuestro "Sólo por hoy" sugiere que haga dos cosas que no quiera hacer por día, sólo como un ejercicio. Para crear una vida equilibrada, debo ejercitar la autodisciplina. De esa manera puedo prestar atención a mis sentimientos sin sentirme tiranizado por ellos.

Recordatorio para hoy

Hoy realizaré algo que sea bueno para mí, aunque sea incómodo.

"La autodisciplina es amarse a sí mismo."

M. Scott Peck

Después de haber vivido en el caos de una relación alcohólica, puede ser difícil reconocer la diferencia entre un inconveniente menor y una crisis mayor. El lema de Al-Anon "¿Cuán importante es?" nos ayuda a recobrar un cierto sentido de la proporción.

Cuando fracasan los planes, cuando llegan facturas inesperadas, cuando estoy desilusionado por la reacción de alguien, me puedo preguntar, "¿Cuán importante es?" La mayor parte del tiempo encuentro que lo que consideraba un desastre es realmente insignificante. Si puedo fijar la atención en este día en vez de preocuparme por posibles consecuencias futuras, puedo aceptar mi desilusión o irritación tal cual es y rehusar exagerarla.

Gracias a este lema sencillo, muchos días que antes podría haber considerado como trágicos ahora están llenos de serenidad y confianza.

Recordatorio para hoy

Hoy, si encaro una situación perturbadora, me preguntaré "¿Cuán importante es?" antes de reaccionar. Podría descubrir que no es lo suficientemente importante como para sacrificar mi serenidad.

"Es casi tan importante reconocer lo que no es serio como reconocer lo que sí lo es."

John Kenneth Galbraith

16 DE AGOSTO

Durante períodos de mucha tensión, es una tentación olvidar una comida, esforzarnos hasta el agotamiento y pasar por alto nuestras necesidades básicas. En medio de una crisis, el tomarse tiempo para ir a una reunión de Al-Anon, llamar al Padrino, o respirar aire fresco puede parecer una pérdida de valioso tiempo. No parece haber suficientes horas en un día y algo se tiene que sacrificar. Pero, ¿estamos escogiendo sabiamente?

En los momentos que más necesitamos cuidarnos, es probable que hagamos lo contrario. Al decidir que nuestras necesidades no son importantes o que estamos muy ocupados, saboteamos nuestros mejores intereses. En tiempos de crisis, debemos estar en óptimas condiciones, esforzándonos por ingerir alimentos nutritivos, dormir bien, buscar el apoyo de Al-Anon, reposar y dedicar un momento de intimidad a nuestro Poder Superior. Así nos fortalecemos física, mental y espiritualmente, lo que puede mejorar una situación difícil.

Recordatorio para hoy

Soy el único que puede hacer de mi bienestar mi primera prioridad. Me debo a mí mismo el prestar atención a las necesidades de mi cuerpo, de mi mente y de mi espíritu.

> "Poner 'Primero las cosas más importantes' en un momento de dificultades significa buscar la forma de dejar de lado mis cargas, aunque sea por un momento, y encontrar tiempo para mí."
>
> *...En todas nuestras acciones*

Algunos creemos que muchos defectos de carácter son meramente características que ya no necesitamos. Muchos desarrollamos métodos astutos para sobrevivir en una situación alcohólica, tales como la negación o el secreto. Pero una vez que obtenemos el apoyo del programa de Al-Anon, podemos ver que nuestros antiguos métodos hacen más daño que bien. Lo que en un momento dado nos permitía funcionar en una situación prácticamente imposible, es ahora un obstáculo para nuestro crecimiento. Aquella ventaja se volvió desventaja.

Otros definen los defectos de carácter como posesiones que han perdido su proporción. Por ejemplo, un genuino deseo de ayudar a un ser querido puede exagerarse hasta convertirse en una desesperada necesidad de cambiar a otra persona.

Desde esta perspectiva, no estamos enfrentándonos con la intimidante tarea de arrancar cada hilacha del defecto, sólo lo estamos entregando a nuestro Poder Superior para que lo equilibre o lo elimine ya que no satisface más nuestras necesidades.

Recordatorio para hoy

En vez de condenarme al reconocer un defecto de carácter, me doy cuenta de mi crecimiento admitiéndolo. Reconozco cuando una característica que una vez me permitió sobrevivir ya no es necesaria o cuando una posesión que ha perdido su proporción hace mi vida ingobernable. En vez de probar que existe una enfermedad, esto demuestra una disposición a enfrentarse con la realidad y a escoger la salud.

> "Algunas veces debemos aceptarnos con todos nuestros defectos, antes de que los mismos puedan ser eliminados."
>
> *...En todas nuestras acciones*

18 DE AGOSTO

La Sexta Tradición nos dice que "Nuestros grupos, como tales, jamás debieran apoyar, financiar, ni prestar su nombre a ninguna empresa extraña, para evitar que problemas de dinero, propiedad o prestigio nos desvíen de nuestro objetivo espiritual que es el primordial."

En muchas ocasiones he tenido en cuenta esta Tradición al prestar servicio en nuestra oficina de Servicio de Información local de Al-Anon. A menudo recibo peticiones de apoyo de Al-Anon a proyectos de investigación, instituciones de caridad y programas de tratamiento. Estas peticiones suelen despertar mi interés ya que muchas parecen ser meritorias.

Como individuo yo soy libre de apoyar cualquier causa. Como miembro de Al-Anon, tengo derecho a enviar información sobre nuestra hermandad a organizaciones externas. Pero no puedo afiliar mi grupo a estas empresas, independientemente de lo meritorias que sean. El hacerlo nos desviaría del objetivo espiritual primordial de nuestro grupo, es decir, el ayudar a los familiares y amigos de alcohólicos a recuperarse de los efectos del alcoholismo.

Recordatorio para hoy

Yo asisto a Al-Anon para recibir los beneficios espirituales de las reuniones, de los principios y de la hermandad. Deseo cumplir con mi parte para velar por que no nos desviemos de nuestro objetivo primordial.

> "Siempre debemos recordar por qué estamos aquí, y nunca debemos utilizar el grupo para promover nuestros proyectos preferidos o nuestros intereses personales en causas ajenas al programa."
>
> *Twelve Steps and Twelve Traditions for Alateen*

19 DE AGOSTO

Había un aspecto de la realidad que nunca deseaba ver: Amaba a alguien en quien no podía confiar. Una y otra vez sufrí la desilusión de promesas incumplidas, contradicciones y obvias mentiras y cada vez me sentí anonadado, traicionado e indignado. No obstante, al pasar las horas o los días, olvidaba el incidente. Cuando se me volvía a hacer una promesa, confiaba sin vacilar con todo mi corazón.

Todavía encuentro difícil aceptar que no puedo confiar en las promesas de alguien a quien amo. Sin embargo, veo que el mayor dolor proviene de no aceptar la realidad. Al-Anon me ayuda a confiar más en mis experiencias que en las palabras incoherentes de los demás.

Estoy aprendiendo a no depender de alguien que constantemente ha traicionado mi confianza pero al mismo tiempo reconozco que no por eso voy a dejar de confiar en la raza humana. Afrontar la realidad significa aceptar que muchas de mis experiencias en Al-Anon me demuestran que sí existen personas de las que puedo depender.

Recordatorio para hoy

Hoy me comprometo a ser sincero conmigo mismo. Afrontando la realidad, me transformo en alguien de quien puedo depender.

> "El tomar conciencia me ayuda más que evadir sentimientos, rechazar personas y apartarme de la vida. No importa cuán dura sea la verdad o cuáles sean los hechos, prefiero saber, observar y aceptar este día."
>
> *As We Understood...*

20 DE AGOSTO

Un cartel en mi pueblo dice: "Algunos vienen a la fuente del conocimiento a beber. Otros vienen a hacer gárgaras." Antes de Al-Anon este mensaje me hubiese causado risa y a la vez angustia por no saber si venía a beber o a hacer gárgaras. La vida era blanca o negra y para sentirme cómodo tenía que saber cuál de los extremos se aplicaba a mi situación. Pero cualquier etiqueta que escogía me provocaba malestar y así seguía luchando para componerme.

Ahora, gracias a Al-Anon, acepto con más facilidad la idea de que algunas veces bebo, algunas veces hago gárgaras y otras veces tropiezo con la fuente al pasar a su lado. No *tengo* que ser el mejor o ser diferente. Ser lo mejor que pueda es suficiente. Puedo así descansar y disfrutar un chiste.

Recordatorio para hoy

Al-Anon me anima a examinar mis pensamientos y acciones, pero en un acto de amor propio, no de autodestrucción. Cuando comience a aceptarme tal como soy, sentiré que la vida es mucho más placentera.

"Algunas veces tratamos tanto que no logramos ver que la luz que buscamos está en nuestro interior."

As We Understood...

Algunas de las sugerencias de Al-Anon, tal como escoger un Padrino, me resultaban fáciles porque soy bueno siguiendo instrucciones específicas. Pero no sabía qué hacer con el lema "Vive y deja vivir." Al-Anon me ayudó a "dejar vivir" al enseñarme acerca del desprendimiento y al ayudarme a ver que muchos de mis problemas se originaban en mi afán de entrometerme en los asuntos de los demás. Pero, ¿cómo se concentra uno en sí mismo y *"vive"* por primera vez en su vida?

Cuando le hice esta pregunta a mi Madrina, ella me contestó con otra pregunta, —¿qué había hecho durante el día? A pesar de haber tenido un día muy ajetreado, apenas podía recordar lo que había hecho. Mi madrina me sugirió que comenzara a aprender a vivir con más conciencia de mi vida. Así estaría más capacitada para escoger mi forma de vida.

Los logros más beneficiosos del programa de Al-Anon han sido descubrir mi verdadero yo, vivir de acuerdo a mis necesidades y amarme como a una nueva amiga. Lo extraño del caso es que no esperaba recibir estos beneficios cuando comencé.

Recordatorio para hoy

Hoy puedo escoger el responsabilizarme por mi propia vida. Si dejo de entrometerme en los asuntos de los demás y me ocupo de los míos, tengo muy buenas posibilidades de lograr serenidad.

"La vida de cada hombre representa un camino que conduce hacia sí mismo."

Hermann Hesse

22 DE AGOSTO

Mi recuperación en Al-Anon entraña el estar consciente de los motivos de mis decisiones. Me sentí consternada al descubrir que mi vida estaba regida por el miedo. Todo me daba miedo. Sentía miedo de decir "No", de demostrar dolor, ira o confusión. Con los dientes apretados y una sonrisa fingida, afirmaba que todo estaba bien mientras pensaba, "ya llegará el día de mi desquite." Hasta eso me asustaba, pues temía a mi propia ira.

Muchas de mis amistades en Al-Anon utilizaban los lemas para lidiar con sus temores, pero cuando me acosaba el miedo, lo único que podía pensar era "Llegamos a creer…" No podía terminar el Segundo Paso, pero esa frase era más que suficiente. Así que cuando sonaba el teléfono y comenzaba a imaginarme lo peor, respiraba profundamente y me decía a mí misma, "Llegamos a creer…" Entonces podía contestar. Siempre colgaba sintiéndome aliviada porque lo *habíamos* logrado.

Recordatorio para hoy

Antes de actuar, sólo necesito recordar que estoy al cuidado de mi Poder Superior. Ya sea que diga "¡Ayúdame!" o "Suelta las riendas y entrégaselas a Dios", o "Llegamos a creer", estoy seguro de que mi Poder Superior y yo podemos manejar cualquier situación que se presente.

"Confiamos nuestra vida y nuestra voluntad al *cuidado* de Dios, según nuestro propio entendimiento de Él. Un Poder Superior es como un amigo que realmente se preocupa por nosotros y quiere compartir nuestros problemas."

Alateen—un día a la vez

Adquirí un miedo tremendo a cometer errores. Me parecía crucial el analizar todos los resultados posibles, porque cualquier error me conducía a una avalancha de acusaciones y malos tratos de mi enfermo alcohólico y, en última instancia, de mí mismo. Mi autoestima disminuyó porque sentía que el más pequeño error era inmenso y no podía racionalizar mis errores, siempre tratando desesperadamente de mantener una apariencia de autocontrol perfecto.

En Al-Anon aprendí a derrumbar la muralla de aparente perfección, a admitir sinceramente mis errores y a aceptar el crecimiento. El Décimo Paso, en el cual prosigo haciendo mi examen admitiendo espontáneamente mis faltas, me ha liberado, porque diariamente me reta a ser sincero. Algunas veces titubeo, pero reconozco que cuando digo la verdad, me libero de mentiras que detienen mi progreso. Como dijo Mark Twain, "Si dices la verdad, no tienes nada que recordar."

Recordatorio para hoy

Es probable que en algo me equivoque cada día de mi vida. Si percibo esto como un fracaso o finjo que no me he equivocado, haré mi vida ingobernable. Cuando dejo de luchar por ser perfecto y admito que estoy equivocado, me libero de sentimientos de culpa y de vergüenza, lo que es motivo de regocijo.

> "Ayúdalos a aceptar los fracasos, no como medida de su valor, sino como una oportunidad para un nuevo comienzo."
>
> *Book of Common Prayer*

24 DE AGOSTO

Generalmente soy una persona tan amable y apacible que es difícil creer lo que me sucede cuando me irrito. En un arrebato de ira mi presión sanguínea parece duplicarse y comienzo a proferir un torrente de obscenidades. Después de varios años en Al-Anon mi ira es todavía un problema, aunque mi conducta verbal ha mejorado enormemente.

Hace algún tiempo mi perro se enredó en un cable eléctrico y rompió un florero muy hermoso. Mi mal genio explotó y proferí palabras cargadas de ira y cortantes como espadas afiladas. Lo que me ayudó a cambiar mi conducta fue la mirada de dolor y asombro en la cara de mi mascota al no entender el cambio tan drástico y violento en mí. Si un animalito podía responder así, entonces ¿qué le estaban causando mis explosiones a las personas en mi vida, las cuales sí entendían mis imprecaciones?

Recordatorio para hoy

Soy humano y me puedo enojar, pero no tengo que expresar mi ira en forma destructiva. No tengo el derecho de desquitarme con otros. Si mi respuesta usual es gritar, mantener un silencio ceñudo y frío, o zaherir con palabras crueles, hoy estaré consciente de lo que hago cuando me enfurezco. Quizás la próxima vez intente algo nuevo.

> "Podemos encontrar un camino que nos lleve a mantener con él una comunicación calmada y razonable, pero esto sólo lo lograremos si encontramos salidas saludables a nuestros propios sentimientos negativos."
>
> *El dilema del matrimonio con un alcohólico*

Cuando los principiantes comienzan a tocar el piano, se les enseña a utilizar una sola mano y unas pocas teclas. Luego comienzan a usar ambas manos y finalmente aprender a usar todo el teclado, tanto las notas altas como las bajas. De hecho, parte del placer de tocar reside en escuchar el retumbar de las notas más bajas y el suave tintineo de las más altas.

Hoy en Al-Anon estoy aprendiendo a tocar un nuevo instrumento—yo mismo. Soy una persona con un repertorio amplio de emociones, desde el amor a la alegría y el asombro. Estoy profundamente agradecido por la risa y la animación y también por la ira y el miedo, porque todos estos sentimientos son parte de lo que me hace un ser completo. Creo que mi Poder Superior quiere que viva una vida plena y que esté totalmente consciente de todos mis sentimientos: el estallido de la ira, el suave canto de la serenidad, las cumbres del asombro y las percepciones nuevas que ensanchan mi corazón y mi mente al igual que mis dedos se extienden para tocar el teclado en un difícil acorde. Estoy aprendiendo a tocar notas con matices más ricos de lo que jamás imaginé.

Recordatorio para hoy

Hoy apreciaré todo el repertorio de sentimientos a mi alcance. Ellos hacen posible que mi experiencia de la vida sea más plena.

> "A veces me he sentido disparatada, desesperada y agudamente infeliz... pero aún así reconozco con toda certeza que el solo hecho de estar viva es algo grandioso."
>
> Agatha Christie

26 DE AGOSTO

Al recordar viejos tiempos, a menudo me he reprochado, "¿cómo era posible no reconocer lo que estaba sucediendo?" El alcoholismo dejó huellas desordenadas en mi vida; sin embargo, no las veía. ¿Cómo podía ser esto?

La negación es uno de los síntomas principales del alcoholismo, que es una enfermedad de la familia. Algunos de nosotros negamos que el bebedor tiene un problema, otros estamos totalmente dispuestos a culparlo por todos nuestros problemas, negando nuestra propia participación. ¿Por qué? Porque solos no podemos vencer esta enfermedad, así que inventamos medios para sobrevivir a las crisis continuas, las promesas y los momentos embarazosos. Una manera de actuar es negando la desagradable y aterradora realidad.

En Al-Anon aprendemos formas más productivas de hacer frente al alcoholismo, formas que no representan una gran pérdida de uno mismo. Con el apoyo de otros miembros y con los instrumentos y los principios que nos brindan dirección, podemos enfrentarnos con lo que realmente está pasando. Trascendemos la mera supervivencia y comenzamos a vivir de nuevo.

Recordatorio para hoy

En todo momento he actuado de la mejor manera posible. Si la única forma de hacer frente a una situación era negándola, puedo ahora mirar con compasión a esa persona que no veía una opción mejor en ese momento. Puedo perdonarme y considerarme privilegiado por haber llegado tan lejos desde entonces.

> "El remordimiento es una espantosa pérdida de energía sobre el que no se puede edificar nada, solamente sirve para enfangarse."
>
> Katherine Mansfield

En la primera reunión de Al-Anon me sentí desilusionado cuando me dieron los Doce Pasos en vez de una lista de "qué hacer o no hacer" para cambiar al alcohólico. No obstante, yo estaba lo suficientemente desesperado para, de todos modos, experimentar con los Pasos.

En mi segunda reunión de Al-Anon pensé que ya había aplicado los primeros tres Pasos bastante bien: sabía que era incapaz, creía en Dios y estaba dispuesto a descargar mis problemas en cualquiera que los aceptara. Al continuar asistiendo a las reuniones, comencé a entender que realmente no admitía mi incapacidad porque continuaba tratando de controlar a todos y a todo lo que me rodeaba. Entonces me salté la parte de soltar las riendas y entregárselas a Dios.

Hoy estoy tan feliz de tener un Dios paciente que cuando finalmente digo, "Hágase Tu voluntad y no la mía", Dios toma las riendas y ordena las cosas como nunca lo hubiera imaginado. Los tres primeros Pasos no son tan fáciles como una vez creí, pero en Al-Anon he aprendido que el objetivo es el progreso y no la perfección.

Recordatorio para hoy

Cuando lidiaba con el alcoholismo sin la ayuda de Al-Anon, concebí unos mecanismos para salir adelante, los cuales ya no son suficientes. Al-Anon me está enseñando nuevos y mejores mecanismos. Trataré de ser paciente conmigo mismo. Lo estoy haciendo muy bien.

"Mientras vivas, sigue aprendiendo cómo vivir."

Séneca

28 DE AGOSTO

Nunca me había atrevido a confiar en otra persona de la manera en que confié en mi primera Madrina. Con muy poca confianza en mí misma le había pedido que me apadrinara; yo era un desastre, ¿me aceptaría? Estaba segura de que rehusaría porque yo pensaba que no merecía ser salvada. Su respuesta afirmativa realmente me tomó por sorpresa.

Amablemente me fue guiando a través de los Pasos. Yo estaba tan desesperada por sentirme mejor que estaba dispuesta a tratar cualquier instrumento o idea de Al-Anon que ella sugiriera. Vivía, respiraba y me alimentaba de Al-Anon.

Un día en que me sentía sola, la llamé, gritando desesperadamente que nunca iba a lograr sentirme bien. Su respuesta en ese momento crítico fue: "No conozco a nadie que esté tan dispuesta como tú a aplicar el programa." Mi estado de ánimo mejoró. Ella me había dicho lo que yo no podía decirme a mí misma, pero sabía que era cierto: yo *estaba* muy dispuesta. En ese momento de reconocimiento supe que mejoraría porque poseía lo que era necesario. Con el tiempo, su ejemplo me enseñó a darme a mí misma esa clase de reconocimiento.

Me había arriesgado. Había confiado. Y como resultado, aprendí que merecía ser salvada.

Recordatorio para hoy

El aprender a valorizarme puede comenzar con el valor de encontrar y emplear una Madrina.

"Nada de lo que hagamos, independientemente de cuán virtuoso, lo podremos lograr solos; por lo tanto, nos salva el amor."

Reinhold Niebuhr

Desde la niñez me han fastidiado los momentos en los cuales dije o hice algo que hirió a otra persona. Son recuerdos desagradables que nunca pensé se desvanecerían. Con el Octavo Paso, no obstante, descubrí un medio para liberarme de mi culpa implacable.

Este Paso sugiere hacer una lista de todas las personas a quienes he perjudicado y estar dispuesto a reparar el mal que les ocasioné. Finalmente, puedo expresar con palabras todos los recuerdos y todo el dolor. Cuando los veo escritos frente a mí, parecen poderse manejar y tengo la esperanza de poder liberarme de su peso reparando el mal. En ese momento no necesito hacer nada más. Todo lo que me interesa ahora es el mal que he ocasionado a otros, la culpa que me he creado y el deseo de hacer todo lo que pueda para enmendarlo.

Recordatorio para hoy

La culpa es una carga que me impide entregarme completa y libremente al presente. Puedo comenzar a liberar mi mente de la culpa admitiendo calladamente dónde y cuándo he hecho daño a alguien, incluyéndome a mí mismo.

"Al-Anon me ha enseñado otra forma de vivir que me gusta. La vida puede ser una carga y una rutina o un desafío y una alegría. Un día a la vez puedo hacer frente a los retos de la vida con la cabeza erguida en vez de cabizbaja."

As We Understood...

30 DE AGOSTO

En general me sentía deprimido, mi Padrino me recomendaba hacer una lista de agradecimientos. Pero un día, cuando me quejé sobre una situación familiar, él sugirió que anotara todas las cosas que me hacían infeliz. Días después mi depresión había pasado y cuando le conté a mi Padrino sobre el día estupendo que estaba pasando, me sugirió que hiciera una lista de agradecimientos. Él pensó que eso me podría ayudar como referencia en la próxima ocasión que me sintiese triste. Como me parecía lógico, accedí.

Cuando fui a colocar esta nueva lista en el cajón donde guardo mis papeles, vi la lista anterior que leí nuevamente. Con sorpresa, vi que mi lista de quejas era casi idéntica a mi lista de agradecimientos: las mismas personas, la misma casa, la misma vida. Las circunstancias no habían cambiado, excepto mis sentimientos con respecto a ellas. Por primera vez, verdaderamente entendí hasta qué punto mi actitud determina la forma en que experimento el mundo.

Recordatorio para hoy

Hoy reconozco cuán poderosa puede ser mi mente. No siempre puedo sentirme bien y no me interesa encubrir mis dificultades con una sonrisa forzada. Pero puedo reconocer que constantemente estoy buscando alternativas para percibir mi mundo.

> Con la ayuda de Al-Anon y de mis amigos en la hermandad, puedo tomar decisiones más consciente y activamente que en ningún otro momento.

"Cambia tus pensamientos y cambiarás tu mundo."

Norman Vincent Peale

31 DE AGOSTO

A menudo he intentado cambiar a otras personas para satisfacer mis propios deseos. Sabía lo que necesitaba y si esas necesidades no eran satisfechas, el problema residía en otra persona. Buscaba a alguien que siempre estuviese disponible pero que no exigiera demasiado. Recordando el pasado, me parece haber estado buscando a una mascota en vez de a un ser humano. Naturalmente, esta actitud creaba tirantez en mis relaciones.

En Al-Anon he aprendido que hay una diferencia entre lo que espero y lo que necesito. Ninguna persona puede ser *todo* para mí.

Una vez más encaro el examinar mis propias actitudes. ¿Qué es lo que espero? ¿Es esta una expectativa realista? ¿Respeto la individualidad de otras personas o sólo las partes que satisfacen mis antojos? ¿Valoro lo que recibo?

Recordatorio para hoy

El tratar de cambiar a otros es fútil, tonto y ciertamente no un acto de amor. Hoy, en lugar de suponer que ellos constituyen el problema, puedo mirarme a mí mismo y ver qué cosas necesito cambiar en mi interior.

> "El comienzo del amor consiste en dejar que las personas a quienes amamos sean absolutamente ellas mismas y en no presionarlas para que se amolden a nuestra propia imagen."
>
> *Un día a la vez en Al-Anon*

1º DE SEPTIEMBRE

Después de un estudio detenido, nuestro pequeño grupo descubrió que, sin darse cuenta, estábamos en la misma rutina. Hacía mucho tiempo que no llegaban nuevos miembros o nuevas experiencias al grupo; todas nuestras reuniones, las cuales se basaban únicamente en *Un día a la vez en Al-Anon* o en mesas redondas, cubrían una y otra vez el mismo terreno con muy pocos cambios.

Tomamos conciencia de grupo y decidimos programar reuniones usando literatura de Al-Anon distinta. Comenzamos intercambios de oradores con otros grupos locales. La situación no tardó mucho en mejorar. La cantidad de miembros asistentes se triplicó en un año. Muy pronto teníamos tantos miembros nuevos que comenzamos una serie de reuniones para principiantes como extensión de nuestro grupo. Cada uno de nosotros se ha beneficiado personalmente gracias a nuestra voluntad de hacer un inventario de grupo.

Recordatorio para hoy

Cada grupo al igual que cada individuo experimenta cambios. Sin embargo no necesitamos afrontar solos estos cambios. La Segunda Tradición nos recuerda que existe un Dios bondadoso que se manifiesta en la conciencia de cada grupo. Cuando cada uno de nosotros tiene la voluntad de crecer, nos beneficiamos todos.

> "Existe un sentimiento de tranquilidad al saber que la guía para el grupo no viene de los individuos, sino de la disposición del grupo para seguir cualquier sabiduría que pueda ser expresada a través de los miembros durante la reunión."
>
> Al-Anon se enfrenta al alcoholismo

A lo largo de mis años en Al-Anon he pensado mucho acerca del Primer Paso. Últimamente he tratado de analizar mis sentimientos al respecto. Estos sentimientos se pueden describir principalmente con una sola palabra: pena. Pena al recordar el rápido recorrido de una amiga por las sendas del alcoholismo, desde una salud aceptable y una felicidad aparente hasta la cirrosis y la muerte.

Hoy en día, en realidad no siento odio hacia esta enfermedad, sin embargo, siento profundamente su presencia paralizante en mi vida. Recuerdo el daño hecho a mi familia, amigos y a mí mismo. Lloro por la pérdida del amor y de la vida causada por el alcoholismo. Lloro por los años perdidos que he pasado presa en las redes de esta enfermedad. Admito que soy incapaz ante el alcohol y que mi vida ha sido totalmente ingobernable siempre que he tratado de encararla.

Recordatorio para hoy

He sufrido muchas pérdidas como resultado del alcoholismo. Al admitir mi pena, admito parte de los efectos de esta enfermedad. Afrontando el impacto del alcoholismo en mi vida, comienzo a librarme de sus garras y a entrar en una vida llena de grandes promesas y esperanzas.

> "No es fácil admitir la derrota y rendirse ante este poderoso adversario: el alcoholismo. Sin embargo es absolutamente necesario rendirse si queremos llevar de nuevo una vida sana y feliz…"
>
> *Al-Anon es para hombres*

3 DE SEPTIEMBRE

Antes de llegar a Al-Anon, había construido una vida a base de sueños y promesas reservados para ese momento especial llamado "algún día". Algún día comenzaré—o terminaré—ese proyecto. Algún día llamaré a aquel amigo del cual me he distanciado. Algún día les haré saber cómo me siento. Algún día seré feliz. Voy a hacer ese viaje, encontrar trabajo, decir lo que pienso… Algún día. Espera y lo verás.

Espera—como yo esperé a que el alcohólico volviera de alguna de sus borracheras o a que la inspiración trajera hasta mi puerta amistades interesantes y oportunidades de trabajo, o a que todas las demás personas cambiasen. Pero Al-Anon me ha ayudado a descubrir que *hoy* puede ser ese algún día que he esperado desde siempre. No hay tiempo suficiente en estas veinticuatro horas para hacer todo aquello que siempre he querido sin embargo, hay tiempo para comenzar a hacer que mis sueños se conviertan en realidad. Si pido a mi Poder Superior que me guíe y doy un pequeño paso en la dirección que he elegido, podré llevar a cabo más de lo que nunca hubiese creído posible.

Recordatorio para hoy

Hoy no esperaré una eternidad, un día lluvioso, el día 366 del año o ese "algún día" para concretar las cosas buenas de la vida.

> "Cada indecisión trae consigo sus propios retrasos y se pierden días lamentando los días perdidos… Comienza a hacer todo aquello que puedes hacer o que te crees capaz de hacer, ya que la audacia entraña magia, poder y genialidad."
>
> Johann Wolfgang von Goethe

Muchos de nosotros nos sentíamos confundidos por la creciente tranquilidad de nuestras mentes a medida que nos librábamos de nuestras obsesiones, de nuestras preocupaciones o del hábito de concentrarnos en todo el mundo menos en nosotros mismos. Sabíamos cómo vivir en estado de crisis, pero a veces tardábamos un poco en acostumbrarnos a estar a gusto con nuestra calma. El precio de la serenidad era acallar esa constante algarabía mental que nos ocupaba tanto tiempo; de pronto teníamos mucho tiempo disponible y comenzamos a pensar en cómo usarlo.

Habiendo conseguido una serenidad cada vez mayor como resultado de la aplicación del programa de Al-Anon, me sorprendí todavía aferrada a viejos temores, como si deseara seguir en estado de crisis. Me di cuenta de que no sabía sentirme segura a menos que mi mente permaneciera activa. Al preocuparme me sentía involucrada y por tanto de alguna forma ejercía control.

Mi Madrina me sugirió que como ejercicio tratara de mantener la calma interior aún cuando me sintiera asustada y llena de dudas. Al hacerlo, yo me tranquilizaba dándome seguridad de que estaba a salvo al cuidado de un Poder Superior a mí misma. Hoy sé que la cordura y la serenidad son regalos que he recibido a cambio de mis esfuerzos y mi fe. Con la práctica estoy aprendiendo a confiar en la paz.

Recordatorio para hoy

Hoy disfrutaré de mi serenidad. Sé que puedo gozar de ella sin temor.

"No te muevas y entiende que estoy contigo."

Plegaria inglesa

5 DE SEPTIEMBRE

Cuando comencé a estudiar el Séptimo Paso que dice: "Humildemente pedimos a Dios que nos librase de nuestras culpas", mi lista de culpas incluía un extenso catálogo de sentimientos. Humildemente pedí a Dios que eliminase mi ira, mi miedo y mis sentimientos de culpa. Esperaba que llegase el día en que nunca más tuviese que experimentar esos sentimientos.

Claro está, ese día nunca llegó. Sin embargo, he aprendido que los sentimientos no son defectos. La verdadera naturaleza de mi problema era mi negativa tenaz a reconocer mis sentimientos, a aceptarlos y a dejarlos marchar. Tengo muy poco poder sobre los sentimientos que afloran, sin embargo, es mi responsabilidad el saber qué hacer con ellos.

Hoy en día puedo aceptar mis sentimientos, compartirlos con otras personas, reconocer que son sentimientos y no hechos y luego dejarlos marchar. Ya no me encuentro inmersa en un estado permanente de ira o de autocompasión pues cuando me permito sentir lo que deseo, los sentimientos pasan. No he perdido mis emociones sino que me he librado de las deficiencias que bloqueaban la aceptación de mí misma.

Recordatorio para hoy

Cuando practico el Séptimo Paso, rezo para que cualquier interferencia que pueda existir entre la voluntad de mi Poder Superior y yo pueda ser eliminada. No tengo que tener todas las respuestas. Necesito sólo la voluntad.

> "No necesariamente obtuvimos los resultados que deseábamos, sin embargo de alguna manera siempre recibimos aquello que más necesitábamos."
>
> ...*En todas nuestras acciones*

6 DE SEPTIEMBRE

Un escritor de un periódico local recientemente afirmó que la mayoría de las personas pasan más tiempo planeando sus vacaciones que pensando en las cosas verdaderamente importantes de sus vidas. Claro está que las vacaciones tienen una cierta importancia, sin embargo nuestro lema nos pregunta "¿Cuán importante es?"

En cualquier caso, el énfasis principal de mi actividad mental en general es cualquier problema, agravio o irritación que en ese momento ocupe mi mente. "Ahora", me digo, "estoy concentrándome en lo que es verdaderamente importante." Sin embargo, "¿Cuán importante es?" Cuando recuerde estas cuestiones de hoy en dos años, o el mes que viene, ¿las consideraré importantes?

Al-Anon me ayuda a afrontar los grandes problemas de mi vida. Por ejemplo, ¿Cómo puedo mejorar la relación con mi Poder Superior? ¿Me estoy dando la oportunidad de disfrutar del momento presente? ¿Me estoy convirtiendo en la persona que deseo ser? ¿De qué puedo estar agradecido hoy?

Recordatorio para hoy

¿Hay orden en mis prioridades? ¿Estoy tan ocupada con problemas menores que no tengo tiempo para consideraciones verdaderamente importantes? Hoy me daré tiempo para pensar en las cosas que verdaderamente importan.

> "Hoy usaré el lema: ¿Cuán importante es? Me ayudará a pensar las cosas antes de actuar y esto me dará justamente una mejor imagen de lo que es importante en mi vida."
>
> *Alateen—un día a la vez*

7 DE SEPTIEMBRE

Nunca le di mucha importancia a la Séptima Tradición que dice que cada grupo ha de ser económicamente autosuficiente. Pensaba que se refería únicamente al pago del alquiler. Sin embargo recientemente participé en un grupo que se mantenía a sí mismo económicamente pero no era autosuficiente ya que nadie se comprometía a ejecutar servicios. Yo ya ocupaba varios puestos y cuando llegó la hora de dejarlos, nadie estaba dispuesto a reemplazarme. Tomé lo que en ese momento me pareció la decisión responsable y dejé los puestos de todas maneras. El grupo se cerró. En mi opinión, un grupo que no puede cubrir sus servicios no es completamente autosuficiente.

Hoy, en otros grupos más sólidos, tengo un mayor conocimiento de mi responsabilidad para con esta Tradición. Pienso que al nutrir nuestros grupos, nos nutrimos y crecemos nosotros mismos. *Podemos* contribuir, *podemos* tomar decisiones que nos ayuden a recuperarnos y a recuperar a otros miembros.

Recordatorio para hoy

Existe algo más que pagar el alquiler a la hora de mantener un grupo de Al-Anon plenamente autosuficiente. La continuidad del servicio es importante para nuestro bienestar común. Hoy reflexionaré acerca de la contribución que aporto a mi grupo.

> "Puedo ayudar a mi grupo en muchas formas. Cuando pasan la canasta, doy lo que puedo. También es importante saber que puedo dar mi tiempo y apoyo moral para ayudar a que el nuestro sea la clase de grupo al que me honro en pertenecer."
>
> *Alateen—un día a la vez*

¿Existe alguna cosa que impida confiar en un Poder Superior? ¿Qué obstáculos me imposibilitan a que entregue mi voluntad y mi vida a Dios? En mi caso la respuesta es obvia: deseo garantías. Me resisto pensando que encontraré una nueva solución a mis problemas aunque lo haya intentado una y otra vez y haya fallado otras tantas. El riesgo parece muy grande. Si suelto las riendas ya no ejerceré el control de la situación. No podré estar seguro de que se cumpla mi voluntad.

Deseo la recuperación. Pero, si continúo haciendo lo que he hecho siempre seguiré recibiendo lo que siempre he recibido. Deseo los beneficios que este programa espiritual me puede ofrecer, por tanto debo arriesgarme y "Soltar las riendas y entregárselas a Dios."

Quizás la fe me ofrezca los resultados que busco, quizás no. A pesar de que no existen garantías, los beneficios de una relación duradera con un Poder Superior me pueden ayudar a crecer seguro, fuerte y capaz de afrontar cualquier cosa que me pueda suceder, aun después de que la crisis haya pasado.

Recordatorio para hoy

Hoy haré una contribución a mi desarrollo espiritual. Trataré de identificar los obstáculos que bloquean mi fe.

"La comprensión es la recompensa de la fe, por tanto no trates de comprender que puedes creer pero cree que puedes comprender."

Aurelius Augustinus

9 DE SEPTIEMBRE

A veces me encuentro sentado en una reunión sin saber cómo pedir ayuda. Me siento atrapado dentro de mi dolor. Algo sin nombre parece roer mis entrañas. Me quedo inmóvil pensando que si no me muevo desaparecerá. Por tanto no pregunto, no hablo y el dolor crece.

¿Se ve sereno mi rostro? No se engañen, sólo tengo miedo de dejarles ver la verdad. Podrían pensar que soy estúpido o débil. Podrían rechazarme. Por eso no hablo y el dolor subsiste.

Sin embargo escucho, y por medio de otras personas mi Poder Superior hace por mí lo que no puedo hacer por mí mismo. Alguna persona en la reunión comparte y expresa los mismos sentimientos que me asusta describir. Repentinamente mi mundo se abre y me siento un poco más seguro. Ya no estoy solo.

Recordatorio para hoy

Uno de los milagros que he encontrado en Al-Anon es que la ayuda a menudo viene cuando más la necesita. Cuando no puedo decidirme a pedir ayuda, ésta a menudo viene a mí. Cuando no sé qué decir, me dan las palabras que necesito. Y cuando comparto lo que se encuentra dentro de mi corazón, puede que esté dando voz a alguien que no puede encontrar la suya. Hoy tengo un Poder Superior que conoce mis debilidades.

"Mientras camino, mientras camino,
el universo camina conmigo."

—Tomado de la ceremonia de la danza de la lluvia de los indios Navajos

Cuando llegué a Al-Anon me sentía tan negativo que ni siquiera me había dado cuenta de que existían alcohólicos en mi vida. Al-Anon me ayudó a adquirir la seguridad suficiente para poder enfrentarme con la realidad. A medida que mi negatividad se iba disipando, me horrorizaban las mentiras con las que me engañaba a mí mismo y a otros.

Pero fui de un extremo al otro y me convertí en una persona que debía decir la verdad a toda costa. Mi misión era informar sobre lo que *verdaderamente* estaba pasando a todo aquél dispuesto a escucharme. A esto lo denominé "honestidad", no obstante lo que verdaderamente estaba expresando era mi rencor y menosprecio por el alcohólico, a la vez que gritaba pidiendo ayuda.

Al-Anon me ha enseñado que mi visión de la situación es sólo la "verdad" vista desde mi pequeño rincón del universo. No puedo borrar la negatividad del pasado echándole la culpa al alcohólico por una enfermedad que ha afectado nuestras vidas, o insistiendo amargamente en que ahora conozco la verdadera realidad. No obstante puedo perdonar mis respuestas extremas a situaciones extremas sabiendo que actuaba de la mejor manera posible. Hoy puedo ser honrado y a la vez ser gentil conmigo mismo.

Recordatorio para hoy

Cuando dejo de preocuparme por la forma en que las otras personas ven las cosas y me concentro en mí mismo, logro más serenidad de la que jamás haya conocido. No puedo controlar la enfermedad del alcoholismo, pero puedo librarme de sus garras analizando mis motivos y sentimientos con honradez.

"Aquél que luche con monstruos debería cuidarse de no convertirse en uno durante el proceso."

Friedrich Nietzsche

11 DE SEPTIEMBRE

Durante el proceso completo de aplicación de mi Cuarto Paso (sin temor hacer un sincero y minucioso examen de conciencia), sentí una sospecha insidiosa de que en algo estaba fallando. Con la ayuda de mi Poder Superior finalmente me di cuenta de que el error no era que había aplicado mal el Cuarto Paso; el problema radicaba en que tenía la misma sensación de insuficiencia en todos los órdenes de mi vida. Siento *que todo aquello* que hago lo hago mal y que lo mejor que puedo no es suficientemente bueno. Y simplemente eso no es verdad. Hago las cosas muy bien.

El conocimiento de mí mismo que he desarrollado por medio del Cuarto Paso pone mis dudas sobre mí mismo en la perspectiva adecuada. Ello es el resultado de vivir tantos años con el problema del alcoholismo. En consecuencia, cuando aflora este sentimiento, lo identifico y lo comparto con otros, acepto el hecho de sentirlo y luego lo dejo a un lado. Yo no creo que tenga validez alguna.

Recordatorio para hoy

El Cuarto Paso me ofrece la oportunidad de encontrar un equilibrio. Me ayuda a identificar las cosas que me he estado diciendo acerca de mí mismo y a averiguar si son o no verdad. Hoy tomaré una de mis suposiciones y la examinaré detenidamente. Puede que descubra que surge del hábito más que de la realidad.

"Debo darme cuenta… que la duda y el odio de mí mismo son defectos de carácter que obstaculizan mi crecimiento."

El dilema del matrimonio con un alcohólico

12 DE SEPTIEMBRE

Al enfrentarnos con el cambio, con un problema o con un descubrimiento, la conciencia viene seguida de un período de aceptación antes de pasar a la acción. A este proceso se le llama a menudo "las tres fases": conciencia, aceptación y acción.

Enfrentarnos con nuestra nueva conciencia puede resultar extremadamente delicado y muchos de nosotros deseamos a toda costa evitar el dolor de la incomodidad. Sin embargo, si no aceptamos la realidad con la cual nos enfrentamos, posiblemente no seamos capaces de tomar medidas efectivas con confianza.

No obstante, es posible que dudemos en aceptar una realidad desagradable pensando que, al aceptarla, perdonamos lo intolerable. Pero esto no es así; de acuerdo con lo que se nos dice tan elocuentemente en *Un día a la vez en Al-Anon*: "La aceptación no significa sumisión a una situación degradante. Significa aceptar una situación y luego decidir lo que vamos a hacer al respecto." La aceptación nos puede dar poder ya que hace que la decisión sea posible.

Recordatorio para hoy

Me daré tiempo para aceptar mi situación antes de actuar. Puede que surjan opciones desconocidas cuando acepte la realidad.

"Nos hallamos aquí, sin miedo a seguir la verdad donde quiera que ésta nos conduzca."

Thomas Jefferson

13 DE SEPTIEMBRE

Haré que cada momento de este día sea muy preciado e importante. Usaré este día para enriquecer mi vida y mejorar mi relación con mi Poder Superior, con otras personas y conmigo mismo. Cada uno de los Doce Pasos me podrá ayudar a conseguir mi meta, cualesquiera que sean mis circunstancias. Las reuniones, las llamadas telefónicas y la literatura Al-Anon me ayudan a aplicar los Pasos a los acontecimientos de mi vida ahora mismo. En este momento puedo lograr un cambio positivo.

Quizás piense en el tiempo como una cuenta corriente especial. Tengo veinticuatro horas para gastar. Al aplicar los principios de Al-Anon a mi vida hoy, he decidido usar esas horas para crecer, disfrutar y mejorar. Tengo aún la oportunidad de aprender de mis errores, ya que otras veinticuatro horas comenzarán en cualquier momento.

Recordatorio para hoy

Este día me ofrece la oportunidad de comenzar una nueva vida. ¿Cómo puedo aprovechar mejor esta oportunidad?

"Comenzamos con regalos. El mérito proviene de lo que somos capaces de hacer con ellos."

Jean Toomer

Vivir con un alcohólico me enseñó que era mejor no esperar nada. Las experiencias eran demasiado dolorosas Me ilusionaba con algo, para ver luego mis esperanzas destruidas. Con el correr del tiempo mis esperanzas fueron haciéndose cada vez más débiles, y caí en una desesperación cada vez más profunda. Finalmente anulé mis sentimientos y me negué a preocuparme o a tener esperanza alguna.

Por medio de los Doce Pasos de Al-Anon, estoy descubriendo una espiritualidad que me permite creer que hay razones para tener esperanza. Con la ayuda de mi Poder Superior, cualesquiera que sean mis circunstancias, puedo sentirme plenamente vivo en cada momento y disfrutar de esta sensación. Las experiencias dolorosas de toda una vida no se olvidan de la noche a la mañana, pero Al-Anon me está ayudando a aprender que puedo, sin temor, sentir, esperar y hasta soñar.

Recordatorio para hoy

Es arriesgado tener sentimientos, puede que me desilusione. Sin embargo, al tratar de protegerme del dolor, podría perder muchos deleites que la vida me ofrece. Hoy viviré más plenamente.

"Los años me podrán arrugar la piel, pero darse por vencido me arruga el alma."

Samuel Ullman

15 DE SEPTIEMBRE

Noche tras noche daba vueltas en la cama y me preocupaba. ¿Por qué no podía dormir? ¿Qué me pasaba? Mi vida era difícil pero no más que de costumbre. Había probado leche caliente, leer en la cama, música suave y hasta una visita al doctor; a pesar de todo esto no conseguía dormir más de un par de horas. Estaba aterrorizado. Hablé acerca de mis preocupaciones en una reunión de Al-Anon y otro miembro me contó un problema similar. Lo que le había ayudado fue aceptar la situación plenamente y admitir que era incapaz para conciliar el sueño. Al recordar el incidente, admitió que su insomnio fue una bendición; lo había mantenido demasiado cansado para meterse en líos.

Me di cuenta de que esto también era cierto para mí. Me preocupaba compulsivamente de la sobriedad del ser querido, y de estar siempre vigilante y entrometiéndome a pesar de mis muchos intentos de ocuparme sólo de mis propios asuntos, pero últimamente he estado demasiado cansado para preocuparme demasiado de cualquier cosa que no es de mi incumbencia. A menudo había rezado para librarme de mi preocupación obsesiva y ahora, de forma inesperada, mis plegarias habían sido escuchadas.

Recordatorio para hoy

Los regalos de mi Poder Superior a veces asumen formas inesperadas. Quizás algo que yo veo como un problema es en realidad una forma de ayuda.

"Nada es bueno o malo. Es la forma de pensar la que lo hace así."

Benjamín Franklin

Ante los problemas aparentemente más imposibles, puede ser fácil creer que nuestros pensamientos negativos reflejan la verdad. Se nos presentan de forma muy convincente haciéndonos creer lo peor, y hasta parece superficial considerar una solución positiva. No obstante, la voz más alta no es necesariamente la que está en posesión de la verdad.

No importa cuán insistente sea un sentimiento, es sólo un sentimiento, no una profecía. No sabemos hoy lo que pueda pasar mañana. Pensar en una posible solución nos puede llevar a la desilusión, pero a veces nos ayuda a recordar que una solución positiva es tan probable como una negativa.

Somos incapaces ante el resultado de nuestras acciones. Podemos tratar de tomar hoy una decisión sabia pero lo que suceda en el futuro no está en nuestras manos. Ya que no sabemos qué esperar, ¿por qué no confiar en que un Poder Superior pueda utilizar todo lo que nos suceda para acelerar nuestro crecimiento?

Recordatorio para hoy

Hoy pondré mi futuro en manos de mi Poder Superior. Confío en que al entregarlo, pueda ser usado para mi bien.

> "Esta oportunidad, como todas, es muy buena si sabemos qué cosa hacer con ella."
>
> Ralph Waldo Emerson

17 DE SEPTIEMBRE

La mayoría de los seres humanos tiene una necesidad instintiva de ser aceptados. El deseo de ser aceptados, de mantener la paz, nos ayuda a entendernos con otros y a formar parte de la sociedad. Este instinto ha permitido la supervivencia a muchas civilizaciones y no resulta dañino siempre que se conserve el sentido del equilibrio.

La necesidad de agradar a las demás personas se puede volver destructiva cuando paso por alto mis propias necesidades y sacrifico continuamente mi propio bienestar a favor de otras personas. Al-Anon me puede ayudar a encontrar el término medio que me permite responder a mis sentimientos, incluido mi deseo de ser aceptado, y todavía ser capaz de cuidar de mí mismo.

La mejor manera de mantener este equilibrio es fomentar mi autoestima. Cuando me trato a mí mismo con amabilidad y respeto, puedo llevarme mejor con las demás personas.

Recordatorio para hoy

Reconoceré que todos mis instintos y sentimientos existen por una razón determinada. Hoy, en vez de tratar de erradicar estos sentimientos, lucharé por encontrar un equilibrio.

"Si no existo por mí mismo, ¿quién lo hará por mí? Y si sólo existo para mí mismo, ¿qué soy? Y si no ahora, ¿cuándo?"

Hillel

Cuando estoy preocupado por el porvenir, recuerdo dónde he estado. Cuando recién conocí el programa solía decir: "Estoy mejor ahora que antes de llegar a Al-Anon. Seguiré viniendo." Cuando me sentía frustrado por todos los cambios que quería lograr me decía: "Al menos me doy cuenta de los problemas. Ahora sé lo que encaro." Y recientemente me di cuenta de que decía: "Si alguien me hubiese dicho hace un año que iba a estar donde me encuentro hoy, no lo hubiese creído posible."

El tiempo nos ofrece pruebas de que el programa de Al-Anon es útil. Puedo ver el crecimiento en mi vida. Cuanto más viva de acuerdo con estos principios, más pruebas tendré de que es así. Este refuerzo me proporciona un fuerte apoyo en momentos de duda y me ayuda a fortalecer el valor en momentos de temor.

Recordatorio para hoy

Cuando me siento incapaz de moverme o cuando estoy lleno de temores, dispongo de un don maravilloso que me ayuda a allanar el camino: el don de la memoria. Muy a menudo los recuerdos me han proporcionado tristeza, devolviéndome el daño y la vergüenza del pasado. Sin embargo, ahora puedo usar mi memoria para ver el progreso que he logrado y para sentir la felicidad de la gratitud. Mi propia experiencia me enseña a confiar en este maravilloso proceso de recuperación. Todo lo que tengo que hacer es prestar atención.

"Dios nos dio los recuerdos para que pudiéramos tener rosas en diciembre."

James M. Barrie

19 DE SEPTIEMBRE

Al hacer una lista de todas las personas a quienes hemos perjudicado (Octavo Paso), algunos nombres nos vienen a la mente inmediatamente, mientras que otros exigen un mayor detenimiento. Nuestro examen del Cuarto Paso nos puede ayudar a refrescar la memoria. Nos podemos preguntar acerca de situaciones en las cuales nuestros defectos de carácter hayan podido llevarnos a actuar de forma perjudicial, y añadimos a nuestra lista del Octavo Paso todos los nombres de las personas afectadas.

También podemos examinar la lista que ya hemos confeccionado y preguntarnos si nos hemos comportado de la misma forma con otras personas. Muchos de nosotros descubrimos pautas ocultas de comportamiento destructivo como resultado de escribir esta lista. Aun cuando nuestros defectos no hayan sido la causa, podemos haber perjudicado a otros aunque hayamos tenido las mejores intenciones. Sus nombres también pertenecen a la lista.

Una vez que no tengamos dudas acerca del mal causado, es posible efectuar cambios y reparaciones de tal forma que nos sintamos más a gusto con nuestro comportamiento y con la forma de relacionarnos con los demás.

Recordatorio para hoy

Una lista del Octavo Paso me ayuda a librarme del remordimiento y de las culpas que haya podido arrastrar del pasado. Me acercaré a este Paso con amor y ternura ya que lo tomo para mi propia liberación.

> "Nuestras acciones tienen consecuencias, y a veces otras personas resultan dañadas. Al practicar el Octavo Paso reconocemos este hecho y estamos dispuestos a reparar el mal causado."
>
> *...En todas nuestras acciones*

Tratando de seguir una sugerencia que oí en las reuniones de Al-Anon, con toda responsabilidad escribí una lista de las cosas por las que me sentía agradecido. Enumeré cosas como mi salud, mi trabajo y la comida en la mesa. Cuando terminé no me *sentía* demasiado agradecido; mi mente estaba aún abrumada por mi forma negativa de pensar como resultado de la convivencia con el alcoholismo. No obstante había concretado un gesto y la semilla de la gratitud estaba plantada.

Gradualmente aprendía a valorar los pequeños logros de mi vida diaria. Quizás haya podido evitar discusiones inútiles rezando la Oración de la Serenidad o ayudar a un recién llegado al compartir en una reunión, o terminar algo que había descuidado. Estaba comenzando a cambiar; traté de reconocer estos pequeños cambios y así mi autoestima fue creciendo. La aplicación diaria de los principios de Al-Anon me ha ayudado a intensificar mi sentido de la gratitud y a reemplazar los pensamientos insistentes y negativos. Después de un tiempo pude volver a mi lista primitiva y sentirme realmente agradecido por aquellas cosas que había dado por sentado.

Recordatorio para hoy

Necesito nutrirme de gratitud. Hoy, como práctica, valoraré mi mundo, el Poder Superior y a mí mismo.

> "Me tendía en la cama y recitaba el alfabeto, contando todas las razones por las que debía estar agradecido, comenzando con A... Esto ha significado un gran cambio en mi vida."
>
> *As We Understood...*

21 DE SEPTIEMBRE

Por vivir afectado con la enfermedad del alcoholismo, me volví una persona temerosa que odiaba los cambios. Aunque mi vida era caótica, era un caos familiar que me daba la sensación de tenerlo controlado. Era una falsa apariencia. En Al-Anon he aprendido que soy incapaz ante el alcoholismo y ante muchas otras cosas. También he aprendido que el cambio es inevitable.

Ya no tengo que suponer que los cambios son nocivos porque puedo recordar que algunos cambios, tales como venir a Al-Anon, han ejercido un efecto positivo.

Todavía tengo muchos temores, pero el programa de Al-Anon me ha enseñado que mi Poder Superior me ayudará a superarlos. Creo que existe un Poder Superior a mí y decido confiar en este Poder que sabe exactamente lo que necesito y cuándo lo necesito.

Recordatorio para hoy

Hoy puedo aceptar los cambios que están ocurriendo en mi vida y vivir con ellos más cómodamente. Confiaré en Dios según mi propio entendimiento de Él y mis temores se reducirán. Me siento seguro con este conocimiento, sabiendo que siempre me cuidarán cuando escuche mi voz interior.

> "Quizás nos preguntemos cómo pasaremos todas estas fases y etapas, los niveles de crecimiento y recuperación… Saber que no estamos solos con frecuencia acalla nuestros temores y nos ayuda a ver las cosas en perspectiva."
>
> *Viviendo con un alcohólico sobrio*

El Quinto Paso ("Admitimos ante Dios, ante nosotros mismos y ante otro ser humano la naturaleza exacta de nuestras faltas") es una experiencia muy íntima en la cual compartimos nuestros pensamientos más personales y nuestras experiencias con otra gente. Mucho se ha dicho acerca de la libertad que este Paso ofrece a la persona que habla no obstante, puede ser una experiencia enriquecedora también para la persona que escucha.

Muchos de nosotros nos sentimos muy honrados al ser elegidos para compartir una experiencia tan sensible y personal. Es una oportunidad maravillosa brindar amor incondicional y apoyo sólo escuchando. Muchos oímos historias que son similares a las propias; otros pueden identificarse con los sentimientos que se expresan. Quizá recordemos dónde hemos estado y hasta dónde hemos llegado. También podemos ver que, a pesar de nuestras diferencias exteriores, tenemos mucho en común con otras personas.

Ya sea que practiquemos este Paso escuchando o hablando, nos convertimos en el conducto de nuestro Poder Superior. A menudo oímos cosas que arrojan luz sobre nuestra propia situación.

Recordatorio para hoy

Cuando respondo a una llamada de ayuda mientras aplico el programa de Al-Anon, me ayudo a mí mismo también.

"No hay mejor forma de conservar nuestros beneficios espirituales que repartirlos con amor, libres de expectativas y sin condiciones."

...En todas nuestras acciones

23 DE SEPTIEMBRE

Uno de mis defectos de carácter es imitar el mismo comportamiento que veo en los que me rodean: reaccionar a los insultos con más insultos, a la descortesía con descortesía. Nunca pensé actuar de ninguna otra forma hasta que comencé a ir al trabajo con un miembro veterano de Al-Anon. Cada día cuando mi amiga se paraba a comprar el periódico de la mañana, el dependiente se comportaba de forma hostil y malhumorado. Independientemente de la descortesía con la que la trataba, mi amiga respondía con amabilidad. ¡Yo estaba furiosa! ¿No nos dice Al-Anon que no tenemos que aceptar un comportamiento inaceptable? Finalmente comenté este asunto con ella.

Me respondió que ya que éste era el único puesto de periódicos de la zona, prefería desprenderse del comportamiento que pasarse sin el periódico. Me explicó que somos incapaces ante las actitudes de otras personas, pero no hay por qué permitir que nos inciten a cambiar nuestras propias pautas. En la medida de lo posible ella ha decidido tratar con cortesía a todas las personas que encuentre. Los demás son libres de tomar sus propias decisiones.

Recordatorio para hoy

Hoy procuraré "Que empiece por mí." No tengo que aceptar un comportamiento inaceptable; puedo comenzar negándome a aceptarlo en mi propio caso. Puedo decidir actuar con cortesía y dignidad.

> "Mi libertad y mi independencia no dependen de actos de desafío o de confrontaciones. Dependen de mis propias actitudes o sentimientos. Si estoy siempre reaccionando, nunca seré libre."
>
> *Al-Anon es para hijos adultos de alcohólicos*

Un amigo de Al-Anon dice: "Me inclino a considerar mi experiencia con el alcoholismo como una película épica en colores, una superproducción con mi nombre iluminado en la marquesina, pero no es realmente así. Es sólo una película casera."

De tiempo en tiempo he compartido la visión exagerada de mi amigo, aunque claro, cuando esto pasaba el nombre iluminado era el mío propio.

Llegué a este programa con una historia que contar que parecía estar plasmada en una pantalla muy ancha. La conté una y otra vez, hasta que un día me di cuenta de que estaba sentado en una habitación con otras personas, enseñando películas familiares.

Hoy me siento feliz de estar allí como parte del espectáculo, pero mi papel ha cambiado. Ya no soy un mártir, sacrificándome con valor en el mundo frío y cruel del melodrama. El realismo prevalece ahora. Mi papel es importante, pero no único, y no espero ver mi nombre en la marquesina.

Recordatorio para hoy

Al-Anon me ha dado la oportunidad de compartir mis películas caseras con otras personas. Mi situación no es ni la mejor ni la peor. Aunque soy único en algunas cosas, me parezco más a otras personas de lo que jamás hubiera sospechado. Hoy valoraré este sentido de compañerismo.

> "…A medida que aprendemos a situar nuestro problema en su auténtica perspectiva, vemos que éste pierde el poder de dominar nuestros pensamientos y nuestra vida."
>
> *Bienvenida sugerida de Al-Anon/Alateen*

25 DE SEPTIEMBRE

Me encaro practicando el Tercer Paso una y otra vez. Por desgracia, a menudo espero hasta que el problema comienza a abrumarme antes de finalmente ceder y ponerlo en manos de mi Poder Superior. No obstante, hoy estoy procurando poner mi voluntad y mi vida enteras en manos de mi Poder Superior aceptando Su voluntad para conmigo en cualquier circunstancia.

La conciencia que he adquirido en Al-Anon me demuestra que mi manera de ser no ha funcionado bien en el pasado. Sólo cuando suelto las riendas y confío en la voz interior que muy delicadamente me empuja en la dirección que ha elegido mi Poder Superior, mi vida adquiere plenitud.

Recordatorio para hoy

¿Hay una parte de mi vida que considero demasiado importante para ponerla en manos del Poder Superior? ¿Los esfuerzos para controlar esa parte están haciendo que mi vida sea mejor y más gobernable? ¿Surten algún efecto? Puedo aferrarme a mi voluntad hasta que la situación se vuelva demasiado penosa y sucumba, o puedo utilizar mi energía donde me sea más provechosa y rendirme a mi Poder Superior.

> "He tenido en mis manos muchas cosas, y las he perdido todas, sin embargo todo aquello que he puesto en manos de Dios, lo conservo todavía."
>
> Martin Luther

Al llegar a Al-Anon pensaba que la ira, el resentimiento, los celos y el temor eran "malos" sentimientos. El programa me ha ayudado a aprender que los sentimientos no son ni buenos ni malos, son simplemente una parte de mi persona.

He llegado a darme cuenta de que a veces como resultado de estos sentimientos, han ocurrido cosas buenas. La ira me ha llevado a introducir algunos cambios constructivos en mi vida. El resentimiento me ha hecho sentir tan incómodo que he tenido que aprender a combatirlo; como resultado de ello, he aprendido a rezar por otras personas. Los celos me han enseñado a mantener la boca cerrada cuando sé que voy a decir sólo cosas irracionales y destructivas. Por último el temor ha sido quizás mi mayor don, ya que me obliga a establecer un contacto consciente con mi Poder Superior.

Ahora que lo negativo se ha convertido en positivo, puedo aceptar mejor todo lo que me sucede. Ya no hay necesidad de juzgar u odiarme a mí mismo sólo porque experimento sentimientos humanos.

Recordatorio para hoy

Los sentimientos pueden no resultar cómodos, sin embargo eso no los hace negativos. Con un cambio de actitud, puedo decidir acerca de lo que debo hacer con mis sentimientos. Cualquier cosa se puede utilizar para mi bien si yo lo permito. Reconocer esta oportunidad puede requerir mucha imaginación, pero quizás para eso Dios me ha dado la imaginación.

"Mis sentimientos no son ni buenos ni malos, pero son importantes en tanto que son míos."

...En todas nuestras acciones

27 DE SEPTIEMBRE

"Ojalá tuviera sabiduría infinita", pienso secretamente. "Ojalá pudiese ver todo lo que me espera, un camino claro, el conocimiento de cómo debo pasar cada momento de mi vida." Sin embargo, en cada una de las reuniones de Al-Anon me recuerdan que puedo sólo trabajar con aquello que ya tengo, puesto que no sé lo que el mañana me traerá. Lo que es más, quizá sea mejor no saber. Si conociese el porvenir, sospecho que pasaría todo mi tiempo tratando de evitar las experiencias dolorosas en vez de vivir, y me perdería cosas maravillosas.

Puedo confiar en que mi Poder Superior me guíe en este día para estar preparado para el futuro y poder afrontar lo que éste me depare. De esta manera me quedará tiempo para disfrutar de los múltiples dones que la vida me pueda ofrecer en lugar de derrochar ese tiempo en preocupaciones.

Recordatorio para hoy

Una vieja máxima nos dice, "Brillará cuando tenga que brillar." Si estoy dispuesto a escuchar, recibiré toda la información que necesite cuando llegue el momento preciso.

"Sólo por hoy trataré de pasar el día sin esperar resolver el problema de toda mi vida en un momento."

Sólo por hoy

Aprendí una enérgica lección acerca de soltar las riendas una noche en una reunión de trabajo de Al-Anon. Me hizo falta mucho valor para sugerirle a mi grupo que incluyera toda la Oración de la Serenidad como parte de la apertura de la reunión. Otro miembro sugirió que se leyeran las Tradiciones con más regularidad.

La conciencia del grupo aprobó la sugerencia sobre las Tradiciones, mientras que mi querido proyecto, el de la Oración de la Serenidad, fue desechado. Me sentí hinchado de orgullo herido, sin embargo algo que había aprendido en Al-Anon me daba vueltas por la cabeza: "anteponer los principios a las personas." De pronto ya no me importó que mi sugerencia no hubiese sido aceptada. Estábamos todos juntos en la hermandad y esto era lo importante.

Con la seguridad de mi grupo de Al-Anon aprendo a no esperar que siempre se haga mi voluntad. Con la práctica, puedo aplicar esta lección a todas mis relaciones.

Recordatorio para hoy

Es importante expresar mis ideas. Es también importante aceptar el resultado. Me valoro a mí mismo al arriesgarme a expresar mis opiniones sabiendo que los resultados de mis acciones no están a mi alcance.

> "Nuestra preocupación es sólo el cumplimiento del deber, no los frutos de esta acción. Desecha todo deseo y temor por los frutos y cumple con tu deber."
>
> El Bhagavad Gita

29 DE SEPTIEMBRE

Algunos alcohólicos se vuelven violentos, especialmente cuando beben. ¿Cómo manejamos la violencia? ¿Qué cosa podemos hacer?

Al-Anon no da consejos específicos sobre las relaciones. No aconsejamos ni terminarlas ni continuarlas. Es mejor dejar estas decisiones a los miembros, para que cada uno las tome cuando esté preparado. No obstante, hacemos hincapié en la responsabilidad personal de cuidar de nosotros mismos. Si sabemos que el peligro físico es parte de nuestra realidad, lo podemos admitir y tomar medidas para protegernos, al menos temporalmente. Podemos buscar un lugar seguro a donde podamos ir a cualquier hora si lo necesitamos. Quizás sea prudente tener dinero y las llaves del coche a mano. También podemos buscar ayuda profesional o hablar con la policía acerca de nuestras opciones.

Nadie tiene el derecho de maltratar físicamente a una persona en ninguna circunstancia. Podemos hacer un análisis de nuestra conducta para ver si estamos contribuyendo al problema provocando a alguien que esté borracho. Así podemos intentar cambiar esa conducta. Pero no somos la causa de la violencia o los malos tratos de otra persona.

Recordatorio para hoy

No tengo el poder de cambiar a otra persona. Si afronto violencia, debo ser yo el que cambie. Comenzaré siendo honrado acerca de lo que está sucediendo.

"Hay esperanza, hay ayuda, y tengo el derecho inalienable a la dignidad humana."

...En todas nuestras acciones

Sólo por hoy probaré un comportamiento nuevo. Puedo pensar que quizás se me haya dado vida para que aprenda algo acerca de mí mismo. Quizás la vida sea una serie de experimentos en los cuales algunos tienen éxito y otros fracasos, y tanto los fracasos como los éxitos llevan a nuevos experimentos.

Sólo por hoy trataré de cambiar ligeramente alguna pauta de comportamiento que repetidamente me causa problemas, solamente para ver lo que sucede. Por ejemplo, si tengo la costumbre de responder con actitudes negativas a una persona o acción en particular—levantarme, trabajar, pedir ayuda, símbolos de autoridad, etc.—puedo probar respuestas diferentes más positivas. Puedo pensar que es una investigación y aprender de los resultados.

Este día es todo lo que tengo a mi disposición. El pasado se terminó y el mañana está fuera de mi alcance. Trataré de recordar que este día puede ser un gran regalo al que trataré de sacarle el máximo provecho.

Recordatorio para hoy

Sólo por hoy buscaré maneras de disfrutar la vida—pararme en un jardín, intentar un nuevo pasatiempo, o llamar a un buen amigo. Puedo buscar el humor. Puedo saborear el amor. Puedo explorar algo nuevo. Quizás sólo por hoy pruebe pararme de cabeza para ver si me gusta la vista.

> "Sólo por hoy encontraré un momento de tranquilidad para darme cuenta de lo que es la vida y de lo que puede ser; momento para pensar en Dios y lograr tener una mejor perspectiva de mi vida."

Alcoholismo, contagio familiar

1º DE OCTUBRE

De pronto siento que mis pensamientos giran y se entrechocan en mi mente a una velocidad alarmante—recuerdos, promesas incumplidas, temores acerca del futuro, expectativas fracasadas tanto para mí mismo como para otras personas. Es un caos conocido que puedo ahora identificar. Es una señal de que mi vida, de momento, se ha vuelto ingobernable.

En tales momentos, la serenidad está a menudo solamente al otro extremo de la línea telefónica. Un simple reconocimiento del caos inmediatamente lo reduce. Doy un paso atrás, salgo de la locura y de repente todo se evapora o diluye en las múltiples direcciones de las que vino. Las piezas del caos vuelven a su sitio correcto, al sitio donde puedo dejarlas en paz o decidir enfrentarme a ellas una a la vez.

Recordatorio para hoy

Si surgen problemas hoy, trataré de identificarlos y dejar un pequeño espacio espiritual entre mis problemas y yo. Si puedo compartirlos con otra persona, haré que su poder disminuya aún más. Reconocer que mi vida es ingobernable es el primer paso hacia la recuperación.

"... Cuando sacamos las cosas a la luz, éstas pierden el poder que tienen sobre nosotros."

...En todas nuestras acciones

Es esencial para mi recuperación el aceptar cualquiera de las muchas responsabilidades que hacen que un grupo funcione con normalidad. Quizás la razón principal por la que el servicio resulta tan vital es que me pone en contacto con los recién llegados. Al verme envuelto en problemas triviales de la vida diaria puedo perder la perspectiva de los muchos dones que he recibido desde que llegué a Al-Anon. Hablar con recién llegados me vuelve a la realidad. Cuando presento la literatura, hago café o coordino una reunión, me convierto en alguien a quien un recién llegado puede recurrir.

Recuerdo la frustración de luchar con el alcoholismo sin ayuda. No tenía ni medios ni alguien con quien hablar. Al-Anon cambió todo eso. Ahora no importa cuán difícil parezcan las situaciones, tengo compañeros y una forma de vida que me ayuda a salir adelante. Ya no estoy solo.

Hoy tengo mucho que agradecer pero necesito recordar hasta dónde he llegado para no perderme negando problemas relativamente sencillos de resolver. El servicio me ayuda a recordar.

Recordatorio para hoy

El programa de Al-Anon estuvo a mi lado cuando lo necesité. Haré lo que sea posible para asegurar su continua prosperidad. Sé que cualquier servicio que pueda ofrecer fortalecerá mi propia recuperación.

> "Dios hizo por mí lo que yo no podía hacer por mí mismo. Me persuadió a trabajar en servicio… Salvó mi vida, mi familia, mi sano juicio."
>
> *…En todas nuestras acciones*

3 DE OCTUBRE

Estaba claro que desconocía lo que era la compasión, aunque sabía lo que no era. La compasión no era buscar venganza, ser rencoroso, insultar, gritar o lanzar cosas con ira. Sin embargo de esa forma me comportaba frecuentemente con la persona que aseguraba amar. Comencé a aprender lo que es compasión eliminando dicho comportamiento.

Aunque sigo teniendo dificultades en definir la compasión, creo que comienza con el reconocimiento de que estoy tratando con una persona enferma, que a veces revela síntomas de una enfermedad. Cuando aparecen estos síntomas, tales como malos tratos verbales, no tengo que darme por aludido ni tengo el derecho de castigar a nadie por estar enfermo.

Soy un ser humano digno. No tengo por qué aceptar que me humillen, pero tampoco tengo derecho a humillar a nadie.

Recordatorio para hoy

Pasaré más tiempo conmigo mismo que con cualquier otra persona en esta vida. Debo aprender a ser el tipo de persona que quisiera tener como amigo.

"Aquel que tenga rosas hermosas en su jardín debe tener rosas hermosas en su corazón."

S.R. Hole

He oído decir que en Al-Anon tratamos de concentrarnos en nuestras semejanzas más que en nuestras diferencias. Esto no quiere decir que no tengamos diferencias o que no debiéramos reconocerlas. Lo que sugiere es que al recordar la razón por la que todos nos hallamos aquí, nunca deberíamos sentirnos solos.

Como tantos otros, llegué a Al-Anon sintiendo que mis problemas me separaban de todo el mundo. Con el correr del tiempo me di cuenta de que eran mi propia vergüenza y temor, y no los detalles vergonzosos de mis problemas, los que me mantenían a distancia. Aprendí que al trascender estos detalles, podía asir las manos de otras personas afectadas por el alcoholismo y así encontrar ayuda.

Todos somos tan singulares como nuestras huellas digitales, pero en el momento en que se unen nuestros dedos en la oración de clausura, cada uno de nosotros es parte de un círculo de esperanza que es mayor que cualquiera de nuestras diferencias individuales.

Recordatorio para hoy

Aunque tengamos nuestras cualidades individuales, todos los corazones laten de la misma manera bajo la piel. Tu corazón se abre hacia el mío y compartes tu historia y tu fe. Sé que la parte de mí que comparto contigo la acercas a tu corazón. Hoy apreciaré nuestra fortaleza colectiva.

> "El cuerpo es uno y tiene muchos miembros, sin embargo todos los miembros de ese único cuerpo, siendo muchos, son un solo cuerpo."

> La Biblia

5 DE OCTUBRE

A veces me encuentro tan desganado que no me doy cuenta de dónde estoy o hacia dónde me dirijo. Cuando me detengo a "pensar", veo que la negatividad me paraliza. Al-Anon me ha ayudado a descubrir que aunque es bueno recordar cualquier sentimiento, puedo decidir en qué concentrar mi atención. Me siento motivado para descubrir cualidades positivas en mí mismo, en mis circunstancias y en otros seres humanos. Al asistir a las reuniones, hacer listas de las cosas por las que me siento agradecido y hablar con otros miembros de Al-Anon, estos atributos se vuelven nítidos, siempre que esté dispuesto a verlos.

Creo tener un espíritu hermoso que ha sido creado con un propósito. Las personas y las situaciones que encuentro a diario también tienen propósito y belleza. Puedo comenzar a buscar lo positivo en todo lo que vea y haga. La perspectiva que he ganado al hacer esto me ha demostrado que algunos de los momentos más difíciles de mi vida han producido los cambios más maravillosos.

Recordatorio para hoy

Puede ser difícil librarse de las pautas de depresión, pensamientos negativos y quejas, establecidas hace mucho tiempo. Sin embargo, vale la pena el esfuerzo. Hoy sustituiré una actitud negativa por una positiva.

"A veces voy de un lado a otro compadeciéndome y en todo momento hermosas nubes me transportan por el cielo."

Refrán de los indios Ojibway

Aunque la crisis que nos trajo a Al-Anon haya pasado, siempre hay algo nuevo que aprender, aun después de años de recuperación. Cambiamos. Y surgen como malezas en un césped recién cortado nuevas oportunidades para el crecimiento espiritual, así como defectos de carácter y nos encontramos volviendo a los Pasos para una nueva lectura.

Esto lo experimenté un día que noté que comenzaba a estar enfadado la mayoría del tiempo. Pensé que la culpa era de otras personas y situaciones sin embargo, decidí concentrarme en mi parte de la historia. Hacía un examen escrito de mis recuerdos, sentimientos y comportamiento cada vez que perdía la serenidad y luego se lo leía en voz alta a alguien en quien confiaba. Mientras leía, el común denominador, la naturaleza exacta de mis faltas, me saltaba a la vista. Mis problemas eran mi orgullo y arrogancia, no mi situación. La necesidad de tener razón me estaba robando la serenidad en toda clase de situaciones.

No importa cuánto tiempo siga el programa de Al-Anon, nunca dejaré de encontrar nuevas formas de aplicarlo a mi vida. Esto es una bendición, ya que significa que mi vida continuará siendo cada vez mejor.

Recordatorio para hoy

Hoy hay algo nuevo que aprender. Abriré mi mente y mi corazón a las lecciones que me proporciona mi Poder Superior.

"Lo importante es no dejar de preguntar."

Albert Einstein

7 DE OCTUBRE

Sentía que mi vida estaba suspendida. Quería cambiar, lo esperaba, hasta *intenté* forzar un cambio. Pero no tenía la capacidad de concretar los cambios que deseaba. Estaba frustrado. Soy una persona de acción, por tanto me siento mejor cuando estoy ocupado y trabajando. *Existe* un momento de *actuar*. Pero en Al-Anon he aprendido que también hay un momento para *no actuar*, para pararse y esperar. Como dice mi Madrina, "No basta con actuar, siéntate y espera."

Cuán a menudo me encuentro todavía impaciente con el ritmo de la vida. Pero hoy, cuando las cosas no suceden de acuerdo con mis planes, puedo entender que haya una razón y puedo aprender a aceptar la realidad. Puede que esté experimentando grandes cambios en mi interior aunque se vea poca evidencia en el exterior. Debo tener presente que tiempo de espera no necesariamente significa tiempo perdido. Aun los momentos de quietud tienen algo que enseñarme.

Recordatorio para hoy

La invitación para vivir plenamente se me ofrece a diario. Hoy puedo aceptar el ritmo del cambio sabiendo que me traerá momentos de actividad y momentos de espera. Dejaré que las sorpresas del día se revelen ante mí.

"Además del noble arte de hacer las cosas, hay un noble arte de dejarlas sin hacer. La sabiduría de la vida consiste en la eliminación de las cosas no esenciales."

Lin Yutang

8 DE OCTUBRE

¡Mi vida es un milagro! Cuando me sentía solo y lejos de la esperanza, me condujeron a Al-Anon, donde aprendí que ninguna situación es verdaderamente irremediable. Otros han sufrido el dolor de hacer frente al alcoholismo de un ser querido. Ellos también experimentaron la frustración, la ira, la desilusión y la ansiedad; no obstante, aprendieron a llevar vidas serenas y hasta felices. A través del programa, los medios que llevan a la serenidad y al don de la recuperación están a mi alcance, junto al apoyo que necesito. De la misma forma que me guiaron a Al-Anon, se me guía hacia la recuperación mientras sigo transformándome.

Veo que los milagros frecuentemente aparecen en mi vida. Quizás siempre haya sido así, pero no los veía. Hoy me doy cuenta de muchos dones y milagros debido a que practico activamente la gratitud. En consecuencia, doy gracias al Poder Superior tanto por las pequeñas cosas como por las grandes. Estoy agradecido por el botón del despertador que me permite dormir unos minutos más, así como por el techo de mi casa, las ropas que visto y la capacidad de dar y recibir amor.

Recordatorio para hoy

Cuando dedico un tiempo a la gratitud, percibo un mundo mejor. Hoy observaré los milagros que me rodean.

"Aun los momentos más difíciles se pueden afrontar con un corazón agradecido, si no por la crisis en sí, al menos por el crecimiento que puede entrañar con la ayuda de nuestro Poder Superior."

...En todas nuestras acciones

9 DE OCTUBRE

Solía considerar a Dios como mi adversario. Estábamos enfrascados en una batalla de voluntades, y yo no estaba dispuesto a bajar la guardia. Pueden imaginar con cuánta rapidez esta actitud me llevó a tocar fondo emocionalmente de forma contundente. Llegué a Al-Anon, pero me resistía a admitir que era incapaz. Sabía que era cierto, ya que obviamente había fallado en la conquista del alcoholismo sin embargo, no estaba dispuesto a someterme a mi enemigo.

Estoy muy agradecido a Al-Anon por ayudarme a aprender a rendirme. Llevó mucho tiempo, pero al fin comprendí que la entrega no quiere decir sumisión, significa que estoy dispuesto a dejar de luchar contra la realidad, a dejar de representar el papel de Dios y representar el mío propio.

Cuando recojo flores o me maravillo ante los prodigios de la naturaleza, no pierdo puntos por reconocer que no ejerzo el control. Y así sucede con todas las cosas de mi vida. La mejor forma de obtener serenidad es reconocer que el mundo está en buenas manos.

Recordatorio para hoy

Hoy puedo estar agradecido por que el mundo siga girando sin mi ayuda. Soy libre para vivir mi propia vida, con la seguridad del conocimiento que un Poder Superior está cuidando del mundo, de mis seres queridos y de mí mismo.

"El Primer Paso nos prepara para una nueva vida, la cual podemos realizar únicamente si soltamos las riendas de lo que no podemos controlar y si decidimos vivir un solo día a la vez, a fin de emprender la tarea monumental de ordenar nuestro mundo, cambiando nuestra propia manera de pensar."

Un día a la vez en Al-Anon

El camino a mi pueblo natal serpenteaba por una empinada montaña. De niño a menudo sentía miedo de que nuestro coche se acercara demasiado al precipicio y nos despeñáramos. Solía asirme a la manecilla trasera e intentaba prevenir el accidente. Era demasiado joven para comprender que mis acciones no podían influir en la marcha del coche sin embargo, en muchas ocasiones he actuado de igual forma en mi vida adulta y persisto en acciones inútiles.

Al-Anon me ayuda a aceptar aquello que no puedo cambiar y a cambiar aquello que puedo. Aunque no pueda controlar la forma en que el alcoholismo ha afectado mi vida, no pueda controlar a otra persona y no pueda hacer que la vida se desarrolle de acuerdo a mis planes, sí puedo admitir mi incapacidad y recurrir al Poder Superior.

Cuando conduzco, mi responsabilidad es alejarme de la orilla de la carretera. Depende de mí mismo tomar mi recuperación con seriedad, analizar mis actitudes, cuidar la mente, el cuerpo y el espíritu, reparar el mal ocasionado; en resumen, cambiar las cosas que puedo.

Recordatorio para hoy

A veces la única forma de determinar qué cosas aceptar y qué cambiar es por eliminación. Las equivocaciones pueden ser oportunidades de adquirir sabiduría para reconocer la diferencia.

> "Y si surge alguna crisis, o algún problema me confunde, lo acerco todo a la luz de la Oración de la Serenidad para sacarle el aguijón antes de que pueda herirme."

Un día a la vez en Al-Anon

11 DE OCTUBRE

Cuando recién comenzaba en Al-Anon, me sugirieron que aprendiese sobre la enfermedad del alcoholismo y me convertí así en un ávido lector del tema. Mientras leía comencé a analizarlo todo. ¿Era Al-Anon una filosofía o un sistema filosófico? ¿Cuál sería el resultado lógico de creer en un Poder Superior a uno mismo? ¿Cuándo tendría el alcohólico un despertar espiritual?

Estas y otras preguntas similares me mantuvieron la mente ocupada pero no me ayudaron a recuperarme. Afortunadamente continué asistiendo a las reuniones de Al-Anon y leía, releía y ensayaba los Doce Pasos y las Doce Tradiciones. Lentamente empecé a comprender. Cuando dejé de analizar y tratar de explicarlo todo y comencé a vivir los principios, aplicándolos a mi vida diaria, el programa de Al-Anon de pronto adquirió sentido... y comencé a cambiar.

Recordatorio para hoy

¿Me proporciona el análisis de mi situación ideas útiles o es un intento de controlar lo incontrolable? ¿Estoy haciendo un examen de conciencia tratando de evitar el trabajo pendiente manteniendo la mente ocupada? He oído que el conocimiento es poder. Sin embargo, a veces mi sed de conocimiento puede ser un intento de ejercer poder donde no lo tengo. En lugar de ello aplicaré el Primer Paso.

"La vida sólo se puede entender dando marcha atrás, pero debe vivirse hacia adelante."

Soren Kierkegaard

Tenía verdadera *necesidad* de que mi marido dejara de beber para así poder vivir felices para siempre, porque no podía soportar la fea enfermedad que ensombrecía nuestra relación y no podía hacer frente al vacío que sentía en mi propia vida. Era muchísimo más agradable pensar en un futuro de felicidad con sólo un cambio de su parte.

En Al-Anon tuve que "desprender" muchas tonterías románticas con el fin de encontrar una vida plena ahora mismo. Cuando mi marido y yo nos separamos, mis fantasías se desplomaron no obstante, con la ayuda del programa, he aprendido a buscar la felicidad en mí misma y el enriquecimiento en mi propia vida real. Dos años más tarde, cuando mi marido y yo volvimos a convivir, tuve que desprender una nueva falsedad, esta vez acerca de la recuperación. Mi idea de salud se basaba entonces en la vida sin compañía, por tanto tuve que aprender a encontrar un equilibrio entre cuidar de mí misma y atender a mi compañero; tuve que aprender a amar de nuevo.

Recordatorio para hoy

La recuperación puede entrañar tanto el "desaprendizaje" como el aprendizaje. Mi seguridad no puede basarse en aprender las "reglas", porque una vez que las tengo bien aprendidas, cambian. Con la ayuda de mi Poder Superior encontraré un poco de seguridad en el lugar preciso en que me encuentro hoy.

> "Los Doce Pasos de nuestro programa me han conducido a una fe en Dios basada en la aceptación del mundo como es. Ya no me angustio por cómo debería ser."
>
> *As We Understood...*

13 DE OCTUBRE

Las reuniones de Al-Anon me abrieron los ojos a algo que nunca había pensado antes: que gritar y golpear puertas no era la mejor forma de manejar una ya difícil situación. Si bien puede no existir daño en levantar la voz para desahogarse de vez en cuando, gritar se puede convertir en una costumbre destructiva. Nunca me había preguntado si ésta era la forma en que deseaba comportarme. ¿Me llevó este comportamiento a conseguir aquello que quería o me animó a sentirme a gusto conmigo mismo?

Cuando analicé bien la situación, me di cuenta de que la respuesta era "no". La ira en mis palabras y mis acciones demostraba mi frustración y alejaba de mí toda esperanza de una solución pacífica a mis problemas.

El lema que me ayuda a volver a un estado mental racional es "Hazlo con calma". Cuando uso ese lema para acallar mi interior, es más fácil también acallar el exterior.

Recordatorio para hoy

Estoy buscando un criterio más sólido para encarar las cosas de la vida. Los lemas pueden ser fuentes valiosas de cordura en situaciones caóticas. Hoy, si siento la tentación de actuar con ira o frustración, recordaré el "Hazlo con calma."

> "Trataré de adaptar el lema "Hazlo con calma" ante cada incidente que pueda aumentar la tensión y causar un estallido."

Un día a la vez en Al-Anon

"No busques la verdad", dijo un anciano patriarca, "sólo deja de alimentar opiniones." Para mí dejar de alimentar opiniones es un elemento del Décimo Paso. Gran parte de los errores de mi vida se relaciona con mis opiniones, esto es, mis prejuicios, actitudes, suposiciones, posturas obcecadas.

Por ejemplo, continúo pensando que tengo la mejor fórmula sobre cómo deben hacerse las cosas, y que a otras personas les falta perspicacia para reconocer esta gran verdad. La realidad me demuestra que estoy equivocado. Por otro lado vuelvo a la idea de que pasar por alto mis sentimientos es práctico y hasta agradable. Esto también es una equivocación. Actúo como si pudiera manejar mi vida sin confiar en mi Poder Superior. Equivocado otra vez.

Doy gracias al recordatorio del Décimo Paso que me dice que debo proseguir con el examen de conciencia y con las frecuentes rectificaciones, especialmente allí donde tiendo a repetir las equivocaciones.

Recordatorio para hoy

No es tarea fácil cambiar la forma de pensar de una vida entera, aun estando seguro de lo que deseo cambiar. El Décimo Paso me ayuda a darme cuenta cuando me deslizo otra vez hacia formas de pensar negativas. No debo culparme cuando esto sucede, ya que eso no me ayuda en absoluto. Al admitir con prontitud que estoy equivocado, hago todo lo que puedo para cambiar.

> "Ya no debemos acumular cargas de culpabilidad o de resentimiento que se volverán más pesadas y potentes con el pasar del tiempo. Cada día, cada nuevo momento puede ser una oportunidad para despejar el aire y comenzar nuevamente, sereno y libre."

...En todas nuestras acciones

15 DE OCTUBRE

La forma más afectuosa de desprendimiento emocional de la que he sido testigo ha sido el perdón. En vez de considerar el perdón como un borrador para limpiar las pizarras de otros o un mazo para dictar el veredicto de "inocente", pienso que el perdón es un par de tijeras que puedo usar para cortar los hilos de resentimiento que me unen a problemas o a heridas pasadas. Al cortar con el resentimiento, me libero.

Cuando me encuentro consumido por sentimientos negativos a causa del comportamiento de otra persona, veo que he perdido la perspectiva. No tengo por qué tolerar lo que considero inaceptable pero revolcarme en la negatividad no alterará la situación. Si hay algo que pueda hacer, soy libre de hacerlo. Cuando me sienta incapaz de cambiar una situación, la pondré en manos de mi Poder Superior. Al soltar verdaderamente las riendas, me desprendo y perdono.

Cuando mis pensamientos están llenos de amargura, temor, autocompasión y venganza, hay poco sitio para el amor o para la voz suave dentro de mí que me guía. Estoy dispuesto a quererme lo suficiente como para admitir que los resentimientos me cohíben y así poder liberarme de ellos.

Recordatorio para hoy

Cada vez que trato de apretar el lazo del resentimiento alrededor del cuello de alguien estoy solamente ahogándome a mí mismo. Hoy, en cambio, practicaré el perdón.

> "Una parte de mí desea aferrarse a los viejos resentimientos, sin embargo sé que cuanto más perdono, mejor funciona mi vida."

...En todas nuestras acciones

16 DE OCTUBRE

Cuando trato de afrontar un problema difícil o vivir en una situación tensa y he hecho todo lo posible por el momento, ¿qué me queda? Puedo hacer algo que alimente mi mente, mi cuerpo o mi espíritu. Quizás pueda dar un paseo o escuchar música. Quizás me reúna con amigos para tomar café y charlar. Podría comer algo nutritivo o sentarme tranquilamente a meditar o leer un libro.

Al-Anon es un programa de acción en el cual reconocemos que tenemos opciones acerca de qué hacer con nuestro tiempo. Un baño de espuma, un masaje, una llamada a un compañero de Al-Anon, un paseo en bicicleta o una siesta podrían ser formas constructivas de ocupar el tiempo, que de otra manera se podría perder en preocupaciones.

Aunque soy incapaz de cambiar mis circunstancias, no me encuentro desamparado. Puedo usar el tiempo para hacer algo útil para mí mismo. Cuando me trato con amor y delicadeza, soy más capaz de afrontar los retos que me presenta la vida. Tengo la oportunidad de sentirme bien, aun en medio de una crisis.

Recordatorio para hoy

Una de mis principales responsabilidades es cuidar de mí mismo. Hoy encontraré la manera de hacer algo por mi mente, mi cuerpo y mi espíritu.

> "…Parte de mi recuperación es respetar mi necesidad y mi derecho de soltar las riendas y descansar."
>
> …En todas nuestras acciones

17 DE OCTUBRE

Como recién llegados, muchos de nosotros nos sorprendimos por la ausencia de reglas en Al-Anon. Antes de iniciar la recuperación de los efectos del alcoholismo, un sentido estricto del orden había sido quizás la única manera de sentir que ejercíamos un cierto control. Naturalmente esperábamos que un programa con tanto éxito como el de Al-Anon fuera aún más estricto de lo que éramos nosotros.

Por el contrario, como recién llegado se me dijo que aplicara los Pasos a mi propio ritmo. Podía hacer preguntas a cualquiera según me fueran surgiendo. Nadie mandaba, sin embargo todos eran responsables. Parecía imposible, no obstante veía que funcionaba con más eficacia que cualquier otra organización con la cual había estado relacionado.

Al continuar asistiendo a Al-Anon, estoy aprendiendo a confiar en que el grupo se guía por un Poder Superior cuya voluntad se expresa en la conciencia de nuestro grupo. Observo las Tradiciones en acción, que nos guían con sugerencias más que con reglas. Y aprendo a confiar en mis compañeros, cada uno de los cuales contribuye al bienestar de nuestra hermandad, donde no hay nadie que mande.

Recordatorio para hoy

Si acepto las responsabilidades de un servicio en el grupo, no quiere decir que ahora estoy al mando de todo. Hoy recordaré que la autoridad máxima es un Poder Superior que se manifiesta a través de todos nosotros.

> "Nuestros grupos, como tales, nunca debieran organizarse, pero pueden crear centros de servicios o comisiones directamente responsables ante las personas a quienes sirven."
>
> La Novena Tradición

Al progresar hacia la recuperación, podremos encontrar oportunidades de ahondar el aprendizaje que comenzamos hace mucho tiempo. Quizás una vez aprendimos a desprendernos de un problema en particular. Ahora, meses o años más tarde, cuando una vez más necesitamos desprendernos, sentimos como si hubiésemos olvidado todo aquello que aprendimos. Es importante recordar en tales momentos que, aunque los sentimientos pueden no haber variado, *nosotros no somos los mismos*.

Mi recuperación es importante. Toda la experiencia, fortaleza y esperanza que he acumulado están dentro de mí hoy, guiando mis decisiones. Puede que no se note en este momento sin embargo, he progresado y continúo haciéndolo a cada paso. Quizás pueda concretar este proceso con mayor conciencia esta vez, o recurrir al Poder Superior con mayor rapidez y seguridad o buscar sin duda alguna la ayuda de un compañero de Al-Anon.

Recordatorio para hoy

En vez de suponer que he fallado porque estoy aprendiendo una difícil lección una vez más, podría incluir la experiencia en un proceso de curación a largo plazo que requiere repetición y práctica… Confío en que con el tiempo aprenderé la lección tan bien que se convertirá en una respuesta automática, sana y confiada.

"La mente humana siempre progresa, pero es un progreso en espiral."

Madame de Stael

19 DE OCTUBRE

Recientemente se me recordó que no soy responsable por el funcionamiento del universo entero. Un traslado inesperado en mi trabajo me envió a una nueva ciudad y sólo contaba con una semana para buscar una vivienda para mi familia. Después de tres infructuosos días, comencé a ponerme nervioso. Había estado en Al-Anon el tiempo suficiente como para saber que necesitaba una reunión. Al escuchar cómo algunas personas hacen frente a sus responsabilidades y confían el resto a un Poder Superior, recordé que sólo debía actuar en la medida de mis posibilidades. Podía hacer el trabajo preliminar, pero no podía hacer que la casa apareciera. Tenía que "Soltar las riendas y entregárselas a Dios." El último día de mi búsqueda encontré un maravilloso lugar para vivir.

Resistirse y preocuparse no me ayudó a resolver mi problema. Mi problema despareció cuando cumplí mi parte y confié en mi Poder Superior.

Recordatorio para hoy

Lo que yo no puedo hacer, lo hará mi Poder Superior. Cuando "Suelto las riendas y se las entrego a Dios" me siento libre para arriesgarme y equivocarme. Sé que soy incapaz ante muchas cosas. Hoy puedo consolarme sabiendo que no tengo poder para arruinar los planes de Dios.

> "Ten el valor de afrontar las grandes tristezas de la vida y la paciencia para las pequeñas, y cuando hayas completado cuidadosamente tu trabajo diario, ve y descansa en paz, Dios está despierto."
>
> Víctor Hugo

De niño me ponía a gatas durante mucho rato sólo para ver una oruga arrastrarse de un lado a otro. Nunca parecía ir muy lejos, no obstante yo esperaba pacientemente en caso de que se le ocurriera hacer algo espectacular. Nunca ocurrió, pero no me importaba, porque simplemente el observar esa criatura extraña me daba placer.

Recordar esto me lleva a pensar cuántos momentos preciosos como esos pasan por mi lado sin que yo me dé cuenta por estar concentrado en otras cosas. Antes de Al-Anon, pasé años dejando de lado la belleza de la vida porque estaba demasiado ocupado tratando de lograr que todos los alcohólicos dejaran de beber, y durante la recuperación he perdido muchas horas esperando resolver un problema o librarme de un defecto de carácter. Hoy estoy aprendiendo a hacer lugar en mi vida para incluir las maravillas que la misma nos ofrece.

Recordatorio para hoy

Estoy aprendiendo a escoger dónde concentrar mi atención. Valorar los dones sencillos de la vida puede exigir un poco de práctica, sin embargo al ir abriendo los ojos a la belleza que me rodea, se hace más fácil apreciar la belleza interior.

"Sólo por hoy no tendré miedo. Trataré especialmente no sentir miedo a disfrutar de lo que es bello."

Sólo por hoy

21 DE OCTUBRE

Muchas veces dije: "Ojalá tuviese fe." Y a su vez oí decir a muchos miembros sensatos de Al-Anon: "Entrega tu falta de fe a tu Poder Superior y pídele el don de la fe."

Dije: "Sé que soy incapaz, pero me siento tan inútil, asustada y desesperada." Se me dijo que tenía la opción de entregar esos sentimientos y pedir aquello que necesitaba. Incapaz no quiere decir desamparado. De hecho puede conducirnos a una fuente de poder inmenso, el poder de llevar a cabo la voluntad de Dios.

También dije: "Me es imposible adivinar lo que Dios quiere que haga, aunque he rezado para que me muestre el camino." Mi querida Madrina siempre dice: "Dios no habla en clave. Pide claridad y luego confía en que la recibirás en el momento justo."

Estoy aprendiendo que, cuando tengo dudas, la respuesta es pedir.

Recordatorio para hoy

Después de años de pedir sólo una solución a un problema particular tal como: "Por favor, haz que el alcohólico deje de beber", necesito aprender una forma mejor de pedir ayuda. Hoy meditaré unos minutos acerca de lo que necesito y luego pediré a un Poder Superior a mí que me ayude.

"Aun si hemos luchado con la idea de un Poder Superior, hemos aprendido que pedir ayuda nos beneficia…"

…En todas nuestras acciones

Cuando finalmente encontré el valor para hablar en una reunión de Al-Anon, mi participación se limitó a problemas que ya había resuelto. Escondí mis verdaderos sentimientos contando historias graciosas acerca de mí y del alcohólico, porque no confiaba en nadie lo suficiente como para dejarles ver mi lucha y mi dolor. Tenía bastantes problemas afrontándolos solo. Pero no me parecía estar mejorando. Sólo cuando fui capaz de dejar de hacer el "payaso" y admitir mis defectos de carácter, comencé a disfrutar el crecimiento espiritual que prometen los Doce Pasos.

La paradoja de la honestidad conmigo mismo es que necesito la ayuda de otros para conseguirla. Necesito su apoyo para explorar mis sentimientos y motivos, y para ver que otros se han beneficiado encarando este gran riesgo.

Recordatorio para hoy

En un ambiente alcohólico, tenía buenas razones para esconder mis sentimientos, tomando a la ligera situaciones serias, trabajando más de la cuenta y siempre concentrándome en todo menos en mí mismo. Hoy tengo otras opciones. Puedo comenzar a escuchar lo que mi corazón ha estado tratando de decirme, y puedo buscar a alguien en quien pueda confiar y con quien pueda compartirlo.

"Puede parecer un riesgo enorme, pero hablar con honradez acerca de mi situación es la clave de mi recuperación…"

…En todas nuestras acciones

23 DE OCTUBRE

Cuando la alcohólica que amaba consiguió la sobriedad, estaba seguro de que la pesadilla había terminado. No obstante sin el efecto tranquilizante del alcohol, se volvió agresiva verbalmente. Me acusaba, atacaba, insultaba y yo siempre me defendía. Me parecía crucial que comprendiese. Pero esto no sucedía, independientemente de cuánto discutía, rogaba o la insultaba a mi vez. Me sentía atrapado y desesperanzado.

La sobriedad trae consigo un cambio, pero no resuelve todos los problemas. Al-Anon me ayuda a aprender que no tengo que aceptar lo inaceptable y que no tengo que discutir o convencer a otra persona de que soy inocente o que tengo razón. Puedo comenzar a reconocer la locura del alcoholismo y desprenderme emocionalmente. Lo que no debo hacer es dudar de mí mismo.

Recordatorio para hoy

Cuando una persona, sobria o bebida, ataca a otra con palabras crueles, Al-Anon me ayuda a recordar que tengo otras opciones. Quizás pueda recitar la Oración de la Serenidad, o negarme a continuar discutiendo el tema. Puedo escuchar sin tomar lo dicho como una ofensa personal; puedo dejar la habitación, cambiar de tema, hacer una llamada a un compañero de Al-Anon, explorar otras alternativas. Mi Padrino me ayuda a descubrir alternativas que me beneficien.

> "Puede que nunca tenga las oportunidades que podría tener si estuviese escribiendo el guión, pero siempre tengo alternativas."

...En todas nuestras acciones

En Al-Anon el proceso de recuperación se ha comparado al de pelar una cebolla. Pelamos una capa a la vez, de tanto en tanto derramando alguna lágrima en la operación.

Sin embargo a mí la recuperación siempre me recuerda la corteza de un abedul. La corteza es necesaria para la protección del árbol, sin embargo al crecer éste, la corteza se va pelando capa por capa gradualmente. Si se la quita prematuramente—un ciervo afilando su cornamenta o un puercoespín buscando comida—el árbol queda herido y se vuelve vulnerable a la infección, hongos e insectos.

Como un abedul puedo resultar herido si se me despoja prematuramente de mis defensas. Muchos de nosotros hemos pasado una buena parte de nuestro tiempo tratando de afrontar estas heridas del pasado en lugar de crecer y cambiar. Pero en Al-Anon se me alienta a crecer a mi propio ritmo. A medida que voy progresando encuentro que algunas de mis defensas e ideas son demasiado cerradas, demasiado limitativas. Por tanto las desecho tal como el abedul desecha la corteza vieja que ya no necesita.

Recordatorio para hoy

Tengo la habilidad innata de curarme y crecer. No necesito forzarme a cambiar. Todo lo que tengo que hacer es demostrar estar presente y dispuesto. Cuando esté listo, los cambios sucederán fácilmente.

> "...Tenemos las respuestas dentro de nosotros mismos y las podemos hallar con la ayuda de nuestro programa de Al-Anon y un Poder Superior."
>
> *...En todas nuestras acciones*

25 DE OCTUBRE

Uno de mis defectos de carácter es tomar decisiones con pasividad, dejar que las cosas sucedan antes de tomar cartas en el asunto. Por ejemplo, me hice a un lado y observé cómo mis hijos eran maltratados porque era incapaz de tomar una decisión y seguirla hasta el final. Estaba severamente afectada por el alcoholismo y no era capaz de hacer las cosas de distinta manera en ese momento. Actué de la mejor manera posible dadas las circunstancias, pero el daño estaba hecho y debo disculpas.

Una forma de reparar daños es deshacerme del defecto. En cada aspecto de mi vida puedo hacerme esta pregunta: ¿Asumo la responsabilidad por mis decisiones de hoy? ¿Aporto contribuciones positivas a las reuniones o supongo que alguna otra persona cuidará de todo? ¿Estoy tomando decisiones de las cuales me pueda sentir orgullosa en casa, en el trabajo o en mi comunidad o dejo que otra persona decida por mí?

Recordatorio para hoy

Al-Anon no tiene opiniones sobre temas ajenos a la organización. No define mi responsabilidad ni selecciona mis valores, esto me concierne a mí. Me alienta a que defina mis valores, asuma la responsabilidad por las decisiones que estoy tomando y rectifique los daños causados. No debo verme a mí misma como una víctima de fuerzas ocultas que ocasionan desastres. Hoy puedo tomar mis propias decisiones.

"Reparar el mal no es sólo decir 'lo siento'. Quiere decir responder de manera diferente a partir de un nuevo entendimiento."

As We Understood…

Recuerdo vivamente las palabras poco caritativas de otros. Las críticas me aturdían, las risas disimuladas me incapacitaban durante días. Nunca se me ocurrió que era objeto de malos tratos y que las palabras crueles podían no ser ciertas. Todos parecían saber que estaba equivocado y mi identidad estaba atada con un nudo de vergüenza. Mi autoestima descendía más y más.

Yo a mi vez trataba a otros con crueldad. Encontraba divertido atacar el carácter de otra persona en compañía de amigos. Por unos minutos me sentía mejor—pero no por mucho tiempo y sólo a costa de otros. Los chismes nunca enriquecieron el carácter de nadie. Era sólo una excusa para evitar concentrarme en mí mismo.

Recordatorio para hoy

Muchos de nosotros tendemos a la reacción antes que a la acción. Cuando nos sentimos heridos, quizás queramos golpear y hacer daño a otra persona. En Al-Anon aprendemos que podemos interrumpir esta respuesta automática para darnos tiempo de decidir cómo deseamos comportarnos en realidad.

La falta de amabilidad de otra persona no es razón para que se deterioren mis pautas de comportamiento. Cuando acepto la responsabilidad de mis propias acciones sin tener en cuenta la forma de actuar de los demás, me convierto en una persona de la que puedo estar orgulloso. Cuando me siento bien conmigo mismo, es mucho más fácil no tomar los insultos como algo personal.

"Si alguien te echa sal, no te hará daño a menos que tengas alguna herida."

Proverbio latino

27 DE OCTUBRE

Un caluroso día de verano fui a una playa cercana en busca de aire fresco. Tendida allí con mi limonada, observaba a las personas empapándose de sol. Independientemente de cuántas personas hubiera en esa playa, habría sol para todos. Me di cuenta de que sucedía lo mismo con el amor y la guía de Dios. No importa cuántas personas busquen la ayuda de Dios, siempre habrá suficiente para repartir. Para alguien que creía que no había nunca suficiente dinero, amor o cualquier otra cosa, esto fue un descubrimiento asombroso.

Este conocimiento se puso a prueba cuando alguien habló en una reunión de Al-Anon acerca de su Poder Superior con un amor y una intensidad personal comparables a las mías. Sentí que esta intimidad suya con Dios dejaría menos amor para mí mismo. Pero pienso que sucede todo lo contrario. A menudo me siento más cerca de Dios cuando oigo a otros confesar lo bien que les ha cuidado su Poder Superior. Hoy trataré de recordar que hay suficiente amor para todos.

Recordatorio para hoy

Puede que no tenga todo lo que quiero, pero hoy tengo todo lo que necesito. Buscaré pruebas de abundancia y dejaré que esto me recuerde que el amor de mi Poder Superior es lo suficientemente amplio para alcanzar a todo el que tiene el valor de llegar hasta su presencia.

"Puedo aprender a utilizar el inmenso e inextinguible poder de Dios, si estoy dispuesto a mantenerme continuamente alerta de su presencia."

Un día a la vez en Al-Anon

Es extraordinario cómo mi actitud hacia otros tiende a volver hacia mí como una pelota rebotando en un tablero. Mi impaciencia con otras personas a menudo genera más impaciencia conmigo mismo y con mi mundo. Cuando soy poco amable con alguien me ponto a la defensiva y espero que otros actúen de la misma manera conmigo. Así mismo, cuando acepto a alguien incondicionalmente, siento que el mundo entero parece más seguro.

Por tanto me interesa tratar a otros como desearía que me trataran a mí. Intento imaginar que mis palabras son acciones dirigidas a mí mismo, porque a la larga generalmente recojo lo que siembro.

Si soy desdichado con lo que recibo quizás trate de encontrar ese mismo comportamiento en mí mismo. Puede que no asuma exactamente la misma forma, pero veo que aquello que me desagrada en otra persona es lo que me desagrada mí mismo. Lo contrario también es cierto: lo que admiro en otros probablemente refleje una cualidad admirable en mí.

Recordatorio para hoy

Hay algo que puedo aprender de mis relaciones con otras personas. Hoy me esforzaré en tomar nota de mi forma de actuar con otras personas y de cómo éstas actúan hacia mí, ya que pueden ayudarme a conocerme mejor.

"Aunque viajemos por todo el mundo buscando lo hermoso, debemos llevarlo con nosotros o no lo encontraremos."

Ralph Waldo Emerson

29 DE OCTUBRE

Recientemente tuve una discusión con alguien que aprecio mucho. El había hecho varios comentarios en público acerca de mi peso lo que no me hizo mucha gracia. Más tarde cuando le dije que había herido mis sentimientos, insistió en que no había hecho nada malo, que lo que había dicho era verdad, por tanto no debía ofenderme.

¿Cuántas veces he justificado con ese mismo argumento mi falta de amabilidad o el meterme en una discusión que no me incumbía? Muchas veces, especialmente durante la época de alcoholismo activo de mi ser querido. Después de todo, me justificaba, tenía razón: el alcohol estaba arruinando nuestras vidas y era mi deber decirlo una y otra vez.

Estoy aprendiendo a liberarme de la idea de que sé lo que otras personas deben hacer. En Al-Anon oí a alguien enfocarlo de la siguiente manera: "Puedo tener razón o puedo ser feliz." No necesito crear a nadie a mi imagen y semejanza. Con ayuda puedo "Vivir y dejar vivir."

Recordatorio para hoy

No soy una persona insensible, pero a veces he justificado un comportamiento insensible pretendiendo que era correcto. Puedo respetar el derecho de otros a tomar sus propias decisiones aun cuando esté en desacuerdo total. Mis relaciones mejorarán si puedo amarme a mí mismo lo suficiente como para dejar que otras personas sean ellas mismas.

"Señor, cuando estemos equivocados, danos la voluntad de cambiar y cuando tengamos razón facilítanos la vida con el prójimo."

Peter Marshall

Cuando recién llegué a Al-Anon, recuerdo haber oído a otros decir que estaban agradecidos por estar relacionados con un alcohólico. Huelga decir que pensé que estaban locos. ¿No era el alcohólico la causa de su dolor? No podía creer que estas personas tuvieran *algo* por lo que estar agradecidas. Sin embargo, parecían tan felices a pesar del problema (que parecía exactamente igual al mío).

Hoy encuentro que estoy agradecido por haber encontrado a Al-Anon. Yo también necesitaba tocar fondo, sentir el dolor y extender la mano pidiendo ayuda, antes de poder encontrar la felicidad duradera. Gracias a Al-Anon, tengo una relación con un Poder Superior que hasta entonces ignoraba que existiera, y con amigos que me prestan verdadero apoyo. He aprendido que la gratitud y el perdón son necesarios para mi paz mental. Ahora puedo decir con honestidad que soy un miembro agradecido de Al-Anon.

Recordatorio para hoy

Hoy practicaré el agradecimiento. Pensaré en algunas cosas pequeñas o grandes, por las cuales estoy agradecido. Quizás escriba esta lista o la comparta con un amigo de Al-Anon. A veces una pequeña acción puede ser un gran paso hacia una vida de creciente felicidad.

"Cuando las cosas se ponen más negras, está en mí el iluminarlas con la luz de la comprensión y de la gratitud."

Un día a la vez en Al-Anon

31 DE OCTUBRE

Muchas de las decisiones que he tomado en la vida han sido reacciones ante el miedo. Algo en mi vida cambia: un ser querido busca la sobriedad, un amigo está disgustado por algo que he dicho, recibo una nueva tarea en el trabajo, se acaba el pollo en el supermercado,… y me entra el pánico. Me invaden pensamientos trágicos. Imagino el fracaso, el tormento, la agonía. Y a continuación actúo. Hago algo radical o sin sentido con el fin de poner un parche a la situación, ya que la cosa que más temo es tener miedo.

El temor puede convertirse en un Poder Superior a mí mismo. Puede que no lo logre resolver o hacer desaparecer. Sin embargo, ahora con la ayuda de un Poder Superior que es más poderoso que mis temores, no tengo que dejar que éstos dirijan o decidan mi vida por mí. Puedo tomar la mano de mi Poder Superior, enfrentar mis temores y superarlos.

Recordatorio para hoy

Al-Anon es un programa en el cual encontramos soluciones espirituales a las cosas que no podemos cambiar. Hoy, en lugar de buscar alivio al miedo a través de una lucha contra el mismo, me pondré en manos de mi Poder Superior.

"Que las aves de la preocupación y la inquietud revoloteen sobre tu cabeza, no lo puedes cambiar. Pero que construyan nidos en tu pelo, esto sí lo puedes evitar."

Proverbio chino

1º DE NOVIEMBRE

A veces un caballo rehúsa obedecer la orden de su jinete y se desboca. Lo mismo puede ocurrir con mis pensamientos cuando insisto en solucionar problemas en forma frenética. Las lecciones de equitación me enseñaron que no preciso repetir una orden dada en voz alta, sino que debo detener mi caballo, atraer su atención y comenzar de nuevo.

Por eso mismo, necesito detenerme cuando mis pensamientos fluyen descontroladamente. Puedo hacerlo respirando profundamente y mirando a mi alrededor. Así podré reemplazar pensamientos obsesivos por algo positivo como, por ejemplo, un lema de Al-Anon, la Oración de la Serenidad u otro tema agradable que nada tenga que ver con mi problema.

Más adelante, tal vez quiera volver a pensar en ese problema, en forma más serena, con la ayuda de un amigo o de un Padrino de Al-Anon. Al distanciarme del razonamiento obsesivo, podré ver mejor mi situación sin perder el control.

Recordatorio para hoy

A veces debo alejarme de un problema antes de encontrar una solución. Mis pensamientos desenfrenados pueden hacer tanto ruido que no me permitan escuchar la orientación que recibo de mi voz interna. Calmar ese ruido es una habilidad que puedo aprender con la práctica. Al principio, es posible que tenga que acallar repetidamente mis pensamientos, pero en Al-Anon aprendo que, con la práctica, se progresa, un minuto, un pensamiento a la vez.

"La desdicha de los seres humanos se origina en la imposibilidad de poder sentarse en silencio en una habitación solitaria."

Blaise Pascal

2 DE NOVIEMBRE

El Segundo Paso sostiene que "Llegamos a creer que un Poder superior a nosotros podría devolvernos el sano juicio." Hace poco escuché a alguien expresar una versión similar de este Paso, en una forma que describe perfectamente mi propia experiencia. Dijo: primero "llegué", después "llegué a darme cuenta" y, por último, "llegué a creer".

Mi viaje hacia un Poder Superior ha sido tan progresivo que casi no lo he sentido: no hubo ningún estallido de luz ni ningún fuego en los arbustos, sino una disipación gradual de la niebla en que vivía antes de encontrar mi recuperación en Al-Anon. Al igual que ese compañero, primero "llegué" a Al-Anon, trayendo mi cuerpo pero no mi fe. Una vez aquí, lentamente, "llegué a darme cuenta" y, por último, "llegué a creer" que no estaba solo en el universo. Había y hay una fuerza, una esperanza, una energía que puede proporcionarme los instrumentos para que mi vida se torne alegre y productiva. Sólo tengo que solicitar ayuda y mantener la mente receptiva.

Recordatorio para hoy

La llegada de la fe a mi vida ha sido un proceso gradual que continúa y se fortalece cuando así lo permito. Es probable que el reconocer este proceso me ayude cuando me impaciente con las vicisitudes y vueltas de la vida.

"Encuentro que lo más grande en este mundo no es saber dónde estamos sino en qué dirección nos estamos desplazando."

Oliver Wendell Holmes

Al llegar a Al-Anon, muchos de nosotros anhelamos que se nos escuche. Descubrimos con regocijo que sus salas de reunión son lugares seguros en los cuales podemos hablar de cosas que hemos reprimido. Compartimos, y las personas a nuestro alrededor asienten en señal de comprensión. Conversan con nosotros después de las reuniones, y nos dicen cuánto se identifican con nosotros y cuánto agradecen nuestra participación. Por fin nos escuchan y valoran otros seres que han atravesado situaciones similares.

Esta atención puede ser tan reconfortante que quizá nos lleve a exagerar. Muchos tenemos miedo de perder esta posibilidad de hablar abiertamente, como si fuera nuestra última oportunidad. Sin embargo, el grupo sufre cuando uno de sus miembros domina siempre las reuniones.

De acuerdo con nuestras Tradiciones, debe prevalecer el bienestar del grupo. Esta es una de las razones por las que el padrinazgo es un instrumento tan valioso. Nuestra necesidad de comunicarnos es real y, por ende, debe encararse. Un padrino nos dará el tiempo y la atención que precisamos para hablar de nosotros mismos y de nuestras vidas.

Recordatorio para hoy

Mis necesidades son importantes. Al-Anon me ayuda a encontrar los instrumentos apropiados para satisfacerlas. Me cuidaré bien hoy.

> "Es mejor que los detalles personales queden en manos de un Padrino que puede escucharnos en cualquier momento y mantener la confidencialidad, alguien que sabe todo acerca de nosotros y nos acepta tal como somos."
>
> *Todo acerca del padrinazgo*

4 DE NOVIEMBRE

A veces debo enfrentar realidades desagradables. Quizás quiera evitar desilusiones, pero considero que la única manera de lograr serenidad es estar dispuesto a aceptar las cosas que no puedo cambiar. Esta aceptación me otorga opciones.

Por ejemplo, un día llamé a mi Madrina porque el alcohólico y yo teníamos entradas para un concierto vespertino y yo temía que, a la hora de salir de casa, él estuviera completamente ebrio. Ya había sucedido muchas veces: perdíamos nuestras entradas y yo pasaba una tarde desesperada.

Mi Madrina me sugirió tener planes alternativos cuando planeara incluir alguna persona en la cual no pudiera confiar. El plan A sería la salida original. El plan B consistiría en llamar anticipadamente a un amigo de Al-Anon, explicarle la situación y ver si él o ella estaría interesado en recibir una invitación de última hora, si fracasaba el plan A. El plan C podría ser salir por mi cuenta y pasarlo bien. Esta nueva perspectiva resultó maravillosa. Fue una muy buena forma de incorporar la aceptación en mi vida.

Recordatorio para hoy

En adelante ya no tengo que depender de ninguna persona o situación para vivir mi vida. Hoy tengo opciones.

"Piensa cuán sagaz es el ratoncito al no hacer que su vida dependa de un solo hoyo."

Plautus

A veces, lo que hago es menos importante del por qué lo hago. Por ejemplo, si decido expresar lo que siento cuando algo me molesta, mis motivos para hacerlo influirán en lo que diga y en cómo lo diga. Si hablo porque creo que es el comportamiento correcto y porque necesito manifestar mi opinión, entonces el elemento central seré yo. Las reacciones del interlocutor serán mucho menos importantes.

Pero si me expreso con el objeto de manipular o cambiar a otra persona, entonces su reacción será el centro de mi atención y la medida con la cual evaluaré los resultados.

Es posible que en ambos casos utilice las mismas palabras pero es más probable que me sienta mucho mejor si me concentro en mí mismo. Irónicamente, en este último caso los resultados también serán en general más favorables.

Recordatorio para hoy

Hoy, en vez de tener como único objetivo el conseguir resultados, pensaré en concretar aquellos actos que me parezcan apropiados.

"Aunque supiera que mañana el mundo fuera a desmoronarse, de todas maneras plantaría mi manzano."

Martín Lucero

6 DE NOVIEMBRE

El Quinto Paso establece que "Admitimos ante Dios, ante nosotros mismos y ante otro ser humano la naturaleza exacta de nuestras faltas." Pero ¿cuál es la naturaleza exacta de mis faltas? ¿Serán las situaciones embarazosas, las palabras manifestadas con ira, la falta de sinceridad?

Para mí, la naturaleza exacta de mis faltas la conforman las presunciones mudas y autodestructoras que sirven como base de mis pensamientos y comportamiento, incluyendo entre otras cosas, que lo mejor de mí no es suficiente, que no soy digno de recibir afecto, y que jamás podré recuperarme de mis heridas. Si indago en mí íntimamente, encontraré que en general pensamientos como éstos constituyen la base de las cosas que peor me hacen sentir. Hoy estoy aprendiendo a examinar la veracidad de estas presunciones; sólo así podré construir una vida que me permita mirarme a mí mismo en una forma más realista y cariñosa.

Recordatorio para hoy

Vivir afectado por el alcoholismo me ha significado perder en gran parte el respeto a mí mismo. Como consecuencia de eso, es posible que no reconozca cuántas de mis faltas se derivan de mi inseguridad. Por ello el Quinto Paso es tan revelador y depurador. Junto con mi Poder Superior y con otra persona puedo cambiar incluso viejas pautas de comportamiento.

> "Si nadie nos conoce como realmente somos, corremos el riesgo de convertirnos en víctimas de nuestro propio odio. Si podemos ser amados por alguien que nos conoce tal cual somos, entonces podemos comenzar a aceptarnos, puesto que rara vez nos ven tan malos como nosotros creemos ser."

Alateen, esperanza para hijos de alcohólicos

El alcoholismo es una enfermedad de la familia; no sólo afecta al bebedor sino también a aquellos de nosotros que queremos a esa persona. Algunos de nosotros opinamos que se ha distorsionado gran parte de la manera de pensar transmitida de generación en generación.

Con mi presencia en Al-Anon, me comprometo a romper estas pautas enfermizas. A medida que continúo asistiendo a las reuniones, comienzo a aliviarme, a encontrar la cordura y la paz y a sentirme mucho mejor conmigo mismo. Ya no actúo en el antiguo papel del sistema del alcohólico y, por ende, toda la situación familiar comienza a cambiar. Irónicamente, cuando dejo de preocuparme del resto del mundo y me concentro en mi propia salud, le doy a otros la libertad de pensar en sus respectivas recuperaciones.

Recordatorio para hoy

La recuperación personal puede tener repercusiones fuertes en toda la familia. Al preocuparme por mí mismo, es posible que al mismo tiempo esté ayudando, más de lo que piense, a seres queridos que sufren por esta enfermedad de la familia.

"Si una persona se pone bien, toda la situación familiar mejora."

Viviendo con un alcohólico sobrio

8 DE NOVIEMBRE

"Sólo por hoy... Le haré un bien a alguien sin esperar recompensa y sin que nadie lo sepa; si alguien se entera, esto no contaría." ¡Qué magnífica acción! Me ayudará a deshacerme de un antiguo hábito que consiste en comportarme de manera amable o generosa con el objeto de recibir algo a cambio. Sin embargo, sólo realizando un acto de amor sin esperar retribución, podré obtener la verdadera recompensa por mi generosidad.

Hoy estoy aprendiendo que dar no significa sustraer algo de mí o de otra persona. Si es incondicional, todo el mundo se beneficia. Todo gesto bueno y cariñoso apacigua mi alma y contribuye a un mundo mejor. Estas acciones anónimas y positivas son los ladrillos que sirven para construir un vigoroso bienestar espiritual. Mi autorrespeto aumenta porque estoy conforme con mi comportamiento; estoy comprometido a concretar objetivos valiosos.

Recordatorio para hoy

Hoy pondré en acción mi afecto incondicional. Cuando doy libremente, sin esperar recompensa, siempre recibo más de lo que doy.

"Soy fruto del amor. Por ello, nada sino el amor conseguirá liberarme o expresar mi belleza."

Mechtild de Magdeburgo

Los seres humanos nos adaptamos con mucha facilidad; hallamos soluciones creativas frente a situaciones imposibles. Algunos de nosotros desarrollamos la habilidad de obtener lo que queremos manipulando a otras personas. Esta manipulación puede parecer necesaria por la amenaza que representa el alcoholismo. Hoy, con la ayuda de Al-Anon, aprendemos a ir más allá de lo que es básico para sobrevivir y, por ello, dicha manipulación de voluntades se hace innecesaria e inaceptable. En Al-Anon aprendemos maneras sanas de satisfacer nuestras necesidades y de comportarnos frente a otras personas.

El control ajeno ha sido parte integral de mi vida por tanto tiempo que me he olvidado cómo entablar una discusión o cómo pedir algo directamente. Si deseaba que alguien lavara los platos, trataba de que se sintiera culpable manifestándole todo lo que yo hacía por él o me quejaba de que él nunca cumplía con la parte que le correspondía. Jamás se me ocurrió solicitarle lo que deseaba, simple y cortésmente, ni aceptar la posibilidad de que mi petición fuera rechazada. Mas, estoy aprendiendo un día a la vez.

Recordatorio para hoy

Hoy estoy procurándome una mejor forma de vida, libre de culpas y engaño.

> "Podemos decidir comportarnos con integridad, no porque esto haga que otra persona se sienta mejor, sino porque refleja una forma de vida que nos enriquece y alivia."
>
> ...*En todas nuestras acciones*

10 DE NOVIEMBRE

Al-Anon me recuerda que sólo puedo enfrentar "Un día a la vez". Esto me permite ser más realista en cuanto a lo que puedo hacer para mejorar mi situación. Me libera de una urgencia constante.

Hoy puedo ver que no hay mal que dure cien años. Antiguamente pensaba que si no resolvía un problema de inmediato, éste se transformaría en permanente. Ahora sé que todo pasa, tarde o temprano, lo bueno y lo malo.

Hoy puedo preguntarme: ¿qué puedo hacer con esto, ahora mismo? Esta pregunta me ayudará a identificar mi responsabilidad de una manera más realista y me demostrará lo que está más allá de mi poder de control. El discutir las cosas con un amigo de Al-Anon o el asistir a reuniones me ayuda a separar mis problemas actuales de los pasados o futuros. Luego hago lo que puedo y postergo el resto.

Recordatorio para hoy

Puedo enfrentar las situaciones difíciles de manera más efectiva con una actitud más realista acerca de mis responsabilidades. Hoy dispongo de los instrumentos necesarios para enfrentar mis problemas actuales. Confiaré el mañana a mi Poder Superior.

"Hoy es una fraccioncita manejable de tiempo, durante la cual no debemos permitir que nuestras dificultades nos abrumen. Esto nos alivia el corazón y la mente de las pesadas cargas del pasado y del futuro."

Un día a la vez en Al-Anon

La demencia se define como la insistencia en repetir lo mismo una y otra vez, con la esperanza de obtener resultados diversos. Antiguamente trataba de controlar a la gente, los lugares y las cosas, creyendo que mi forma de ser era la correcta. Conocía mi trayectoria: mi manera de ser, basada en la imposición de mi voluntad, no funcionaba; sin embargo, seguía insistiendo. Vivía como un demente.

El Tercer Paso, "Resolvimos confiar nuestra voluntad y nuestra vida al cuidado de Dios, *según nuestro propio entendimiento de Él*", fue un gran vuelco en mi vida, pues abandoné el control de otros. Significó escoger entre la demencia o la cordura; entre mi voluntad o la voluntad de Dios. Como mi voluntad me había fallado con frecuencia, cabía preguntarse cuánto tiempo seguiría yo dando vueltas antes de reconocer mi derrota y solicitar ayuda sincera.

Recordatorio para hoy

Es fácil señalar las decisiones irracionales y autodestructivas del alcohólico. Más difícil es aceptar que mi propio comportamiento no ha sido siempre racional. Hoy no me preocupo en insistir en que se imponga mi voluntad. Así me comprometo a mantener mi cordura.

> "Aunque nadie puede volver atrás, a un nuevo comienzo, cualquiera puede comenzar ahora y lograr un nuevo final."

As We Understood...

12 DE NOVIEMBRE

Soy una persona poco diestra en el uso de herramientas. Hace poco, un amigo me demostró que el aceitar una sierra antes de usarla hace que funcione mejor tanto para cortar metal como madera.

Después, se me ocurrió que aprender a aceitar una sierra se parece un poco a aprender a utilizar el programa de Al-Anon. Aunque con escepticismo, decidí aprender esta nueva forma de vida porque la vi en acción; supe que el programa era eficaz al ver con qué serenidad los miembros de Al-Anon enfrentaban situaciones difíciles, similares a las mías. Por ello, experimenté con sus ideas, aprendí a utilizar los Pasos, las publicaciones de Al-Anon, los lemas, las reuniones y el padrinazgo.

Este tipo de aceite no cambia la fibra básica de mi vida ni me proporciona nuevas herramientas pero hace más útil lo que actualmente tengo, lo que me quita muchas frustraciones y me permite alcanzar una gran satisfacción.

Recordatorio para hoy

No es tarea fácil el construir una vida útil y plena. Al-Anon me ayuda a aprender formas de vida más efectivas con las cuales puedo evitar dificultades innecesarias. Con los instrumentos adecuados, el progreso es sólo cuestión de práctica.

"Se aprende a hablar, hablando; a estudiar, estudiando; a trabajar, trabajando y, por lo mismo, aprenderé a amar a Dios y a los hombres, amándolos. Se comienza como un simple aprendiz y el mismo poder del amor te hará obtener tu doctorado."

Francisco de Sales

En alguna parte leí que, en general, las cosas urgentes son raramente importantes y que las cosas importantes son raramente urgentes. Puedo enredarme tanto en asuntos triviales e irritantes de la vida diaria que no me doy el tiempo necesario para asuntos más importantes. En este caso, el lema de Al-Anon que más me ayuda a poner mis prioridades en orden es: "Primero, las cosas más importantes."

Mantener mi serenidad es hoy mi primera prioridad. La relación con mi Poder Superior es la fuente de la serenidad, así que mantener esa relación es mi "Primera cosa importante".

Si pienso que estoy en un cuarto oscuro, y que mi Poder Superior es mi única fuente de luz, la mejor forma de moverme entre los muebles será llevar conmigo esta fuente de luz durante mis desplazamientos por el cuarto. En caso contrario, puede que logre atravesarlo pero, con toda seguridad, mi progreso será lento, confuso y, probablemente, doloroso.

Recordatorio para hoy

Al pensar en qué hacer con este día, reservaré algún tiempo para aquello que sea realmente importante. Hoy aplicaré "Primero, las cosas más importantes."

> "Pasemos un día con la premeditación de la naturaleza. No nos desviemos por cualquier cáscara de nuez o ala de mosquito que veamos en el camino."
>
> Henry David Thoreau

14 DE NOVIEMBRE

El Sexto Paso dice que estuviese enteramente dispuesto a que Dios eliminase todos mis defectos de carácter. Esta disposición casi nunca aparece súbitamente, en forma de un relámpago deslumbrante de sabiduría. Por el contrario, en la lucha para lograr progresos, esa disposición ha crecido paso a paso.

La gratitud es parte importante de mi Sexto Paso. Cuanto más agradecimiento siento por la orientación de mi vida, más puedo aceptar la recuperación que me permite cambiar y crecer. Al reconocer y cultivar mi capacidad estoy aumentando mi voluntad para desprenderme de mis defectos.

Este Paso es una lección de paciencia; al ver cómo se abren nuevos horizontes en mi vida, finalmente estaré dispuesto a permitir que Dios elimine mis defectos de carácter.

Recordatorio para hoy

"Progreso y no perfección" es la base tanto de mi voluntad para desprenderme de mis defectos como de todos los otros aspectos de mi programa de Al-Anon; dicha voluntad progresa, un día a la vez.

"El Sexto Paso es mi oportunidad para cooperar con Dios; mi objetivo será prepararme para desprenderme de mis faltas y permitir que Dios se haga cargo del resto de mi vida."

Alateen—un día a la vez

Solía sentirme muy ofendido si alguien me miraba mal, me hablaba con un tono áspero o, simplemente, no me hablaba. En Al-Anon he crecido lo suficiente como para darme cuenta que la mirada, el tono o el ánimo de otra persona hacia mí casi nada tiene que ver conmigo, sino con lo que está pasando dentro de esa persona.

Entonces, ¿por qué de todas maneras se hieren mis sentimientos? Pienso que ser extremadamente sensible es una forma de arrogancia, de creer que yo soy el centro de atención de todos. ¿Soy tan importante como para tener derecho a pensar que todo lo que sucede a mi alrededor tiene que ver conmigo? Sospecho que esta actitud refleja mi vanidad y no la realidad. La vanidad es un defecto de carácter que estoy dispuesto a cambiar.

Con la ayuda de Al-Anon, está disminuyendo mi extremada sensibilidad frente a todo lo que ocurre a mi alrededor. Para lograrlo me pregunto: ¿Cuán importante es? Una herida prolongada sólo contribuye a herirme más y a dominar mis pensamientos.

Recordatorio para hoy

Otras personas me resultan importantes y, a veces, sus opiniones me importan aunque puedo tomar como afrenta personal algo que nada tiene que ver conmigo. El tener una opinión propia sobre mí mismo me ayudará a aceptar las opiniones ajenas, sin permitir que estas últimas me dominen.

> "Mediante las reuniones y lecturas diarias de las publicaciones de Al-Anon, fue como me di cuenta del hecho de que lo que las demás personas hacían o decían se reflejaba en *ellos*; lo que yo hacía o decía se reflejaba en *mí.*"
>
> *Viviendo con un alcohólico sobrio*

16 DE NOVIEMBRE

Durante mucho tiempo traté de "Soltar las riendas y entregárselas a Dios", pero no podía lograrlo. En una reunión escuché a un miembro Al-Anon decir que, para ello, se imaginaba a sus seres queridos en una hermosa playa envueltos en la luz de un Poder Superior.

Al-Anon me enseñó a tomar lo que me agrada y a desechar el resto. Yo no pude identificarme con la citada escena en la playa, pero sí pude sentirme a gusto con la idea general. Una vez más, la experiencia, la fortaleza y la esperanza de otro compañero de Al-Anon me sirvieron de guía para encontrar mi propia respuesta personal. Hoy pienso en cubrir a mis seres queridos con el manto que estimo les gustaría y se los voy entregando suavemente al Poder Superior. Opino que es importante ser específico puesto que mis temores y dilemas son también específicos.

Puedo realmente "Soltar las riendas y entregárselas a Dios" con la idea clara de que mis seres queridos están al cuidado del Poder Superior.

Recordatorio para hoy

Necesito la ayuda de mi Poder Superior cuando me impaciento con otras personas. Si lucho temerosamente, ese mismo temor logrará dominarme aún más. Pero la entrega de nuestros seres queridos a Dios puede liberarnos a todos.

"Soltar las riendas y entregárselas a Dios… nos enseña a librarnos de los problemas que nos preocupan y desconciertan porque no es posible resolverlos solos."

¿Qué es Al-Anon?

"Siga viniendo" es una frase que escuchamos a menudo en Al-Anon. Pero, ¿por qué es tan importante? Porque muchos de nosotros estamos tan endurecidos como resultado de nuestros conflictos con alcohólicos o nuestras huidas de ellos que nos resulta difícil permanecer inmóviles durante nuestra recuperación. Necesitábamos respuestas o decisiones inmediatas. Sin embargo, durante nuestra primera reunión en Al-Anon, nos sentimos suficientemente liberados como para regresar otra vez. Y, después, una y otra vez más. Lentamente, aprendimos a sentarnos en silencio a escuchar y a obtener alivio.

A pesar de los años transcurridos en el programa de Al-Anon, podemos seguir usando la frase "siga viniendo". Las dificultades van y vienen, aun después de un período prolongado de recuperación en Al-Anon. Ante cada nuevo desafío, muchos necesitamos aún que nos recuerden que no hay situación tan difícil que no pueda resolverse, ni infelicidad tan grande que no pueda remediarse.

Recordatorio para hoy

Si hoy me siento desanimado, buscaré refugio en los instrumentos básicos del programa de Al-Anon: asistiré a una reunión, llamaré a un Padrino, regresaré al Primer Paso. Si sigo viniendo, mejorará mi situación, un día a la vez.

> "Si realmente quiero aprender cómo adaptarme fácil y felizmente a mi ambiente y a mis relaciones con otras personas, Al-Anon tiene mucho para ofrecerme."
>
> *Un día a la vez en Al-Anon*

Durante muchos años la
específicas que resumieran la
hizo llegar a esta hermandad
trolador, un facilitador, un cu
recuperación." Sin embargo, a
identificarían algunos de mis
suficientes. No busco la recupe
una limitación o de un proble
es bregar por un bienestar gen

La concreción de este ob
recuperación después de que n
alcoholismo de un ser querido
me ofrece mucho más que ese
rándome y progresando, encu
saber sobrevivir. Los mismos p
me permitieron llegar hasta aqu
a concebir una vida intensamer

Hoy, cuando digo que s
Al-Anon, no estoy refiriéndon
blema específico, sino al hech
conjunto de soluciones que pue
nal, física y espiritual.

Recordatorio para hoy

Al avanzar por el camino sin
tual, enriqueceré mis opiniones

> "En Al-Anon creemos que la
> mental como espiritual."

19 DE NOVIEMBRE

nenté la falta de etiquetas
nfermedad espiritual que me
Quería decir: "Soy un con-
dador, un componedor… en
pesar de que dichas etiquetas
efectos de carácter, no serían
ración como consecuencia de
ma. Mi objetivo en Al-Anon
ralizado.
etivo comenzó buscando la
i vida se viera afectada por el
Sin embargo, Al-Anon hoy
. A medida que voy recupe-
ntro que ya no es suficiente
incipios e instrumentos que
í, pueden también ayudarme
te rica y completa.
y miembro agradecido de
e necesariamente a un pro-
de ser partícipe de todo un
den llevar a la salud emocio-

fin de mi crecimiento espiri-
obre la recuperación.

vida es crecimiento, tanto

Los Doce Pasos y Tradiciones

20 DE NOVIEMBRE

A pesar de que existen distintas formas de domesticar un caballo, hay acuerdo general sobre un asunto: lo importante es no abatir su espíritu. Potrillos, cachorros y niños pequeños rebosan de alegría de vivir. Pero ¿qué pasó con mi felicidad? El alcoholismo, que afectó a todas las generaciones de mi familia, logró abatir mi espíritu.

Al-Anon me brinda una hermandad, un Padrino y los Doce Pasos y Tradiciones que me permiten aliviar mi espíritu abatido. Mi recuperación comenzó cuando dejé de luchar contra un Dios concebido por otras personas, y encontré un Dios que respetaba mi espíritu largamente descuidado. Ese es el Dios que puede lograr mi verdadera recuperación personal.

Hoy me esfuerzo sinceramente en disfrutar de la vida y celebrar el hecho de estar vivo. Es una forma de llegar a Dios.

Recordatorio para hoy

Hoy lo dedicaré a festejar mi espíritu. Hay una parte de mí que conserva la curiosidad, el encanto, el entusiasmo y la felicidad típicos de la niñez. Es posible que haya perdido contacto con dicha parte, pero sé que todavía existe. Durante un cierto tiempo, dejaré mis problemas de lado y valoraré la importancia de una vida activa.

> "La vida para mí no es una pequeña vela. Es una especie de antorcha gloriosa que tengo momentáneamente entre mis manos, y que intento hacer arder con la mayor fuerza posible, antes de pasársela a futuras generaciones."
>
> George Bernard Shaw

A veces pienso que no debería tener más problemas después de haber sido miembro de Al-Anon durante tanto tiempo. Cuando surgen problemas pienso que algo debe andar mal conmigo o con el programa.

En realidad, en cierta medida hoy tengo más problemas que antes. Cuando llegué a Al-Anon tenía uno solo: no sabía cómo mejorar al alcohólico. Mi vida estaba en ruinas pero yo aseguraba que estaba bien. Hoy sé que sólo puedo mejorarme a mí mismo, y me desafío diariamente a procurarme una vida más rica y trascendente. Hoy corro riesgos, afronto temores, hago cambios, me expreso en voz alta, vivo plenamente la vida.

Tarde o temprano encontraré obstáculos insospechados. A veces la vida no sigue mi plan. Me abruma y sólo deseo ocultarme debajo de las frazadas. En estas circunstancias, me ayuda recordar que Al-Anon no nos quita los problemas sino que nos da el valor y el conocimiento íntimo necesarios para convertir los obstáculos en peldaños.

Recordatorio para hoy

Al afrontar mis dificultades, lo importante no es el tiempo transcurrido en Al-Anon sino cuán dispuesto estoy a usar los instrumentos de recuperación. Si bien Al-Anon no nos inmuniza contra los problemas, sí nos ofrece una forma racional de afrontarlos.

"Las dificultades son a menudo los instrumentos por medio de los cuales Dios nos prepara para cosas mejores."

H.W. Beecher

24 DE NOVIEMBRE

Estoy siempre observando a amigos y desconocidos y apenas obtengo alivio: "ella luciría mucho más atractiva si…" o "él sería más fácil de tratar si…"

El Décimo Paso me recuerda a diario que debo desasirme de este tipo de pensamientos. Me recuerda que debo proseguir con mi propio examen de conciencia y admitir espontáneamente cuando estoy equivocado.

A diario puedo examinar mi conciencia y decidir qué puedo mejorar en mí mismo. ¿Cómo puedo progresar hoy? ¿Qué puedo hacer para que al final del día haya logrado dicho progreso? ¿Hay algo que pueda aprender? ¿Existe algún desafío que pueda enfrentar? ¿Tengo algún temor antiguo y fastidioso que pueda encarar y eliminar? ¿Hay alguna nueva felicidad que pueda probar? El Décimo Paso me recuerda que debo ser honrado conmigo mismo, reconocer mi progreso, admitir mis faltas e identificar hoy mis posibilidades de crecimiento.

Recordatorio para hoy

Cuando llevo a cabo diariamente mi examen de conciencia, ya no tengo que preocuparme de la posibilidad de caer en un estado mental vago y nebuloso, que permita que los pensamientos negativos se afiancen en mí. Cuando transfiero este examen de conciencia a mi Poder Superior, sé que estoy en el camino de mi liberación.

> "Un hombre jamás debe avergonzarse de reconocer que ha estado equivocado, puesto que significa decir, en otras palabras, que hoy es más sabio."
>
> Alexander Pope

Cuando llegué a Al-Anon sabía que un pariente cercano bebía demasiado y sabía que yo no era feliz, pero pensaba que no necesitaba mucha ayuda. Asistía a una reunión semanal, a menos que tuviera otra cosa que hacer, y nunca tuve un Padrino. Progresé pero en forma muy lenta.

Una crisis puso término a mi lento proceso de recuperación. El día que perdí a un ser querido, me fue casi imposible soportar el dolor. Tuve suerte: había aprendido lo suficiente como para tomar el teléfono y llamar a un miembro de Al-Anon. Esa persona me ayudó a sortear los problemas, pero eso sólo fue el comienzo. Observé cuán urgentemente necesitaba adquirir la fortaleza y la capacidad que Al-Anon me ofrecía. Comencé a asistir a unas cuantas reuniones semanales, a ejecutar labores de servicio, a llamar a los amigos de Al-Anon. Mi recuperación despegó. Hoy, seguir el programa de Al-Anon es parte primordial de mi vida, porque sé a dónde hubiera ido a parar sin la antedicha crisis.

Recordatorio para hoy

A veces el progreso es mayor a consecuencia del dolor, pero no es el dolor lo que me hace progresar sino mi comportamiento frente al mismo. ¿Sufriré como consecuencia de mi experiencia, pero continuaré siendo el mismo, o dejaré que el dolor provoque cambios que me ayuden a crecer? La opción es mía.

> "Aprendí en Al-Anon a buscar (en cada situación) la oportunidad para crecer. Esta actitud me permitió incorporar en mí las riquezas espirituales provenientes del dolor que sufría."
>
> ...*En todas nuestras acciones*

22 DE NOVIEMBRE

Al-Anon es un programa de recuperación espiritual. La palabra "recuperación" conlleva la idea de que estamos recobrando algo que antiguamente poseíamos pero que perdimos o dejamos de lado.

Perdí mi rumbo espiritual como consecuencia de la confusión ocasionada por el vivir con bebedores activos. La vida se transformó en un juego de supervivencia, en una presión diaria derivada del temor y del trabajo duro. Nada parecía ayudarme a pesar de todo lo que intentaba, quizás porque trataba de hacerlo todo por mí mismo.

En Al-Anon aprendí que cuento, dentro de mí y a mi alrededor, con una fuente de sabiduría que me guía durante los temores más abrumadores y la toma de las decisiones más difíciles; un Poder Superior. Cualquiera que sea la forma como defino a ese Poder Superior, Él me es real y ha estado siempre aquí, a mi disposición. Estoy muy agradecido por haber restablecido ese vínculo con mi espiritualidad pues, al lograrlo, recuperé una parte fundamental de mí mismo. Como consecuencia, hoy mi vida tiene una razón de ser que permite que cada momento sea un don maravilloso.

Recordatorio para hoy

Soy un ser espiritual, con capacidad para saber lo que es la fe, la esperanza y la percepción de la belleza. Tengo a mi disposición una fuente ilimitada de fortaleza y esperanza. Hoy me tomaré el tiempo que sea necesario para cultivar ese vínculo espiritual.

> "Es fundamental dedicar media hora a la meditación; si estás muy ocupado, entonces precisarás una hora."
>
> Francisco de Sales

A menudo he tenido un sueño que hubiera deseado convertir en realidad, pero que abandoné porque me pareció una tarea demasiado difícil de intentar. Volver a estudiar, mudarme, hacer un viaje, cambiar de ocupación, todo esto y muchas metas más pueden parecer abrumadoras al principio.

Al-Anon me recuerda "Mantenerlo simple." En vez de afrontar la tarea como un todo, puedo facilitarla dando un paso a la vez. Puedo recopilar información y nada más. Después, cuando esté listo, puedo adelantar el proyecto un poco más. Así se elimina parte de la presión de tener que saber todas las respuestas y de resolver cada problema que se presente aun antes de comenzar a ejecutar la tarea.

Asimismo, tengo la opción de experimentar con algo y después cambiar de opinión. No tengo que comprometerme a hacer algo para toda la vida, sin antes siquiera saber si mi meta es aconsejable.

Mis planes pueden incluir muchas acciones y muchos riesgos, pero no tengo que enfrentarlos todos hoy. Puedo darme el tiempo que sea necesario y tomar las cosas, poco a poco, a mi propio ritmo. Concentrándome en una cosa a la vez, lo que parecía imposible puede transformarse en posible si lo "Mantengo simple".

Recordatorio para hoy

Con la ayuda de Al-Anon y de mi Poder Superior, hoy soy capaz de muchas cosas que antes ni siquiera hubiera podido considerar. Hasta sería capaz de intentar concretar los deseos de mi corazón.

"Toda la gloria se deriva del valor de comenzar."

Eugene F. Ware

24 DE NOVIEMBRE

Estoy siempre observando a amigos y desconocidos y apenas obtengo alivio: "ella luciría mucho más atractiva si…" o "él sería más fácil de tratar si…"

El Décimo Paso me recuerda a diario que debo desasirme de este tipo de pensamientos. Me recuerda que debo proseguir con mi propio examen de conciencia y admitir espontáneamente cuando estoy equivocado.

A diario puedo examinar mi conciencia y decidir qué puedo mejorar en mí mismo. ¿Cómo puedo progresar hoy? ¿Qué puedo hacer para que al final del día haya logrado dicho progreso? ¿Hay algo que pueda aprender? ¿Existe algún desafío que pueda enfrentar? ¿Tengo algún temor antiguo y fastidioso que pueda encarar y eliminar? ¿Hay alguna nueva felicidad que pueda probar? El Décimo Paso me recuerda que debo ser honrado conmigo mismo, reconocer mi progreso, admitir mis faltas e identificar hoy mis posibilidades de crecimiento.

Recordatorio para hoy

Cuando llevo a cabo diariamente mi examen de conciencia, ya no tengo que preocuparme de la posibilidad de caer en un estado mental vago y nebuloso, que permita que los pensamientos negativos se afiancen en mí. Cuando transfiero este examen de conciencia a mi Poder Superior, sé que estoy en el camino de mi liberación.

"Un hombre jamás debe avergonzarse de reconocer que ha estado equivocado, puesto que significa decir, en otras palabras, que hoy es más sabio."

Alexander Pope

Cuando llegué a Al-Anon sabía que un pariente cercano bebía demasiado y sabía que yo no era feliz, pero pensaba que no necesitaba mucha ayuda. Asistía a una reunión semanal, a menos que tuviera otra cosa que hacer, y nunca tuve un Padrino. Progresé pero en forma muy lenta.

Una crisis puso término a mi lento proceso de recuperación. El día que perdí a un ser querido, me fue casi imposible soportar el dolor. Tuve suerte: había aprendido lo suficiente como para tomar el teléfono y llamar a un miembro de Al-Anon. Esa persona me ayudó a sortear los problemas, pero eso sólo fue el comienzo. Observé cuán urgentemente necesitaba adquirir la fortaleza y la capacidad que Al-Anon me ofrecía. Comencé a asistir a unas cuantas reuniones semanales, a ejecutar labores de servicio, a llamar a los amigos de Al-Anon. Mi recuperación despegó. Hoy, seguir el programa de Al-Anon es parte primordial de mi vida, porque sé a dónde hubiera ido a parar sin la antedicha crisis.

Recordatorio para hoy

A veces el progreso es mayor a consecuencia del dolor, pero no es el dolor lo que me hace progresar sino mi comportamiento frente al mismo. ¿Sufriré como consecuencia de mi experiencia, pero continuaré siendo el mismo, o dejaré que el dolor provoque cambios que me ayuden a crecer? La opción es mía.

> "Aprendí en Al-Anon a buscar (en cada situación) la oportunidad para crecer. Esta actitud me permitió incorporar en mí las riquezas espirituales provenientes del dolor que sufría."
>
> *...En todas nuestras acciones*

26 DE NOVIEMBRE

Toda la vida he tenido el problema de sentirme ajeno a todo lo que me rodea.

Esto me sucedió especialmente la primera vez que vine a Al-Anon. Mi asistencia a las reuniones me parecía errada porque cuando era niño no hubo problema de bebida en mi hogar; mis abuelos eran los que bebían.

En la primera reunión aprendí que el alcoholismo es una enfermedad de la familia: afecta no sólo a la persona que bebe sino también a aquellos que la aprecian. En efecto, las consecuencias de esta enfermedad pasan a menudo de generación en generación. Cuando escuché la descripción de algunos de esos efectos, reconocí mi propio contorno. Por primera vez en mi vida estaba rodeado de gente que sabía lo que me estaba sucediendo.

Hoy veo claramente que me ha afectado el alcoholismo, la enfermedad de la familia. Al-Anon me ofrece una vía de escape que me permite romper esta vieja pauta familiar. Puedo bajarme de este carrusel escogiendo la recuperación.

Recordatorio para hoy

En Al-Anon encuentro personas que me entienden mejor que nadie. En caso de haber sido afectado por el alcoholismo ajeno, puedo estar seguro de que pertenezco al grupo.

> "No importa cuál sea la dificultad, no importa cuán especiales creamos ser, en algún lugar cercano hay hombres y mujeres con casos similares, que encontraron ayuda, consuelo y esperanza mediante la recuperación en Al-Anon."
>
> ...*En todas nuestras acciones*

Puedo sentirme orgulloso de ser un sobreviviente. He tenido que lidiar muchas batallas para llegar precisamente a donde estoy. Hoy sé que soy más que mis dificultades. Soy un ser humano con dignidad. Tengo una abundante experiencia que puedo compartir con aquellas personas que atraviesan circunstancias similares. No debo temer futuros desafíos porque hoy sé que, con la ayuda de mi Poder Superior y con la fortaleza y sabiduría adquiridas en Al-Anon, puedo enfrentar cualquier cosa que la vida interponga en mi camino.

Aunque durante un tiempo consideré que mi vida era una tragedia, hoy tengo una perspectiva distinta con relación a mi pasado. Sé que soy una persona más fuerte como resultado de las circunstancias que enfrenté.

Recordatorio para hoy

Si así lo decido, puedo considerar que todo lo que me sucede en la vida es un don que me permite aprender y crecer. Hoy encontraré algo bueno escondido en cada situación difícil, lo que me permitirá estar agradecido. Es increíble ver cuánto ayuda un poco de gratitud.

"Cuando oscurece, se pueden ver las estrellas."

Charles A. Beard

28 DE NOVIEMBRE

Al aplicar el Cuarto Paso, tuve que hacer un sincero recuento de mis rasgos de carácter con honestidad y sin temor. Me sorprendió una enorme ironía: muchas de las cosas que antes consideraba virtudes, por ejemplo, hacerme cargo de todos los que me rodeaban, preocuparme acerca de cómo vivían otros, sacrificar mi propia felicidad y prosperidad, resultaron ser la causa de mi infelicidad. Por otra parte, los rasgos que siempre pasé por alto, por ejemplo, el talento, el optimismo y la autodisciplina, resultaron ser mis buenas cualidades. Fue como si, por medio de este Paso, hubiera dado un vuelco total a mi personalidad.

Todavía lucho para no volver al pasado. Al mirarme con franqueza, veo plenitud, orgullo y paz. Ahora que me conozco, me siento feliz de ser quien soy.

Recordatorio para hoy

Mi vida es un proceso de cambiar constante. El tomar conciencia de esto me permite estar a la altura de esos cambios. Hoy permítanme escuchar mis palabras y observar mi comportamiento. Sólo sabiendo quién soy podré convertirme en la persona que quiero ser.

> "Cada persona debe mirarse a sí misma para aprender el sentido de la vida. No es algo que se descubre: es algo que se forja."
>
> Antoine de Saint-Exupery

Antes de pertenecer a Al-Anon, pensaba que ser adulto significaba tener control, ser rígido y actuar con sangre fría. Ser adulto era aparentar estar bien por fuera y sin saber qué se sentía por dentro. Por último, ser adulto significaba hacer cosas para otros hasta agotarme.

Al-Anon me reveló toda una nueva forma de vida. Primero, tuve que desprenderme de mi deseo de controlar al prójimo, en pocas palabras, no funciona. Tratar de imponer nuestra voluntad constituye la mejor forma de distanciarnos de nuestros seres queridos. Por el contrario, tuve que admitir que no tengo autoridad alguna sobre otro ser humano. Tuve que comenzar a quitarme la máscara con la cual aparentaba que todo "estaba bien" para compartir mis sentimientos en las reuniones. Y, por último, llegó el día en que tomé el libro *Un día a la vez en Al-Anon,* y leí las páginas relacionadas con el tema del "martirio". Me molestó darme cuenta que ser un "benefactor" eterno oculta, a menudo, un mártir.

A veces, ser más humano ha sido difícil e intimidante, pero ser más auténtico me permite relaciones verdaderas, comunicaciones reales y una felicidad concreta.

Recordatorio para hoy

Hoy puedo correr el riesgo de ser quien soy. No tengo que vivir de acuerdo a imágenes ajenas. Todo lo que tengo que hacer es ser quien soy.

> A medida que abandoné mi poder imaginario sobre otros, conseguí una visión más realista de mi propia vida.

30 DE NOVIEMBRE

Todo ser humano que forma parte de nuestra vida nos ofrece algo que aprender. Otras personas pueden ser nuestros espejos, reflejando nuestras mejores y peores cualidades. Nos pueden ayudar a resolver antiguos conflictos que nunca solucionamos. Pueden actuar como agentes catalizadores, activando ciertas "piezas" nuestras que deben hacerse visibles para que podamos ocuparnos de ellas.

Asimismo, otras personas pueden aprender algo de nosotros. Todos estamos relacionados. Esa es nuestra fuerza más poderosa.

De modo que cuando me vuelvo impaciente con alguien que comparte durante una reunión, o me ofendo frente a la falta de atención demostrada por un ser querido, o me siento abrumado con la decisión de otra persona, pensaré que mi profesor o mi espejo están frente a mí, y le rogaré a mi Poder Superior que me ayude a apreciar sus ofrendas.

Recordatorio para hoy

Una de las razones por las cuales vengo a Al-Anon es para aprender a cultivar relaciones sanas y cariñosas conmigo mismo y con otras personas. Reconozco que necesito otros seres humanos. Daré la bienvenida a aquéllos con los cuales mi Poder Superior me pone hoy en contacto.

"Las cañas son débiles y pueden quebrarse con facilidad; sin embargo, unidas entre sí se tornan fuertes y difíciles de romper."

The Midrash

1º DE DICIEMBRE

En Al-Anon, por primera vez en mucho tiempo, me invitaron a volver aun después de escuchar todas mis aflicciones. Estoy muy agradecido ya que Al-Anon era mi última esperanza—pensaba que me mataría si no lograba hacer algo acerca del alcoholismo en mi hogar. Con posterioridad, cuando miembros del grupo me pidieron que preparara el café, me complació poder hacer *algo* para pagarles su cariño; sin embargo no era necesario pagarles. Ellos me brindaron su cariño independientemente de si participaba en el servicio o no, inclusive cuando yo mismo no me podía amar.

Al-Anon es la única cosa en mi vida a la que me he dedicado, la única cosa con la cual siempre me he sentido bien. Al realizar labores de servicio, me veo concretando cosas, dando, recibiendo, creciendo. Veo mi progreso cuando aprendo a aprender, y a medida que las lecciones se hacen parte de mí, las aplico a todos los aspectos de mi vida.

Hoy me gusta pensar que participo activamente en el crecimiento de Al-Anon a través del servicio. No le estoy haciendo un favor a Al-Anon; Al-Anon me está haciendo un favor a mí. Me emociona recordar esto. Puedo participar. ¡Ustedes me lo permiten!

Recordatorio para hoy

Escuchar, oír, pensar y leer acerca de un despertar espiritual es muy útil, pero si en realidad deseo este regalo, hay algo más que puedo *hacer:* puedo participar.

"Lo que aprendemos a hacer lo aprendemos haciendo."

Aristóteles

2 DE DICIEMBRE

Puedo fácilmente detallar las limitaciones de mi ser querido. Puedo pasar horas haciendo una lista de las formas en que él podría cambiar.

Pero nunca ha mejorado nada como resultado de esta crítica mental; únicamente mantiene mi mente ocupada con otra persona y no conmigo misma. En vez de admitir que soy incapaz ante las decisiones y actitudes de otra persona, sueño con delirios de poder. Al final me encuentro un poco más amargada, más desesperada y más frustrada. Y nada ha cambiado en mi situación o en la de la otra persona.

¿Qué pasaría si tomara mi lista de críticas y la aplicara, con suavidad, a mí misma? Podría quejarme de los malos tratos verbales de mi ser querido, después de todo yo nunca le hablo a él de la misma manera. Pero en mis pensamientos, puedo comportarme tan mal como él. La misma actitud existe en los dos, la diferencia radica en la forma en que la manifestamos.

Recordatorio para hoy

Al-Anon me dice: "Que empiece por mí." Cuando identifico algo que no me gusta en otra persona, puedo buscar características similares en mí y comenzar a cambiarlas. Al cambiar yo misma, verdaderamente puedo cambiar el mundo.

> "La paz espiritual depende del reconocimiento de nuestras propias faltas. Un examen de conciencia sincero ayuda a reconocer nuestra fortaleza y nuestra debilidad."
>
> *¿Qué es Al-Anon?*

¿Qué es la meditación? Al-Anon deja la pregunta abierta para que cada uno de nosotros la conteste a su manera. Aprovechar las experiencias de otros miembros de Al-Anon nos puede ayudar a llegar a nuestras propias conclusiones. Estas son solamente algunas de las contribuciones de los miembros de la hermandad.

Para mí, la meditación es una mayor conciencia espiritual. A menudo recuerdo que cada acción puede atender a un propósito espiritual.

Voy a un lugar silencioso, cierro los ojos y repito las palabras de la Oración de la Serenidad para mis adentros con una suave voz.

Necesito trascender mis pensamientos para concentrarme en mi respiración, contando de uno a diez varias veces al aspirar y espirar.

Simplemente me alejo un paso y observo mis pensamientos como si estuviera mirando una obra de teatro. Trato de mantener mi atención en el día de hoy solamente, dejando de lado el pasado y el futuro.

Me concentro en una flor. Cuando mis pensamientos se desvían, acepto el hecho de que mi mente está simplemente cumpliendo con su tarea: pensando, y entonces, con suavidad, regreso a mi pensamiento original.

En mi mente, me imagino las manos de mi Poder Superior. Uno por uno, pongo mis problemas, mis preocupaciones, mis alegrías y mi gratitud en esas manos, y finalmente me pongo yo mismo.

4 DE DICIEMBRE

En el pasado, muchos de nosotros aprendimos a tomar decisiones basándonos estrictamente en nuestros sentimientos, como si los sentimientos fueran hechos concretos. Si sentíamos miedo de actuar, por ejemplo, entonces mejor lo evitábamos. No había opciones ni margen de maniobra para más de un sentimiento a la vez.

Parte de la recuperación en Al-Anon entraña el aprender que los sentimientos no son hechos concretos. Soy un ser humano muy complejo y fascinante con una amplia gama de emociones, experiencias y pensamientos. Mi identidad es mucho más que un sentimiento o un problema. Poseo una profusión de contradicciones. Puedo valorar mis sentimientos sin permitirles que dicten mis acciones.

Hoy puedo irritarme con una persona y amarla de todos modos. Puedo sentir temor ante experiencias nuevas y, sin embargo, seguir adelante con las mismas. Puedo superar heridas sin dejar de amar. Y también puedo estar triste y aún tener confianza en volver a ser feliz otra vez.

Recordatorio para hoy

Hoy estoy aprendiendo a comprender mi complejidad y mis contradicciones y a estar agradecido por la riqueza que representan.

"La vida, con todas sus angustias... es emocionante y bella, entretenida y afectuosa... e independientemente de lo que venga después, nunca viviremos esta vida otra vez."

Rose Macaulay

Estaba convencida de que tenía que haber alguien en este mundo que pudiera entender cada uno de mis estados de ánimo, que siempre tuviera tiempo para mí y que dibujara una sonrisa en mi boca. Cuando esta persona apareciera, finalmente tendría yo el cariño que merecía. Hasta entonces sólo me quedaba esperar. Pobre de mí. ¡Qué vida triste y solitaria vivía!

Entonces una persona en una de las reuniones de Al-Anon usó la palabra "gratitud" y de repente toda mi escenografía empezó a derrumbarse. Cuando pensaba en todo lo que tenía que agradecer, mi fantasía parecía ser sólo una sombra. La realidad presentaba una imagen totalmente diferente. Estaban mis amigos, el niño que se me acerca con tanta confianza, un compañero de trabajo que me brinda su amistad, el ser querido alcohólico de mi vida, los miembros de Al-Anon que me abrazan, me hablan y me animan. ¿Qué hacía con todo este cariño? Me parece que lo estaba dejando de lado por esa persona imaginaria o, lo que es peor, no me estaba dando cuenta de nada.

Recordatorio para hoy

Si no puedo reconocer el amor que ya existe en mi vida, ¿podría verdaderamente valorar el recibir más? Debo primero reconocer lo que ya se me ha otorgado.

"Si la única oración que uno dijera en toda su vida fuera 'gracias', sería suficiente."

Meister Eckhart

6 DE DICIEMBRE

Antes de venir a Al-Anon, podría haber jurado que no sentía ira en ningún rincón de mi cuerpo. Al aplicar los Pasos, sin embargo, descubrí que, sin darme cuenta, muchas veces me había enfurecido con los alcohólicos de mi vida.

Empecé a reconocer mi ira en el momento en que aparecía. Al principio fue maravilloso recobrar esta parte reprimida de mi ser, me sentí más completa y más fuerte, pero a medida que pasaba el tiempo, empecé a abusar de esta nueva sensación de poder que había encontrado. Le echaba la culpa al alcohólico de todos mis problemas, alejaba a todo el mundo, y me sentía peor que nunca.

Al-Anon me ha ayudado a concentrarme de nuevo en mí. Si estoy disgustada con mi situación, puedo ver cuál es la parte que me corresponde. Soy incapaz ante el alcoholismo. A veces me irrito por ello, pero la ira no lo puede cambiar. Hoy, puedo enojarme, expresar mis sentimientos en la forma más saludable y luego dejarlos en libertad.

Recordatorio para hoy

La ira puede darme una falsa apariencia de poder. Durante algún tiempo puede que sienta que controlo mi situación y a otra gente, pero esa clase de seguridad falsa siempre me decepciona. El único poder verdadero a mi disposición es el mencionado en el Undécimo Paso: las fuerzas para cumplir la voluntad de Dios.

> "Nadie puede controlar los insidiosos efectos del alcohol ni su poder para destruir la gracia de la vida y el decoro… Pero si tenemos un poder, proviene de Dios: el de cambiar nuestra propia vida."
>
> *Un día a la vez en Al-Anon*

Solía pensar en que ser bueno conmigo mismo significaba comer lo que quisiera, comprar cualquier cosa que me gustara, dormir sólo unas pocas horas y evitar cualquier actividad que no fuera divertida y estimulante. El problema fue que las consecuencias resultaron muy incómodas y cuando me ponía a pensar en todo ello, me daba cuenta de que estaba desperdiciando mi vida.

Hoy, el ser bueno conmigo mismo es un reto mayor, pero los beneficios son absolutamente maravillosos. Asisto a dos o tres reuniones de Al-Anon por semana, leo la literatura diariamente y me tomo el tiempo para hablarle a Dios. Intento arduamente lograr que mi serenidad sea más importante que cualquier otra circunstancia de la vida.

Ahora como alimentos saludables, hago ejercicios que me divierten y manejo el dinero en forma más responsable. Celebro mi crecimiento; bailo, dibujo y disfruto de amistades maravillosas. Mi estilo de vida no es rígido ni tampoco me gustaría que lo fuera. Todavía disfruto de momentos de espontaneidad, pero ahora los puedo escoger.

Recordatorio para hoy

Merezco tomar decisiones que me hagan sentir bien conmigo mismo. Puede ser que me lleve un tiempo el ver los resultados, pero estoy construyendo una vida que promueve mi salud y mi autoestima. La espera vale la pena.

"El principio más poderoso del crecimiento radica en las decisiones humanas."

George Eliot

8 DE DICIEMBRE

La imagen de una avalancha me ayuda a darle a la alcohólica activa de mi vida la dignidad de tomar sus propias decisiones. Parecería que sus acciones crearan una montaña de problemas relacionados con el alcohol. Un montículo de nieve no puede crecer indefinidamente sin derrumbarse, ni tampoco la montaña de problemas de la alcohólica.

Al-Anon me ha ayudado a abstenerme de proteger a la alcohólica o de agrandar el montículo para que se derrumbe con más rapidez. Soy incapaz ante su alcoholismo y su sufrimiento. La mejor ayuda que puedo darle es dejarle libre el camino.

Si la avalancha cae sobre la alcohólica, tiene que ser el resultado de sus propias acciones. Yo trataré de hacer todo lo posible para permitir que Dios la cuide, aún cuando consecuencias dolorosas de sus propias decisiones la golpeen con fuerza. Así no obstaculizaré sus posibilidades para una vida mejor.

Recordatorio para hoy

Tendré mucho cuidado de no construir una avalancha propia. ¿Estoy amontonando resentimientos, excusas y pesares que tienen la capacidad de destruirme? No tengo que esperar a sentirme enterrado por ellos antes de atender a mis propios problemas. Puedo empezar hoy.

"El sufrimiento que estás tratando de suavizar... puede ser lo que el alcohólico necesite para darse cuenta de la gravedad de su situación."

Así que amas a un alcohólico

Cuando reflexiono sobre la Undécima Tradición, en la cual se describe que la política de relaciones públicas de Al-Anon se basa más bien en la atracción que en la promoción, adopto un criterio personal. Lo que me dice esta Tradición es que mi primera responsabilidad en Al-Anon es aprender a concentrarme en mí mismo y tratar de la mejor manera posible de vivir el programa un día a la vez.

Si no camino bien al caminar, no tiene sentido que hable por hablar, es decir, si no muestro la recuperación de mi vida lo mejor posible, entonces hablar acerca del programa puede ser simplemente un substituto para su aplicación.

En este sentido pienso que cuando me siento obligado a incitar a otros a asistir a reuniones de Al-Anon, posiblemente sea yo el que más necesite una reunión.

Recordatorio para hoy

Antes de comenzar a hablarle a la gente acerca de Al-Anon, podría considerar formularme esta pregunta: "¿Me preguntaron?"

"El ejemplo no es la cosa más importante que influye sobre otros. Es la única cosa."

Albert Schweitzer

10 DE DICIEMBRE

Muchos de nosotros llegamos a Al-Anon muy confundidos. Nos hemos concentrado tanto en nuestro querido alcohólico que nos es difícil definir en dónde terminan ellos y en dónde comenzamos nosotros. Hemos perdido nuestro sentido de lo que es apropiado. ¿Cómo podemos distinguir entre comportamiento aceptable e inaceptable cuando nosotros mismos no sabemos lo que queremos o necesitamos?

Mi examen del Cuarto Paso me ayudó a descubrir quién soy yo, cuáles son mis valores, la conducta que me gustaría mantener y las cosas que me gustaría cambiar. Teniendo esto presente estoy tratando de establecer nuevas formas de conducta que reflejen mi integridad y que expresen verdaderamente mis valores. Si bien en el pasado permití comportamientos inaceptables, ahora puedo decidir una respuesta diferente. Coherentemente tengo que hacer lo que digo que voy a hacer. Hoy tengo el valor y la fe de ser honesto conmigo mismo, independientemente de si les gusta a otros o si están de acuerdo conmigo. Necesito recordar que anunciar mis cambios no es tan importante como conocer mis propias limitaciones y actuar de acuerdo a ellas.

Recordatorio para hoy

Recordaré que conocer mis límites no significa obligar a otros a cambiar; quiere decir que yo conozco mis propias limitaciones y me encargo de cuidarme a mí mismo respetándolas. Hoy me concentro en mí mismo.

"El que se respeta a sí mismo se encuentra a salvo de otros; lleva una armadura que nadie puede penetrar."

Henry Wadsworth Longfellow

Siempre pensaba que la mayoría de mis problemas se acabarían si me ganara la lotería. Todo sería posible con ese dinero. Pero, ¿eliminaría los efectos del alcohol sobre mi familia? ¿Haría que el bebedor dejara de tomar? ¿Garantizaría la felicidad? ¿Es el dinero realmente lo que quiero?

No, claro que no. Lo que realmente quiero es sentirme mejor. Nada puede eliminar todos los problemas de mi vida. Ya que hay dificultades con las cuales tengo que vivir, la única solución auténtica es buscar la serenidad para aceptar las cosas que no puedo cambiar. Hoy sé que dispongo gratuitamente de esta serenidad, cuando voy a reuniones de Al-Anon y luego aplico los principios que aprendo allí a mi vida.

El dinero no puede comprar la serenidad; en realidad probablemente tendría nuevos problemas y decisiones si alguna vez me tocara una fortuna. Pero, como miembro de Al-Anon que puede contar con la ayuda de un Poder Superior ante todos y cada uno de los problemas que se me presenten, hoy me siento como uno de los triunfadores de la vida.

Recordatorio para hoy

La serenidad está siempre a mi disposición, pero es mi deber buscarla donde se la pueda encontrar.

"Ahora trato de llevar mis problemas a mi Poder Superior, pero dejo las soluciones y los plazos en Sus manos."

As We Understood...

12 DE DICIEMBRE

Cada vez que nosotros, miembros de Alateen, nos reuníamos con Al-Anon, yo sentía dudas. No creía que personas adultas pudieran ayudarme de ninguna forma, porque seguramente ellos tendrían las mismas actitudes enfermizas de mis padres alcohólicos. Me decía a mí misma: "¡Qué bien, ya empezamos otra vez!"

Pero era yo la de la actitud enfermiza. Había cerrado mi mente no solamente a mis padres sino a todas las personas adultas. Con esta actitud en las reuniones no aprendí nada. Tenía que encarar mis resentimientos del pasado antes de poder reconocer los regalos maravillosos que Al-Anon me ofrecía. Aquí había gente que me podía ayudar a curar las heridas causadas por el alcoholismo de mis padres, y a ver que no hay peligro en ser parte del mundo. Me exigió disciplina y valor el dejar de alejar a cada adulto, pero a través del esfuerzo realizado, empecé a darme cuenta de que los adultos son humanos también. Hasta empiezo a creer que mis padres hacen todo lo que pueden, y que los puedo amar tal como son, sin tener que cambiarlos a ellos o a mí misma.

Recordatorio para hoy

Al-Anon me ayuda a ver las cosas como son. La gente en mi vida a veces no es como yo creo que debiera ser. Con la ayuda de Al-Anon los puedo amar tal como son y no tal como yo creo que debieran ser.

"La vida vivida verdaderamente es un asunto arriesgado; si se erigen muchas barreras contra el riesgo, se termina dejando fuera la vida misma."

Kenneth S. Davis

Andando velozmente en bicicleta montaña abajo, siempre me siento lleno de vida y con un equilibrio perfecto. Al-Anon me ayuda a equilibrar mi vida como si anduviera en bicicleta y a utilizar esa vitalidad cada día, especialmente cuando aplico el lema "Vive y deja vivir."

Trato de aprovechar todo lo que me da la vida, sus alegrías y tristezas, porque todo ello tiene un valor. Descubrí esto una noche en una de las reuniones de Al-Anon, cuando alguien preguntó, "¿Qué ocurriría si yo comenzara a darle gracias a Dios cuando surgen los problemas?" Al principio, tuve que obligarme a decir "gracias, Dios", a través de los dientes muy apretados. Poco a poco, mis dientes dejaron de estar tan apretados y reemplacé mi autocompasión por gratitud. Realmente empecé a vivir.

Cuando vivo mi propia vida plenamente, es más fácil dejar a otros que vivan la suya. El sentirme vivo me pertenece a mí. Ruego por que otros sean bendecidos en la misma forma.

Recordatorio para hoy

Quiero lo mejor para aquellos a quienes amo. Valoro cada vez más la alegría de participar plenamente en la vida. Y decido permitir a otros gozar de esta a veces difícil pero provechosa bendición, de aprender a través de sus experiencias. Hoy, aplicaré el "Vive y deja vivir."

"Es positivo tener un destino hacia el cual viajar; pero es el viaje lo que cuenta al final."

Ursula LeGuin

14 DE DICIEMBRE

Hay muchas clases de pérdidas—divorcio, encarcelamiento, enfermedad, muerte, inclusive cambios emocionales. Cuando perdí la persona que más amaba en el mundo, quedé totalmente devastado y, por mi pena, alejé a todo el mundo de mi vida. Gracias a Dios había estado en Al-Anon el tiempo suficiente como para haberme despertado a la idea de que quería salud, no importa lo que pasara. Y, con el tiempo, una vez más, comencé a aplicar el programa.

Con la ayuda de muchos de mis maravillosos amigos en Al-Anon quienes me apoyaron y me permitieron lamentar mi pérdida a mi manera, aprendí a volver al Primer Paso y admitir que era incapaz ante esta pérdida y que mi vida se había vuelto ingobernable. Otra vez vi que mi única esperanza radicaba en un Poder Superior a mí. Y Paso a Paso, aprendí a vivir con la pérdida, con el sufrimiento, con la desesperación, hasta que, finalmente, comencé a sentirme vivo de nuevo.

Recordatorio para hoy

Los sufrimientos y las pérdidas son parte de la vida. Independientemente de lo que haga, no podré cambiar esta realidad. Pero con el apoyo de la hermandad y la guía de los Pasos, podré enfrentar todo lo que se me presente en el camino y crecer a través de ello.

"La base que he construido en Al-Anon no solamente me inspira gratitud cuando las cosas van bien sino que también me hace darme cuenta de que el programa funciona especialmente cuando las cosas van mal."

…En todas nuestras acciones

Por algún tiempo el Tercer Paso me eludió. ¿Cómo podía confiar mi voluntad y mi vida al cuidado de un Poder Superior? Traté muy seriamente, pero siempre terminaba con todo de vuelta en mis manos. Me daba mucho temor pensar que no tenía control. Me resultaba difícil confiar en que mi Poder Superior me ayudaría si yo soltaba las riendas completamente. Una y otra vez me pregunté qué se sentiría con una entrega total, y cómo podría saber si en realidad lo estaba haciendo.

Recientemente, un orador en una de las reuniones de Al-Anon lo dijo de manera que pude entenderlo. Dijo que confiar nuestra voluntad era como bailar con alguien. Si los dos tratan de dirigir, hay mucha confusión y muy poco movimiento. Como he enseñado a bailar a muchas parejas, sé lo raro e incómodo que es cuando las dos personas compiten por el control. Pero cuando la persona que acompaña se relaja y deja que el otro conduzca, la pareja se desliza con facilidad por el salón.

Recordatorio para hoy

Cuando siento las sacudidas de la incertidumbre, la desesperación o el miedo, lo interpreto como una señal de que no estoy siguiendo el ritmo. Entonces puedo pedirle al Dios de mi entendimiento que me ayude a ser un compañero de baile más receptivo.

> "No hay garantías de que la vida tome el camino que queremos, pero el programa me ha demostrado que la voluntad de Dios es el único camino; me corresponde a mí trabajar con Él y confiar mi vida y mi voluntad a Su cuidado y guía."
>
> ...*En todas nuestras acciones*

16 DE DICIEMBRE

Estaba convencido de que tenía que cuidar a todos y a todo, no tenía otra salida. Pero con la ayuda de Al-Anon he aprendido que aunque tenga responsabilidades, también hay muchas cosas que *no* tengo que hacer:

No tengo que entender todo. Algunas cosas no me conciernen, y otras simplemente nunca tendrán sentido para mí.

No tengo que sentir renuencia a mostrar mis sentimientos. Cuando me siento feliz, puedo dejarme llevar. Cuando no lo estoy, puedo recurrir a mis amigos de Al-Anon quienes me ayudan a crecer a través de las dificultades.

No tengo que sentirme amenazado por el futuro. Puedo vivir la vida un día a la vez.

No tengo que sentirme culpable acerca del pasado. Con la ayuda de los Pasos, particularmente el Octavo y Noveno, puedo reparar el mal ocasionado y aprender de los errores cometidos.

No tengo que sentirme solo. Puedo ir a una reunión de Al-Anon o hacer una llamada telefónica—siempre hay alguien en Al-Anon que nos puede dar una mano.

No tengo que sentirme responsable de las decisiones de otras personas. Ellas tienen un Poder Superior que les ayuda a tomar sus decisiones.

No tengo que renunciar a mis sueños y esperanzas—mi Poder Superior no está limitado por mi falta de imaginación.

Una y otra vez en reuniones de Al-Anon a lo largo de los años escuché la sugerencia de rezar por aquellos que me agraviaron. Mis primeros intentos de seguir esta sugerencia no me hicieron mucho bien. Más tarde, sin embargo, se convirtió en uno de los instrumentos más eficaces de mi recuperación.

¿Cuál fue la diferencia? Dejé de rezar para que otras personas cambiaran. Solía decir: "Por favor, Dios, que no me hieran más", o "Demuéstrales que tengo razón", o "Hazles alcanzar la sobriedad, rápidamente." Hoy, me concentro en lo que puedo cambiar. Pido una nueva forma de pensar acerca de la situación.

Tengo presente lo que me preocupa cuando repito la Oración de la Serenidad. ¿Qué es lo que necesito aceptar o cambiar? Rezo para obtener la sabiduría y reconocer la diferencia y la serenidad y el valor para complementar lo que aprendo. Finalmente, rezo para que la persona en cuestión adquiera la serenidad, el amor y la alegría que pido para mí mismo. Todos merecemos eso.

Recordatorio para hoy

Los resentimientos señalan los lugares en donde me siento una víctima. Quiero librarme de ellos porque se llevan una buena parte de mi autoestima. Me amaré a mí mismo lo suficiente como para liberarme de la prisión de los resentimientos.

> "Si queremos terminar con el círculo vicioso de la infelicidad, debemos aprender nuevas formas de vivir y de relacionarnos unos con otros."

¿Cómo puedo ayudar a mis hijos?

18 DE DICIEMBRE

En lugares donde la gente depende de los camellos para el transporte, tienen un dicho: "Confía en Dios y amarra tu camello a un árbol." A mí me gusta interpretar este dicho como una descripción pintoresca de lo que en Al-Anon se llama "cumplir el trabajo que nos corresponde."

Primero, confiamos en nuestro Poder Superior. Confiar es una forma de afirmar que estamos dispuestos a recibir todo lo que nuestro Poder Superior escoja para nosotros. No nos resignamos a nuestra suerte; recibimos el día con expectativas y confianza. Esperamos un milagro, como se dice.

Pero no podemos esperar que nuestro Poder Superior haga por nosotros lo que nosotros claramente podemos hacer. Tenemos que cumplir con nuestra parte. Los Doce Pasos nos ayudan a distinguir entre nuestras responsabilidades y las que podemos entregar a Dios.

Recordatorio para hoy

Hoy, doy gracias por la guía que mi Poder Superior me brinda y por el sentido común necesario para aplicar esta guía a los detalles de mi vida diaria.

> "Ninguna otra persona puede definir el papel que nos corresponde en la relación singular que entablamos con nuestro Poder Superior."
>
> *...En todas nuestras acciones*

19 DE DICIEMBRE

El alcoholismo es una enfermedad triple: física, emocional y espiritual. Al haber sido afectado por el alcoholismo de otra persona, necesito controlar mi propia salud física, emocional y espiritual preguntándome:

¿Es mi bienestar físico una prioridad? ¿Como bien y duermo lo suficiente? ¿Cuándo fue la última vez que me hice un examen de salud o fui al dentista? ¿Mantengo mi higiene? ¿Me tomo períodos de descanso? ¿Hago ejercicio?

¿Pido o doy un abrazo cuando lo necesito? ¿Me estoy dando más cuenta de mis sentimientos? ¿Tengo un Padrino y amigos en Al-Anon que me ayudan en los momentos difíciles? ¿Puedo festejar cuando las cosas salen bien? ¿Me tomo tiempo para divertirme? ¿Concentro ahora parte de mi atención en la gratitud en lugar de en ideas negativas como antes?

¿Existe una relación con un Poder Superior? Si no, ¿estoy dispuesto a intentarlo? ¿Me hago tiempo para la oración y la meditación? ¿Estoy más dispuesto a pedir ayuda? ¿Asisto a reuniones de Al-Anon regularmente, leo la literatura Al-Anon, y aplico los Pasos y otros instrumentos a mi vida diaria? ¿Reconozco y me doy cuenta de mi progreso?

Recordatorio para hoy

Simplemente al hacer un examen de las costumbres relativas al cuidado de mí mismo, comienzo a mejorarlas.

"Mantente limpio y claro, eres la ventana a través de la cual debes ver el mundo."

George Bernard Shaw

20 DE DICIEMBRE

"Cada Grupo de Familia Al-Anon persigue un solo propósito: prestar ayuda a los familiares de alcohólicos." Esto es parte de nuestra Quinta Tradición, pero ¿cómo lo hacemos? "Practicando los Doce Pasos." Necesitamos aprender a amarnos a nosotros mismos antes de poder verdaderamente amar a otros. Cuando atendemos a nuestras necesidades espirituales, permitimos que otros vean algunas de nuestras características que puedan desear para ellos. El mejor sermón es un buen ejemplo.

La otra parte de esta Tradición habla de "comprendiendo y estimulando a nuestros propios familiares aquejados por el alcoholismo." Podemos ser más afectuosos. Saber que el alcoholismo es una enfermedad nos puede ayudar a responder con compasión en vez de hostilidad.

Finalmente, "dando la bienvenida y brindando alivio a los familiares de los alcohólicos", reconocemos que el amor a nosotros mismos y a nuestro pequeño círculo familiar nos mantiene aislados. Tenemos una riqueza de oportunidades de amar porque somos parte de la familia de Al-Anon.

Recordatorio para hoy

Hoy practicaré la compasión. Primero, seré amable y amoroso conmigo mismo, pero no me detendré allí. Extenderé esta compasión a otros. Soy sólo uno entre mis compañeros. El amor incondicional que ofrezco me vuelve al final multiplicado.

> "El amor es paciente y amable, no es celoso ni jactancioso, no es arrogante ni descortés, el amor no insiste en su propio rumbo."
>
> La Biblia

En una reunión escuché lo que una persona decía acerca del Octavo y Noveno Pasos: "Hice una lista de todas las personas a quienes había perjudicado, y yo me puse al principio de esa lista." Esto no se me había ocurrido a mí. En alguna parte de mi pasado recibí el mensaje de que pensar primero en mí era incorrecto, que mi deber era cuidar a todos los demás. En consecuencia no sabía cómo cuidarme a mí mismo y me convertí en una carga para aquéllos que me rodeaban.

¿Me he hecho daño a mí mismo? Claro que sí. En última instancia es de eso de lo que estoy tratando de recuperarme. En realidad, mejorarme a mí mismo es la única acción concreta que tengo a mi disposición. Ahora sé que asumir la responsabilidad por mí mismo es lo primero que tengo que hacer para crear un mundo mejor.

Recordatorio para hoy

Ser honesto conmigo mismo es el mejor regalo que le puedo dar a los que me rodean. Puede que los inspire a hacer lo mismo, o quizás no. ¿Por qué se tomarían la molestia de seguir mi ejemplo si yo no puedo asumir la responsabilidad por mis propios asuntos? Aconsejar a otros es interferencia; aconsejarme a mí mismo es crecimiento.

"La mayoría de las sombras de esta vida son producto de nuestra obstrucción de nuestros propios rayos de sol."

Ralph Waldo Emerson

22 DE DICIEMBRE

Con frecuencia nos concentramos en aplicar los principios de Al-Anon a una situación familiar particular. Hay, sin embargo, varias maneras simples de llevar el programa de Al-Anon con nosotros dondequiera que vayamos.

Algunos de nosotros llevamos literatura Al-Anon en la caja del almuerzo, el bolsillo o la cartera, para poder estar en contacto con la sabiduría del programa en el momento en que perdamos la perspectiva. Antes de que empeore una situación difícil podemos disculparnos y retirarnos para estar a solas un momento. Ya sea que nos encontremos en un centro comercial, una oficina o un hospital, siempre podremos encontrar un baño disponible en donde poder reponernos. Los números de teléfono de miembros de Al-Anon y suficientes monedas para usar un teléfono público pueden salvarnos. Muchos de nosotros mantenemos a mano una lista de reuniones de Al-Anon.

Y orar es posible siempre y en cualquier lugar. Aunque nadie lo pueda percibir, entraña una transformación que puede darle perspectiva a la situación más ingobernable.

Recordatorio para hoy

Es útil conocer los instrumentos del programa de Al-Anon, pero es mucho más útil usarlos. Hoy recordaré que el programa está a mi disposición día y noche.

> "...La calidad de nuestras vidas continúa mejorando a medida que aplicamos el programa de Al-Anon, no solamente a situaciones críticas sino también a nuestra vida diaria."
>
> *...En todas nuestras acciones*

Fui a mi primera reunión de Al-Anon porque quería darle mi apoyo a un íntimo amigo que era miembro. Con sorpresa encontré que podía identificarme con cada participante. No lo podía entender, estaba convencido de que ni siquiera conocía a un alcohólico. Pasé semanas recordando lo que había escuchado en aquella reunión y, finalmente, con timidez, regresé y me quedé.

Pero me sentía como un impostor cada vez que escuchaba la Tercera Tradición que estipula que "El único requisito para ser miembro es tener un pariente o amigo con un problema de alcoholismo." Me sentía tan culpable que me resultaba casi imposible compartir en las reuniones. Pero continué asistiendo, y poco a poco, comencé a sentirme mejor.

Me llevó más de un año el darme cuenta de que era un hijo adulto de padres alcohólicos. Estoy muy agradecido de que me hayan dado el tiempo y el apoyo para tomar conciencia de ello cuando ya estaba listo.

Recordatorio para hoy

Una de las señales que me indica que me ha afectado el alcoholismo, es pensar que sé lo que todo el mundo debiera hacer. Como lo explican los *Doce Pasos y las Doce Tradiciones de Al-Anon*, la Tercera Tradición se dirige a aquellos de nosotros que "erróneamente creen que debe rechazarse a un recién llegado cuando, en realidad, cumple con los requisitos para entrar en Al-Anon." Yo debo decidir por mí mismo si cumplo los requisitos para convertirme en miembro de Al-Anon. Otorgaré la misma cortesía a otros.

24 DE DICIEMBRE

En medio del tumulto y la tragedia constantes que rodean a tantos alcohólicos, muchos familiares y amigos dejan de prestar atención a lo que está pasando con ellos mismos. Siempre parece haber algo más importante y amenazador. En Al-Anon aprendemos a prestar atención a nuestro propio comportamiento, pensamientos y sentimientos. Nos merecemos esta atención y también la necesitamos.

Concentrarnos en nosotros mismos no significa que nos dejemos pisotear simulando no darnos cuenta, o que aceptemos cualquier cosa que otros hagan. Ni tampoco implica que debemos dejar de preocuparnos por los seres queridos. Concentrarnos en nosotros mismos quiere decir que cuando reconocemos una situación tal como es, examinamos nuestras opciones, en vez de examinar las opciones de otros. Consideramos lo que podemos cambiar en lugar de esperar a que otros concreten el cambio. Como resultado, hay mejores oportunidades de resolver problemas y nuestra vida se puede gobernar mejor.

Recordatorio para hoy

Hoy, si estoy preocupado, evaluaré la situación y consideraré mis opciones. No esperaré a que otros cambien, sino que me concentraré en mí mismo y en la parte que me corresponde para mejorar la situación.

"Nada te puede traer la paz sino tú mismo."

Ralph Waldo Emerson

En Al-Anon aprendemos a "Pensar" antes de reaccionar ante un arranque de ira y acusaciones del alcohólico. Aprendemos a contener la lengua cuando nos sentimos tentados a interferir en algo que evidentemente no es asunto nuestro. Aprendemos el valor del silencio.

Pero el silencio puede ser más elocuente que las palabras crueles cuando lo usamos como castigo. Pasar por alto deliberadamente el intento de comunicación de alguien no es mejor que entablar una batalla de palabras. La rabia que se expresa sin palabras, a través de miradas frías y portazos violentos, es aún rabia. Cuando intento herir a otra persona con el silencio o con cualquier otra arma a mi disposición, siempre me hiero a mí mismo.

Cuando hay algo que necesito decir pero que aún no puedo hacerlo en forma constructiva, puedo ir a una reunión de Al-Anon o llamar a mi Padrino y liberar algunos de los sentimientos explosivos. Tendré presente que mi meta es curarme a mí mismo y mis relaciones. Trataré de tomar decisiones que respalden esta meta.

Recordatorio para hoy

¿Cuál es el mensaje que mi silencio comunica? Hoy trataré de acercar la calma de mi lengua a la calma de mi espíritu.

"...Si el silencio tiene aunque sea un pequeño atisbo de hostilidad o enojo, pierde toda su eficacia... La verdadera quietud presupone la serenidad, aceptación y paz."

Un día a la vez en Al-Anon

26 DE DICIEMBRE

Esta es una de las lecciones más provechosas que he aprendido en Al-Anon: si no quiero ser un felpudo, tengo que levantarme del piso. En otras palabras, aunque no pueda controlar lo que la gente dice, hace o piensa, soy responsable de mis decisiones.

Al recordar el pasado, puedo aceptar que haya sido objeto de comportamientos inaceptables, pero era yo el que lo recibía y a menudo volvía por más. Era un compañero dispuesto para un baile que exigía dos bailarines. Me sentía una víctima, pero al mismo tiempo me ofrecía como voluntario para ello.

Hoy, como resultado de mi recuperación en Al-Anon, sé que no estoy indefenso. Puedo escoger. Cuando me vuelve ese antiguo sentimiento que me hace sentir una víctima, lo considero como una bandera roja, un aviso de que estoy participando (con mis pensamientos o mis acciones) en algo que no redunda en mi interés. Puedo resistir la tentación de culpar a otros y en lugar de ello examinar mi propia participación. Así es como puedo introducir cambios.

Recordatorio para hoy

Puede darme mucha autoridad asumir la responsabilidad por mis propias decisiones. Hoy actuaré en beneficio propio.

"Me vendría bien aceptar el reto de ocuparme de mi propia recuperación, antes de pasar más tiempo de mi valiosa vida deseando que el alcohólico se convierta…"

Viviendo con un alcohólico sobrio

Puede ser que necesitemos muchos puntos de vista para entender la vida más plenamente; después de todo, ningún punto de vista es completo. Así es que cuando mi compañero, mi hijo, mi jefe, o un amigo de Al-Anon adopta una posición diferente a la mía, yo puedo escoger. Puedo suponer que uno de nosotros está equivocado y defenderme, o puedo estar agradecido por la oportunidad de ver que hay muchas maneras de encarar la vida. Tendré sabiduría en abundancia si mantengo una mente receptiva.

Trato de practicar esta actitud cuando mi ser querido y yo discutimos cualquier cosa, inclusive la televisión. Con frecuencia percibimos un programa de televisión de manera tan diferente que es difícil creer que hemos estado mirando el mismo canal. Yo solía tomar estos desacuerdos como algo personal. Uno de nosotros tenía que estar equivocado y mi posición tenía que ser aceptada. Hoy no creo que haya nada personal en una diferencia de opinión. Si usted piensa que el mar es azul y yo pienso que es verde, no tengo que pasarme todo el día tratando de convencerlo. Al-Anon me ayuda a creer en mí mismo y a respetar el mismo derecho de otra gente.

Recordatorio para hoy

No tengo que invalidar opiniones ajenas para validar la mía. Está bien no estar de acuerdo. Hoy respetaré el derecho ajeno a pensar de manera diferente.

"Piense por usted mismo y otorgue a otros el privilegio de hacer lo mismo."

Voltaire

28 DE DICIEMBRE

Uno de los efectos del alcoholismo es que muchos de nosotros sentimos renuencia a acercarnos a la gente. Hemos aprendido que no es seguro confiar, revelar mucho, preocuparnos demasiado. No obstante, a menudo deseamos establecer relaciones más estrechas y cariñosas. Al-Anon sugiere una forma muy apacible de llegar a esta meta: el padrinazgo.

Al pedir a alguien que me apadrine, expreso la voluntad de entablar relaciones más estrechas. Cuando ese Padrino se hace presente, devolviendo mis llamadas telefónicas, ofreciendo apoyo, preocupándose por mí, establezco una base para fomentar la confianza. Me doy cuenta de que mi Padrino también tiene su vida y que a veces no está disponible. Como nuestra relación me demuestra que hay gente en quien puedo confiar, estoy más capacitado para recurrir a otros compañeros en la hermandad.

Mi Padrino me ayuda a aprender a recibir cariño, pero también aprendo a dar. Alguien que demuestra amor incondicional y aún atiende a sus propias necesidades y que ofrece apoyo sin decirme lo que tengo que hacer, puede ser un ejemplo maravilloso. La mejor manera de poner en práctica lo que estoy aprendiendo es transmitiéndolo a otra persona.

Recordatorio para hoy

La intimidad puede ser un gran regalo de la vida. Aprovecharé sus beneficios comunicándome con un amigo de Al-Anon hoy.

> "El intercambio entre Padrino y apadrinado es una forma de comunicación que beneficia a los dos."
>
> *Todo acerca del padrinazgo*

29 DE DICIEMBRE

Hay veces en que todo lo que hace el alcohólico de mi vida me irrita. A veces hasta parece equivocarse al servir el cereal del desayuno. Aunque es importante para mí aprender a reconocer y protegerme de comportamientos inaceptables, no siempre sucede así. Descubrirme observando y criticando cada detalle pequeño de su conducta puede ser una señal de que algo *me* está pasando, algo de lo cual no me he dado cuenta o que he desestimado. ¿Tengo miedo de una próxima inspección en mi trabajo? ¿Algo que oí en una de las reuniones despertó ira reprimida no resuelta? ¿Estoy actuando de esta manera a causa de un resentimiento antiguo que he decidido no discutir? Hacer una llamada telefónica a un amigo de Al-Anon puede ayudarme a resolverlo.

Recordatorio para hoy

Puede ser tan difícil para mí dejar de criticar como para el alcohólico dejar de beber—¡a veces parece tan necesario! Pero a pesar de que las críticas y los pensamientos negativos pueden servir como válvula de escape para mi sufrimiento, nunca resuelven mis problemas, sino que solamente desvían mi atención de ellos. Al final, solamente evito el conocerme a mí misma.

"Una persona puede descubrir una mota en el cabello de otro, pero no puede ver las moscas en su propia nariz."

Mendele Mocher Seforim

30 DE DICIEMBRE

Las cosas desagradables que otra gente dice o hace no tienen poder para destruir mi paz espiritual o arruinar mi día a menos que yo lo permita. ¿Me permito responder a las palabras de una persona enferma como si fueran la verdad fundamental? ¿Sería posible obtener algún beneficio al aceptar la humillación?

A veces me lo pregunto. Desempeñé el papel de mártir por mucho tiempo. Mi sufrimiento me redituó bastante atención y compasión. Me acostumbré a culpar a otros por mis problemas y evité asumir responsabilidades por mi propia vida. En otras palabras, sospecho que quizás me haya beneficiado con mi sufrimiento. Pero estos beneficios ya no valen la pena.

Hoy estoy descubriendo quién soy yo en realidad con la ayuda de mi Poder Superior y el programa de Al-Anon. Hay una persona bellísima dentro de mí que no necesita construir una identidad basada en el sufrimiento. Estoy aprendiendo a dejar que esta persona florezca en vez de esconderse detrás de un manto de sufrimiento. No quiero perder ninguna otra oportunidad maravillosa de vivir, crecer y gozar.

Recordatorio para hoy

Hay tantísimo que celebrar es esta vida. No desperdiciaré ni un momento más sintiendo compasión por mí mismo.

> "...La mayor parte de nuestra felicidad o desdicha depende de nuestra disposición y no de nuestras circunstancias."
>
> Martha Washington

Ahora que el año llega a su fin, me tomaré unos minutos para contemplar el progreso realizado y agradecer a mi Poder Superior por mi crecimiento. ¿Qué hice para contribuir a mi éxito esto año? Quizás haya sido tan simple y profundo como el atreverme a venir a mi primera reunión, o continuar viniendo aún en los momentos difíciles.

¿Cómo he ayudado en la hermandad este año? ¿Presenté literatura, dirigí alguna reunión, ayudé a limpiar? ¿Quizás le haya dado la bienvenida o mi número de teléfono a una persona nueva? ¿Puede que le haya pedido a alguien que fuera mi Padrino, o que me haya sido más sincero con mi Padrino? ¿Le he dado las gracias a esta persona por todo lo que me ha dado? ¿He reconocido mi capacidad creciente de amar y confiar en otros?

Quizás, por fin, haya entendido el Primer Paso o realmente me haya comprometido a aplicar algunos de los otros Pasos. Quizás haya tenido la fe y el valor de tomar algunas decisiones difíciles.

Estoy descubriendo que yo cumplo un papel importante en mi propio bienestar. Celebraré mis logros y estaré agradecido por todo lo que se me ha dado. No soy perfecto, pero soy ¡excelente!

Recordatorio para hoy

Estoy muy agradecido por el programa de Al-Anon y por todo lo que mi Poder Superior me ha dado. Espero con interés un nuevo año aún más brillante.

> "Estoy aprendiendo a tratarme a mí mismo como un ser muy valioso. Encuentro que cuando practico lo suficiente, empiezo a creerlo."
>
> ...*En todas nuestras acciones*

LOS DOCE PASOS

El estudio de estos Pasos es esencial para progresar en el programa de Al-Anon. Los principios que abarcan son universales y se aplican a toda persona sea cual fuere su credo. En Al-Anon, nos esforzamos por lograr una comprensión cada vez más profunda de estos Pasos y oramos para adquirir sabiduría para aplicarlos a nuestra vida.

1. Admitimos que éramos incapaces de afrontar solos el alcohol, y que nuestra vida se había vuelto ingobernable.
2. Llegamos a creer que un Poder superior a nosotros podría devolvernos el sano juicio.
3. Resolvimos confiar nuestra voluntad y nuestra vida al cuidado de Dios, *según nuestro propio entendimiento de Él.*
4. Sin temor, hicimos un sincero y minucioso examen de conciencia.
5. Admitimos ante Dios, ante nosotros mismos y ante otro ser humano, la naturaleza exacta de nuestras faltas.
6. Estuvimos enteramente dispuestos a que Dios eliminase todos estos defectos de carácter.
7. Humildemente pedimos a Dios que nos librase de nuestras culpas.
8. Hicimos una lista de todas las personas a quienes habíamos perjudicado, y estuvimos dispuestos a reparar el mal que les ocasionamos.
9. Reparamos directamente el mal causado a esas personas cuando nos fue posible, excepto en los casos en que el hacerlo les hubiese infligido más daño, o perjudicado a un tercero.
10. Proseguimos con nuestro examen de conciencia, admitiendo espontáneamente nuestras faltas al momento de reconocerlas.
11. Mediante la oración y la meditación, tratamos de mejorar nuestro contacto consciente con Dios, *según nuestro propio entendimiento de Él,* y le pedimos tan sólo la capacidad para reconocer Su voluntad y las fuerzas para cumplirla.
12. Habiendo logrado un despertar espiritual como resultado de estos pasos, tratamos de llevar este mensaje a otras personas, y practicar estos principios en todas nuestras acciones.

Estas pautas constituyen el medio de fomentar armonía y desarrollo en los grupos de Al-Anon y en la hermandad mundial de Al-Anon en conjunto. La experiencia de los grupos sugiere que nuestra unidad depende de la adhesión a estas Tradiciones:

1. Nuestro bienestar común debiera tener la preferencia; el progreso individual del mayor número depende de la unión.
2. Existe sólo una autoridad fundamental para regir los propósitos del grupo: un Dios bondadoso que se manifiesta en la conciencia de cada grupo. Nuestros dirigentes son tan sólo fieles servidores, y no gobiernan.
3. Cuando los familiares de los alcohólicos se reúnen para prestarse mutua ayuda, pueden llamarse un Grupo de Familia Al-Anon, siempre que, como grupo, no tenga otra afiliación. El único requisito para ser miembro es tener un pariente o amigo con un problema de alcoholismo.
4. Cada grupo debiera ser autónomo, excepto en asuntos que afecten a otros grupos o a Al-Anon, o AA en su totalidad.
5. Cada Grupo de Familia Al-Anon persigue un solo propósito: prestar ayuda a los familiares de los alcohólicos. Logramos esto, practicando los Doce Pasos de AA *nosotros mismos*, comprendiendo y estimulando a nuestros propios familiares aquejados por el alcoholismo, y dando la bienvenida y brindando alivio a los familiares de los alcohólicos.

LAS DOCE TRADICIONES

6. Nuestros grupos de familia jamás debieran apoyar, financiar, ni prestar su nombre a ninguna empresa extraña, para evitar que problemas de dinero, propiedad o prestigio nos desvíen de nuestro objetivo espiritual que es el primordial. Aun siendo una entidad separada, deberíamos cooperar siempre con Alcohólicos Anónimos.
7. Cada grupo ha de ser económicamente autosuficiente y, por lo tanto, debe rehusar contribuciones externas.
8. Las actividades prescritas por el Duodécimo Paso en Al-Anon nunca debieran tener carácter profesional, pero nuestros centros de servicio pueden contratar empleados especializados.
9. Nuestros grupos, como tales, nunca debieran organizarse, pero pueden crear centros de servicios o comisiones directamente responsables ante las personas a quienes sirven.
10. Los Grupos de Familia Al-Anon no deben emitir opiniones acerca de asuntos ajenos a sus actividades. Por consiguiente, su nombre nunca debe mezclarse en polémicas públicas.
11. Nuestra política de relaciones públicas se basa más bien en la atracción que en la promoción. Necesitamos mantener siempre el anonimato personal en la prensa, radio, el cine y la televisión. Debemos proteger con gran esmero el anonimato de todos los miembros de AA.
12. El anonimato es la base espiritual de nuestras Tradiciones y siempre nos recuerda que debemos anteponer los principios a las personas.

LAS DOCE CONCEPTOS

Los Doce Pasos y Tradiciones son las guías para el progreso personal y la unidad del grupo. Los Doce Conceptos son la guía para el servicio, demuestran cómo puede hacerse la labor del Duodécimo Paso a gran escala y cómo los miembros de la Oficina de Servicio Mundial pueden relacionarse entre sí y con los grupos, a través de la Conferencia de Servicio Mundial, para divulgar el mensaje de Al-Anon por todo el mundo.

1. La responsabilidad y autoridad fundamentales de los servicios mundiales de Al-Anon corresponde a los grupos de Al-Anon.
2. Los Grupos de Familia Al-Anon han delegado por entero la autoridad administrativa y de funcionamiento a su Conferencia y sus ramas de servicio.
3. El Derecho de Decisión hace posible el liderazgo eficaz.
4. La participación es la clave de la armonía.
5. Los Derechos de Apelación y Petición protegen a las minorías y garantizan que éstas serán escuchadas.
6. La Conferencia reconoce la responsabilidad administrativa primordial de los administradores (custodios).
7. Los administradores (custodios) tienen derechos legales, mientras que los derechos de la Conferencia son tradicionales.
8. La Junta de Administradores (custodios) delega total autoridad a sus comités ejecutivos para la administración de rutina de la Sede de Al-Anon.
9. Un buen liderazgo personal es una necesidad a todos los niveles de servicio. En el campo del servicio mundial, la Junta de Administradores (custodios) asume la dirección principal.

LAS DOCE CONCEPTOS 371

10. La responsabilidad de servicio está equilibrada por una autoridad de servicio definida cuidadosamente para evitar la doble dirección de administración.
11. La Oficina de Servicio Mundial está compuesta de comités selectos, ejecutivos y miembros del personal.
12. Las Garantías Generales de la Conferencia contienen la base espiritual del servicio mundial de A1-Anon, Artículo 12 de la Carta.

GARANTÍAS GENERALES DE LA CONFERENCIA

En todos los procedimientos, la Conferencia de Servicio Mundial Al-Anon observará el espíritu de las Tradiciones:

1. *que sólo suficientes fondos de funcionamiento en los que se incluya una amplia reserva, sea su principio financiero prudente;*
2. *que ningún miembro de la Conferencia sea puesto con autoridad absoluta sobre otros miembros;*
3. *que todas las decisiones se tomen mediante discusión, voto y siempre que sea posible por unanimidad;*
4. *que ninguna acción de la Conferencia sea personalmente punitiva ni incite a la controversia pública;*
5. *que, aunque la Conferencia sirve a Al-Anon, nunca ejecutará ninguna acción autoritaria y como la hermandad de los Grupos de Familia Al-Anon a la cual sirve, permanecerá siempre democrática, en pensamiento y acción.*

LIBROS DE AL-ANON ISBN:

Al-Anon se enfrenta al alcoholismo
0-910034-67-2

Alateen—esperanza para hijos de alcohólicos
0-910034-68-0

El dilema del matrimonio con un alcohólico
0-910034-69-9

Grupos de familia Al-Anon
0-910034-70-2

Un día a la vez en Al-Anon
0-910034-71-0

Los Doce Pasos y las Doce Tradiciones de Al-Anon
0-910034-72-9

Alateen—un día a la vez
0-910034-76-1

…En todas nuestras acciones: Sacando provecho de las crisis
0-910034-35-4

Valor para cambiar: Un día a la vez en Al-Anon II
0-910034-89-3

De la supervivencia a la recuperación: Crecer en un hogar alcohólico
0-910034-41-9

Cómo ayuda Al-Anon a los familiares y amigos de alcohólicos
0-910034-28-1

Senderos de recuperación: los Pasos, las Tradiciones y los Conceptos de Al-Anon
0-910034-37-0

ÍNDICE TEMÁTICO

A

Acción 3, 32, 37, 38, 61, 86, 247, 290, 310, 328
Aceptación 83, 96, 97, 129, 189, 232, 256, 309
Aislamiento 223, 278
Al-Anon:
    Hermandad 11, 33, 39, 131, 136, 222, 278
    Instrumentos 4, 6, 116, 257, 317, 357
    Proceso de recuperación 19, 28, 46, 50, 76, 82, 102, 135, 152, 210, 262, 280, 286, 292, 298, 317, 324
    Reuniones 68, 224, 253
Alcoholismo, una enfermedad 11, 74, 84, 97, 110, 128, 143, 155, 312, 343
Alegría 202, 325
Alivio de tensiones 62, 116, 290, 306, 321
Amor 2, 42, 136, 301, 313, 340, 355
Análisis 61, 285
Anonimato 20, 94
Ansiedad 18, 290, 321
Arrogancia 268, 280
Autoaceptación 19, 44, 54, 71, 233
Autocompasión 170, 177, 188, 279, 348, 365
Autoestima 9, 25, 44, 80, 107, 118, 120, 130, 132, 181, 208, 217, 255, 311, 313
Ayudar 18, 137, 168
Ayúdenme 6, 66, 116, 123, 253

C

Cambiar aquello que puedo 4, 35, 58, 214, 336, 352, 353, 359
Cambios 3, 32, 50, 77, 96, 147, 202, 221, 230, 245, 265, 274, 286, 298, 330
Cambios de actitud 67, 100, 105, 107, 122, 171, 176, 178, 195, 243, 270, 279, 335, 347

ÍNDICE TEMÁTICO

- Carácter: cualidades y defectos 41, 65, 181, 183, 230
- Chismes 25, 300
- Comparación 44, 140
- Compartir 47, 57, 111, 116, 121, 127, 131, 191, 266, 308
- Compasión 5, 187, 277
- Complacer a la gente 9, 80, 107, 118, 207, 217, 261
- Comportamiento inaceptable 51, 158, 178, 267, 273, 289, 297, 345, 361, 364
- Compromiso 28, 41, 46, 179, 212, 251, 342, 361
- Comunicación 29, 174, 310
- Concentrarme en mí mismo 25, 29, 79, 90, 109, 131, 166, 185, 194, 199, 214, 300, 310, 312, 344, 345, 359, 364
- Conceptos 370
- Conciencia 105, 121, 191
- Conciencia, aceptación, acción 92, 256
- Confianza 154, 169, 232, 241
- Conflicto/desacuerdo 101, 104, 139, 140, 189, 193, 335, 362
- Confusión 45, 69
- Conocimiento propio 24, 125, 152, 192
- Consejos 6, 106
- Control 29, 215, 334, 350
- Cordura 17, 134, 316
- Cortesía 104, 267, 302
- Crisis 15, 47, 139, 154, 169, 229, 248, 330
- Críticas 89, 183, 197, 209, 255, 300, 329, 337, 364
- Cuidador 54
- Cuidarnos a nosotros mismos 21, 38, 56, 151, 198, 229, 273, 290, 342, 354
- Culpabilidad 120, 144, 242

ÍNDICE TEMÁTICO

Culpas, echar 51, 120, 128, 189, 254, 280, 341, 365

D
- Dar y recibir 90, 136, 188, 302, 313
- Decisiones 5, 12, 16, 30, 81, 117, 141, 172, 195, 209, 212, 257, 274, 297, 309

Decisiones, adopción de 23, 53, 108, 134, 159, 227
Defensa 104, 155, 201, 262, 297
Depresión 224, 279
- Desilusión 83, 148, 258
- Despertar espiritual 26, 307, 336
- Desprendimiento emocional 12, 22, 43, 72, 100, 124, 168, 180, 187, 199, 289, 320, 343, 365
- Dios de mi entendimiento 13, 117, 133, 156, 165, 211, 307

Dolor 77, 83, 258, 330
Duda 69, 133

E
Egoísmo 41, 51, 82, 89, 151, 183, 206
Envidia 170
Equilibrio 54, 227, 261, 286
Errores 57, 60, 71, 236, 284
Espera 37, 61, 247, 281
Esperanza 148, 156, 258
- Esto también pasará 77, 315
Expectativas 2, 19, 39, 66, 76, 110, 153, 244

F
Fantasía/apariencias 122, 132, 192, 208, 247, 286, 346
- Fe 35, 48, 69, 133, 154, 219, 235, 260, 265, 305, 307
- Felicidad 107, 148, 212
Forzar soluciones 37, 68, 115

G
Garantías 371
Gratitud 45, 119, 139, 170, 259, 262, 264, 282, 304, 332, 340, 348, 366
Guía 59, 123, 145, 171

H
Honestidad 24, 146, 175, 236, 254, 296
Humildad 33, 74, 98, 126, 142, 161, 225, 283
Humor 91, 205, 323

I
Incapacidad 8, 14, 32, 74, 155, 240, 285
Intimidad 363
Ira 167, 193, 237, 280, 287, 341, 360

J
Juicio 33, 44, 197, 209, 270
Justicia falsa o mojigatería 75, 303

K
Keep coming back 102, 135, 210, 322

L
Lemas:
   en general 30, 68
   ¿Cuán importante es? 228, 250, 320
   Escucha y aprende 21
   Hazlo con calma 68, 93, 115, 200, 287
   Mantén la mente receptiva 147
   Mantenlo simple 40, 328
   Piensa 16, 64, 279
   Primero las cosas más importantes 107, 229, 318
   Que empiece por mí 109, 267, 337

ÍNDICE TEMÁTICO

　　Sólo por hoy 271, 274
　　Suelta las riendas y entrégaselas a Dios 8, 88, 203, 208, 252, 293, 321
　　Un día a la vez 1, 3, 10, 15, 27, 138, 164, 190, 213, 271, 315
　　Vive y deja vivir 33, 89, 234, 303, 348
Libertad 13, 14, 111, 242
Límites 201, 345
Literatura 62, 105

M
Madurez 63
Malos tratos 51, 106, 167, 273, 297
Manipulación 314
Maravilla 294, 325
Martirio 334, 365
Meditación 7, 173, 338
Miembros antiguos 28, 102, 326
Motivos 5, 18, 61, 235, 310, 364

N
Negación 146, 180, 191, 216, 239, 254

O
Obsesión 141, 306
Oración 48, 182, 352

P
Paciencia 1, 19, 77, 103, 135, 197, 210, 281
Pasos:
　　en general 26, 113, 126, 367
　　Primero 8, 14, 32, 74, 155, 240, 275, 283, 285
　　Segundo 17, 149, 156, 211, 235, 240, 307

Tercero 23, 59, 157, 225, 240, 252, 269, 316, 350
Cuarto 55, 65, 125, 130, 158, 181, 255, 280, 333, 345
Quinto 50, 65, 125, 127, 159, 266, 311
Sexto 31, 65, 160, 177, 221, 319
Séptimo 31, 65, 73, 126, 142, 161, 249, 295
Octavo 101, 162, 242, 263, 299, 356
Noveno 163, 196, 299, 356
Décimo 144, 164, 220, 236, 288, 329
Undécimo 7, 59, 69, 165, 173, 182, 206, 220, 327, 338
Duodécimo 26, 78, 166, 209, 220, 344, 357
Padrinazgo 52, 179, 226, 241, 308, 363
Pedir ayuda 48, 53, 66, 126, 127, 142, 161, 176, 218, 241, 295, 363
Pena 246, 349
Perdón 75, 178, 289
Perspectiva 27, 97, 111, 176, 192, 228, 243, 259, 268, 332
Pertenencia 11, 33, 39, 131, 222, 261, 268, 278, 331
Placer 91, 198, 323
Poder Superior 13, 17, 35, 117, 133, 154, 156, 165, 211, 301, 307, 318, 327
Postergación 184
Preocupación 10, 15, 95, 150, 169, 259
Prioridades 229, 250, 318
Problemas 25, 55, 96, 159, 260, 306, 326, 332
Progreso, no perfección 76, 86, 210, 240, 292, 319, 366
Propiciar 5, 32

R
Realidad, frente a la 191, 216, 232
Recaída 180

ÍNDICE TEMÁTICO

Recién llegados 185, 240, 276, 291, 304, 358
Recuerdos 99, 190, 216
Relaciones 49, 66, 87, 104, 194, 244, 302, 366
Relajación 7, 198
Rendirse 59, 103, 145, 225, 269, 283
Resentimiento 153, 178, 218, 289, 347, 352
Responsabilidad 85, 101, 293, 299, 351, 361
Riesgo 70, 86, 148, 219, 252, 328

S

Sarcasmo 167
Secretos 47, 111, 119, 127, 144
Sentimientos 83, 96, 114, 227, 238, 249, 270, 320, 339
Serenidad 28, 34, 129, 248, 318, 346
Serenidad, oración de la 284, 352
Servicio 188, 251, 266, 276, 291, 336
Silencio 360
Soledad 132
Soltar las riendas 99, 202, 272

T

Temor 10, 70, 119, 150, 172, 235, 248, 265, 305
Tolerancia 49, 197
Toma lo que quieras y deja el resto 117, 321
Trabajo que nos corresponde 46, 152, 200, 353
Tradiciones:
  en general 87, 201, 368
  Primera 108, 308
  Segunda 215, 245
  Tercera 186, 358
  Cuarta 112
  Quinta 42, 194, 355

Sexta 231
Séptima 251
Octava 78, 137
Novena 291
Décima 52
Undécima 36, 344
Duodécima 20, 94, 204, 272
Tres principios 74, 214

V
Valor 119, 207, 219
Vergüenza 57, 111
Víctima, papel de 35, 75, 122, 171, 174, 209, 299, 361
Violencia 106, 273
Vivir el presente 10, 15, 99, 150, 195, 216, 257
Vivir con un alcohólico sobrio 8, 96, 297
Vivir plenamente 41, 238, 257, 274, 281, 294, 325
Voluntad propia 145
Volver 102, 135, 210, 322